Susanne Dieterich

WÜRTTEMBERG
UND FRANKREICH

Silberburg-Verlag

www.silberburg.de

Susanne Dieterich

WÜRTTEMBERG

UND FRANKREICH

*Geschichte
einer wechselvollen
Beziehung*

Die Autorin:
Die promovierte Slawistin **Susanne Dieterich**
arbeitete als Dolmetscherin für ausländische Politik-und
Wirtschaftsdelegationen, Stabsstellenleiterin für Kultur
und Denkmalpflege bei Toto-Lotto und als Direktorin der
Ludwigsburger Schlossfestspiele. Sie ist Geschäftsführerin
des Initiativkreises Stuttgarter Stiftungen. Mit zahlreichen
Publikationen zur württembergischen Geschichte
hervorgetreten, lebt sie mit ihrer Familie in Württemberg
und Frankreich.

Für meinen Mann, dem ich die Anregung
zu diesem Buch verdanke.

Einbandvorderseite: Jérôme Bonaparte und Katharina von
Württemberg, König und Königin von Westphalen.

Seite 3: Am Anfang und zugleich im Mittelpunkt der
Beziehungen zwischen Württemberg und Frankreich
steht die Grafschaft Mömpelgard in der heutigen
Franche-Comté.

1. Auflage 2015

© 2015 by Silberburg-Verlag GmbH,
Schönbuchstraße 48, D-72074 Tübingen.
Alle Rechte vorbehalten.
Umschlaggestaltung: Christoph Wöhler.
Druck: Gulde-Druck, Tübingen.
Printed in Germany.

ISBN 978-3-8425-1414-0

Besuchen Sie uns im Internet
und entdecken Sie die Vielfalt
unseres Verlagsprogramms:
www.silberburg.de

Ihre Meinung ist wichtig ...

... für unsere Verlagsarbeit. Wir freuen
uns auf Kritik und Anregungen unter:

www.silberburg.de/Meinung

Inhalt

Inhaltsverzeichnis

Im Netz der großen Politik *227*

Vom Deutsch-Französischen Krieg
bis zum Zweiten Weltkrieg

Neuanfänge *243*

Die Rolle Württembergs bei der Versöhnung
zwischen Frankreich und Deutschland

Zum Geleit – Württemberg und Frankreich

Der Blick vom 21. Jahrhundert zurück in die lange Geschichte der Beziehungen des Hauses Württemberg zu Frankreich ist eine Reise in die europäische Geschichte. Regionale Herrscher gingen Allianzen ein, regierten ihre Gebiete mehr oder weniger gut, überstanden Krisen, schufen neue Verbindungen durch arrangierte Hochzeiten. Mit den erstarkenden Nationalstaaten und mit dem Aufkommen des nationalistischen Denkens im 19. Jahrhundert verlieren die regionalen Fürstentümer und Königreiche an Bedeutung.

Mit dem Ende der Monarchie in Deutschland nach 1918 beginnt die Zeit der demokratisch-republikanischen Epoche. Wir alle wissen, dass die parlamentarische Demokratie in Deutschland zunächst ein kurzes Leben hatte und in die Machtergreifung der Nationalsozialisten mündete. Erst nach dem totalen Zusammenbruch des Nazi-Regimes und dem Ende des zweiten vor allem in Europa tobenden Weltkriegs begann in Deutschland – und damit in Württemberg – ein dauerhaft demokratisches Regime, das sein Verhältnis zu Frankreich neu ordnen konnte.

Seit der Gründung der Bundesrepublik sind im Verhältnis zwischen dem 1952 neu geschaffenen Baden-Württemberg und Frankreich erstaunliche Dinge erreicht worden. Kein anderes Land hat so dichte Beziehungen zu Frankreich in Politik, Wirtschaft, Wissenschaft und Gesellschaft wie Baden-Württemberg. Dabei sind die historischen Beziehungen des Hauses Württemberg durchaus fruchtbar gewesen: Die erste Städtepartnerschaft seit Kriegsende wurde 1950 zwischen Ludwigsburg und Montbéliard besiegelt, zwar nicht wegen der historischen Beziehungen, aber im vollen Bewusstsein der Tatsache, dass über Jahrhunderte enge Verbindungen bestanden hatten. Schon 1948 wurde Ludwigsburg zum Sitz des von Carlo Schmid und Theodor Heuss gegründeten Deutsch-Französischen Instituts, das seit nunmehr bald 70 Jahren die deutsch-französischen Beziehungen befördert und begleitet.

Heute sind die deutsch-französischen Beziehungen auf allen Ebenen des Staates, der Wirtschaft und Gesellschaft breit verankert. Gerade in Baden-Württemberg kann man sehen, wie stark die Verbindungen zwischen den Bürgern sind: Hunderte von Städtepartnerschaften, und nicht nur der großen Städte, zeugen von einem kontinuierlichen Interesse am Nachbarland. Die Zusammenarbeit am Oberrhein ist ein kontinuierlicher Prozess, der die geographische Nähe nutzt, um den Ausbildungs- und Arbeitsmarkt so durchlässig wie möglich zu gestalten. Zwischen den Hochschulen und Universitäten des Landes und französischen Hochschulen bestehen gemeinsame Forschungsprojekte, Doppeldiplome und Austauschprogramme. Die Universitäten Freiburg und Straßburg arbeiten an der Realisierung eines europäischen Campus – auch in Zukunft werden sich die Beziehungen zwischen den Bürgern und den Institutionen Baden-Württembergs und Frankreichs noch weiter intensivieren.

Die Erfolgsgeschichte der deutsch-französischen Aussöhnung und Zusammenarbeit, an der Baden-Württemberg einen wichtigen Anteil hat, ist eine Voraussetzung für die Schaffung der Europäischen Union gewesen, wie schon Winston Churchill 1946 in seiner berühmten Züricher Rede betonte. Alleine können Deutschland und Frankreich in Europa wenig bewirken, aber ohne eine Verständigung zwischen diesen beiden Gründerstaaten der Europäischen Gemeinschaft kann auch in der großen heutigen Europäischen Union mit ihren 28 Mitgliedstaaten wenig erreicht werden. Am Engagement Baden-Württembergs für ein gemeinsames Europa wird es auch in Zukunft nicht fehlen.

Prof. Dr. Frank Baasner,
Direktor des Deutsch-Französischen Instituts

Prof. e. h. Dr. h. c. Erwin Teufel
Ministerpräsident a. D. und
Präsident des Deutsch-Französichen Instituts

Zum Geleit: Württemberg und Frankreich

Zur Einführung –
eine Beziehung mit vielen Gesichtern

Vielgestaltig waren und sind die Verbindungen zwischen Frankreich und Württemberg, spannend die Geschichten, die sich dahinter verbergen.

Im Mittelpunkt steht eine württembergische Exklave im heutigen Frankreich, eine Brücke zwischen französischer und deutscher Kultur und Lebensart: die Grafschaft Mömpelgard (Montbéliard) im einstigen Zentrum der europäischen Machtpolitik Frankreichs, des Habsburgerreiches und der Schweizer Eidgenossenschaft.

Die Geschichte, die hier erzählt werden soll, handelt von dynastischer Heiratspolitik und von französisch sprechenden Untertanen württembergischer Herzöge. Es geht um hugenottische Glaubensflüchtlinge im württembergischen Mömpelgard und um französische Waldenser im Kernland Württembergs. Wir erfahren von der Entführung des württembergischen Stammhalters aus seinem elsässischen Geburtsort Riquewihr und begegnen dem jungen Herzog Christoph in diplomatischen Diensten Frankreichs. Heinrich Schickhardt, den schwäbischen Leonardo da Vinci und Baumeister links des Rheins, werden wir genauso beleuchten wie den grausamen französischen General Mélac, der als Mordbrenner in die württembergische Geschichte einging. Natürlich geht es um die Tragödie der württembergischen Soldaten an der Seite Napoleons, aber eben auch um die Liebe einer württembergische Königstochter, die Napoleons Bruder Jérôme heiratete und Königin von Westphalen wurde. Wie der Schorndorfer Pfarrerssohn Karl Friedrich Reinhard es zum französischen Außenminister brachte und was den verliebten Kronprinzen Wilhelm nach Paris trieb, soll ebenso Thema sein wie das Leben des großen Mömpelgarder Naturwissenschaftlers Georges Cuvier. Wir erinnern an den französischen Ehrenbürger Friedrich Schiller und an Friedrich Hölderlin, der völlig verstört von seiner Bordeaux-Reise zurückkehrte. Auch auf die Verbindung der Erfinder und Tüftler Daimler und Peugeot machen wir aufmerksam. Und als Württemberg als unab-

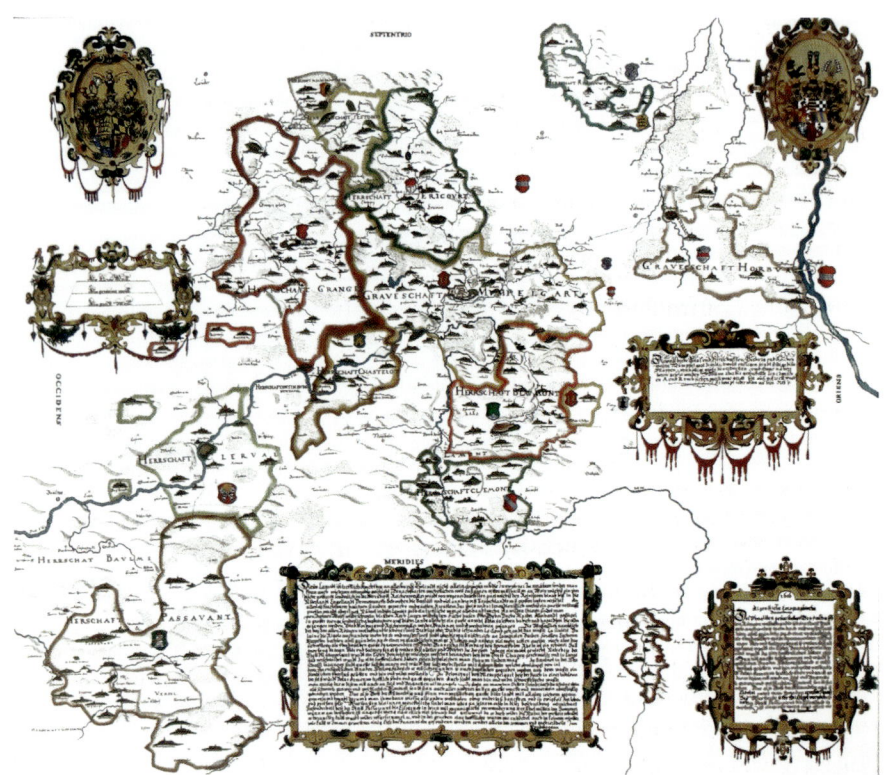

Die Karte zeigt die württembergischen Territorien links des Rheins im Jahr 1616.

hängiger Staat schon längst nicht mehr existierte, wurde es zu guter Letzt zum wichtigsten Schauplatz der Versöhnung zwischen Frankreich und Deutschland nach zwei verheerenden Weltkriegen. Angesichts der gegenwärtigen politischen Entwicklungen in Europa und angesichts der besonderen Rolle, die dabei den beiden Ländern Deutschland und Frankreich zukommt, hat die (baden-)württembergisch-französische Beziehung auch heute an Aktualität nichts verloren.

Der Blick richtet sich damit zugleich immer wieder auf mehr als sechshundert Jahre intensiver Begegnungen zwischen Württemberg und seinen einst linksrheinischen Territorien, die vierhundert Jahre unter württembergischer Herrschaft standen. Eine Vielfalt geistig-kultureller, politischer und ökonomischer Einflussmöglichkeiten im französischen wie württembergischen Lebensraum hatte sich mit der Heirat

Zur Einführung: Eine Beziehung mit vielen Gesichtern

zweier Kinder, Henriette von Mömpelgard und Eberhard IV. von Württemberg, im Jahr 1397 für beide Seiten aufgetan. Damals hatte sich Württemberg die strategisch interessante Grafschaft Mömpelgard inmitten französischer Gebiete buchstäblich »erheiratet« und konnte dabei bereits einige durch Kauf erworbene Besitztümer im Elsass sein Eigen nennen. Es begann damals eine lange Epoche fruchtbarer gegenseitiger Begegnungen, ein Austausch zweier Sprachen und Kulturen, eine Konfrontation von Religionen in den bewegten Zeiten der Reformation, als Mömpelgard und die württembergischen Herrschaften im Elsass protestantische Exklaven mitten in katholisch-französischsprachiger Umgebung wurden. Mit der Einführung der Schulpflicht setzte Mömpelgard neue Maßstäbe für eine bald dem Fortschritt, der Aufklärung und Selbstverantwortung verpflichtete neue Zeit. Umgekehrt beförderte gut zwei Jahrhunderte später die Grafschaft das Eindringen der Ideen der Französischen Revolution auch ins rechtsrheinische Württemberg, obwohl oder gerade weil seit dem Tübinger Vertrag von 1514 in der württembergischen Grafschaft Mömpelgard, umgeben vom alles beherrschenden französischen absolutistischen System, eine gemäßigtere politische Ordnung mit einem gewissen Mitspracherecht und einer Art Parlament bekannt war.

Eingebettet ist das französisch-württembergische Verhältnis in das übergreifende Kapitel der Begegnung zweier großer Kulturen, der französischen und der deutschen. Als solche ist es in seiner langen Geschichte bestimmt von gegenseitiger Faszination – man denke an die bis heute andauernde Anziehungskraft der französischen Lebensart, den Charme französischer Mode und Eleganz, die Assoziation von Champagnerlaune und feinen Genüssen beim Stichwort »Leben wie Gott in Frankreich«. Man denke dabei aber auch an das Zeitalter von Ludwig XIV., als das Leben am französischen Hof, französische Kunst, Kultur und Architektur, aber auch die absolutistische Regierungsform zum Vorbild für ganz Europa wurden.

Und gleichzeitig wurde eben jener Ludwig XIV. mit seinen unerschöpflichen Expansions- und Machtgelüsten, die Europa mit nicht enden wollenden kriegerischen Auseinandersetzungen überzogen, zum Schrecken der großen wie kleinen Länder Deutschlands, insbesondere derer an den Grenzen zu Frankreich, wie Baden, Württemberg oder die Pfalz.

Ob die vielen sprachlichen Lehnwörter aus dem Französischen, die sich in den schwäbischen (und pfälzischen) Dialekten eingeschlichen und unbewusst bis heute im Alltagssprachgebrauch erhalten haben, tatsächlich von französischen Besatzungssoldaten oder den Soldaten Napoleons im napoleonischen Russlandfeldzug stammen, sei dahingestellt. Die sprachliche »Anpassung« an das Französische im Alltag gerade auch der einfachen Leute mag auch vom Vorbild der französischen Umgangsformen an den deutschen Fürstenhöfen und im gebildeten deutschen Bürgertum herrühren. Dort wurde fast ausschließlich Französisch gesprochen, und die Hausangestellten, die Kammermädchen und Küchenmägde, die Kutscher, die Wachen, die Köche und Bäcker »schnappten« die entsprechenden Vokabeln buchstäblich auf, errieten ihre Bedeutung und führten sie als »Sprache der Vornehmen«, sicherlich nicht ganz ohne Stolz, in ihren eigenen Alltag, den Familienkreis und die Nachbarschaft ein. Dafür sprechen auch die vielen französischen Vokabeln speziell aus der Alltagssprache, die in den schwäbischen Dialekt Einzug hielten: das *Trottoir* für Gehsteig, der *Sudrai* für Keller (souterrain), die *Gugg* für Tüte (coque), *Muggafugg* für Ersatzkaffee (mocca faux, »falscher« Kaffee), *Gugommer* für Gurke (concombre), *eschdimiere* für schätzen (estimer) und *fladdiere* für schmeicheln (flatter), *duschuur* für immer (toujours) oder *schaluu* für verrückt, (jaloux, eifersüchtig). Die zahlreichen weiteren Begriffe würden ein ganzes Wörterbüchlein füllen – auch die Pfälzer könnten viele aus dem Französischen stammende Ausdrücke beitragen –, und sie dürfen durchaus als Bereicherung des Wortschatzes betrachtet werden.

Ganz gewiss waren sie eine Möglichkeit, eine emotionale, manchmal gar zärtlich anmutende sprachliche Ebene zu betreten. Wie banal würde sich folgende kleine, im Länderreport des Deutschlandfunks berichtete Geschichte vom schwäbischen Dorfcasanova Georg in purem Schwäbisch oder

Zur Einführung: Eine Beziehung mit vielen Gesichtern

gar Hochdeutsch anhören, wie charmant jedoch mit französischem Einschlag: »Wia dr Schorsch daherkommt, mei lieber Scholli, mit seim brobbere Schemisle ond seim schicke Faszinettle, oifach schniggelebong. Ond schbendabl isch er dazue no. Seiner Gschpusi offeriert'r koin Muggefugg, noi, en reachte Kaffee. Meringe kriagt se au no gratis. Koi Wonder, dass der Malefiz alle Mädle im Flecke den Kopf verdreht. Fladdiere, bussiere ond karessiere ko der sell wia an echter Casanova.« Schwäbisch in feiner Form, auf Duzfuß mit der Nachbarsprache, eingepasst in den eigenen Sprachhorizont.

Im Zwiespalt von Zuneigung und positiven Assoziationen des einen vom anderen und Gefühlen gegenseitiger Abneigung denke man auch an die Französische Revolution. Deren Ideen konnten sich ganze Generationen von Intellektuellen, adlige wie bürgerliche, in allen Teilen Europas nicht entziehen. Und sie inspirierten immer wieder aufs Neue deutsche Schriftsteller und Philosophen. Ganz besonders rieben sich daran die im württembergischen »Land der Dichter und Denker« im Tübinger Stift oder auf der Hohen Carlsschule geprägten geistigen Eliten, wie Schiller oder Hölderlin, ange-

Schloss Ludwigsburg: Der Sonnenkönig Ludwig XIV. prägte sein Zeitalter wie kein anderer. Wie in Württemberg entstanden im 17. und frühen 18. Jahrhundert überall in Europa kleine Versailles.

zogen von den neuen Freiheitsidealen und bald abgestoßen von der grausamen Realität ihrer Umsetzung in der französischen Politik des folgenden Terrorregimes.

Umgekehrt mögen die Franzosen Eigenschaften wie Fleiß, Pünktlichkeit, Disziplin und technischen Erfindungsgeist, die man gemeinhin den Deutschen und wohl insbesondere den Schwaben nachsagt, beeindrucken. Auch wenn sie nicht immer sympathisch daherkommen und vor allem in Kriegs- und Besatzungszeiten eher Angst und Schrecken hervorgerufen haben mögen.

Zum französisch-deutschen Verhältnis gehören zweifellos die Zeiten kriegerischer Auseinandersetzungen, im Südwesten besonders das ausgehende 17. Jahrhundert, als französische Truppen ganze Landstriche verwüsteten, ja, dem Erdboden gleichmachten und der Name des französischen Generals Mélac zum Schrecken der Bevölkerung wurde. Dazu ist aber auch die Hassliebe vieler Deutscher zu Napoleon zu zählen. Das Zeitalter Napoleons brachte den Menschen in Europa zwar eine völlige Neuordnung ihrer Staatsgebiete und Regierungsformen, eine moderne Infrastruktur und mit dem »code civil« Vorstellungen einer modernen Staatsverfassung, dazu jedoch auch Kriege, Hunger und Not, besonders leidvoll erfahren während des napoleonischen Russlandfeldzuges, in dem nicht nur unsagbar viele Württemberger ihr Leben lassen mussten.

Gegenseitige Faszination und Anziehungskraft lösten sich mit Angst voreinander und feindlichen Gefühlen füreinander ab. Auf französisch-elsässischer Seite mag dafür auch ein Name stehen, der ebenso wie der französische General Mélac in Südwestdeutschland als Synonym für Grausamkeit schlechthin stand: Robert Wagner, le »bourreau de l'Alsace«, der »Henker des Elsass«, geboren 1895 als Robert Backfisch, Sohn eines Bauern im badischen Lindach am Neckar. Der junge Kriegsteilnehmer wollte gemeinsam mit dem Gefreiten Adolf Hitler die »Schmach der deutschen Niederlage von Versailles« tilgen und wurde zu einem seiner eifrigsten Anhänger, Mitglied der NSDAP und der SA, avancierte 1933 zum Reichsstatthalter und Gauleiter von Baden und wurde 1940

Chef der Zivilverwaltung im Elsass. Dort wurde er zum Schrecken der Bevölkerung. Ohne jegliche Skrupel presste der von Zwangsgermanisierung und Rassenwahn besessene Wagner rund 100 000 Elsässer – seit dem Ende des Ersten Weltkriegs französische Staatsbürger! – in die deutsche Wehrmacht. 30 000 von diesen Zwangsrekrutierten fielen im Krieg, 10 000 sind bis heute vermisst; angesichts der damaligen Bevölkerungszahl von etwa einer Million elsässischer Einwohner ein hoher Blutzoll!

Im Oktober desselben Jahres wurden 40 000 Juden aus dem Elsass und Lothringen deportiert. Dem »deutschen Schatten über dem Elsass«, wie er voller Furcht genannt wurde, machte die französische Militärjustiz nach Kriegsende 1946 kurzen Prozess. Er wurde erschossen, seine letzten Worte sollen Hitler und »dem deutschen Elsass« gegolten haben. Ein Beispiel von grenzenloser Grausamkeit, aber auch von maßloser Verblendung und Verkehrung des Gedankens französisch-deutscher Beziehungen im Grenzland Elsass. Und ein Beispiel des »Tremendums«, der Kehrseite gegenseitiger Faszination und Anziehungskraft zweier Kulturen.

Das Stadtwappen von Montbéliard zeigt neben den Barben auch wieder die württembergischen Hirschstangen.

Möglicherweise war das Thema deutsch-französische (Erb-)Feindschaft in Württemberg weniger relevant als beispielsweise in Preußen. War man sich hier doch über viele Jahrhunderte vertraut, kannte einander und hatte zumindest bezüglich der linksrheinischen Gebiete und Mömpelgard mehr an gemeinsamer Geschichte, politischen und wirtschaftlichen Interessen als andere Länder des Deutschen Reiches. Das zeigte sich im Deutsch-Französischen Krieg 1870/71 und bei Ausbruch des Ersten Weltkrieges in der württembergischen Königsfamilie ebenso wie in den führenden Eliten Württembergs, wo es an Hurrapatriotismus und Schadenfreude über die Niederlage des französischen Kaiserhauses oder Triumph über anfängliche deutsche Siege weitgehend fehlte.

Umgekehrt hatte man in den württembergischen linksrheinischen Gebieten längst gelernt sich zu arrangieren, mit dem württembergischen »Mutterland« und seinen recht unterschiedlichen Regenten, mit zeitweiliger französischer Besatzung, dem Umgang mit zwei Sprachen und, wie im Elsass, dazu noch dem eigenen Dialekt, mit dem Lavieren zwischen zwei Religionen. Man hatte gelernt, eine gewisse Gelassenheit an den Tag zu legen.

Dass Württemberg durch seine Jahrhunderte währenden intensiven Verbindungen mit Frankreich im 20. Jahrhundert als Schauplatz der Versöhnung nach zwei furchtbaren Weltkriegen eine besondere Rolle zukam, liegt auf der Hand. Davon zeugen die Gründung der ersten deutsch-französischen Partnerschaft zwischen den Städten Montbéliard und Ludwigsburg, die Gründung des Deutsch-Französischen Instituts oder des Deutsch-Französischen Jugendwerks. Dass den besonderen Beziehungen zwischen Württemberg und seinen einstigen linksrheinischen französischen Herrschaftsgebieten auch gegenwärtig angesichts der politischen Entwicklungen Europas eine wichtige Rolle zukommen könnte, sollte gerade vor dem Hintergrund dieser vielschichtigen historischen Verbindungen und Gemeinsamkeiten immer wieder neu ins Bewusstsein rücken.

Wie der Leser feststellen wird, bleiben im Folgenden sehr viele wichtige Begebenheiten in der deutsch-französischen Geschichte außen vor, obwohl sie auch das französisch-württembergische Verhältnis tangieren – zuweilen sogar sehr direkt, wie im Falle der Annexion des Elsass 1871 durch das eben gegründete Deutsche Reich oder im Ersten Weltkrieg allein schon durch die geographische Lage. Solche Geschehnisse erhielten in diesem Buch nur dann eigene Kapitel, wenn sie ganz spezifisch das französisch-württembergische Verhältnis betreffen. In anderen, jüngeren Fällen der Geschichte, die hier ebenfalls nicht tiefer verfolgt werden können, hat Württemberg vor allem in Hinblick auf die Außenpolitik als eigenständig agierendes Land schlichtweg aufgehört zu existieren.

Wie alles begann

Mömpelgard von Henriette bis zum
»französischen« Herzog Christoph

Eine württembergische Exklave im französischen Kulturraum, eine bescheidene württembergische Grafschaft in unmittelbarer Nachbarschaft zum sagenhaften Burgunderreich, die Begegnung zweier Kulturen, Sprachen, Religionen und Lebensarten über 400 Jahre lang – das ist eine ungewöhnliche Konstellation, die es verdient, näher betrachtete zu werden.

Wie kam es aber, dass das kleine Württemberg in das territorial linksrheinische Gebiet und damit in die politische Gemengelage zwischen den zwei großen Mächten an der Burgundischen Pforte, Habsburg und Frankreich (bzw. Burgund) samt den Interessensgebieten der Schweizer Eidgenossenschaft, vordrang und sich dort auch noch behauptete?

Tu felix Württembergia – nube!

Im 14. Jahrhundert waren die württembergischen Grafen zu den maßgeblichen Herren im ehemaligen Herzogtum Schwaben aufgestiegen. Ihr Bestreben war, aus ihren vielen, zum Teil verstreuten Besitzungen ein möglichst großes zusammenhängendes Herrschaftsgebiet zu formen. Und dies so wenig wie möglich durch teure kriegerische Auseinandersetzungen. Durch Kauf von Ländereien, oder besser und billiger durch kluge Heiratspolitik: »Heirate, glückliches Württemberg!«

Ob der nach 1291 geborene junge Graf Ulrich III. von Württemberg die Tochter des mächtigen Sundgaugrafen von Pfirt (frz. Théobald de Ferrette) begehrte oder nach dessen Einfluss und Besitz schielte, sei dahingestellt. Ein Griff über den Schwarzwald hinüber in das fruchtbare und wohlhabende Oberrheingebiet jedenfalls schien aussichtsreich und machtpolitisch klug.

Nach seiner Heirat mit Sophie von Pfirt (geb. vor 1312, gest. 1344) wurde er kaiserlicher Landvogt im Elsass und konnte die elsässische Grafschaft Horburg mit der dazugehörigen Herrschaft Reichenweier als dauernden Besitz für sein Haus Württemberg erwerben. Dass er gleichzeitig die Hand

Wie alles begann

auf die rechtsrheinisch gelegene Burg Sponeck mit ihrem lukrativen Fährrecht über den Rhein legte, war ein kluger Schachzug. Einkünfte, die ihm als kaiserlicher Vogt aus den Reichsstädten Schlettstadt (Sélestat) und Colmar zuflossen, halfen bei der Finanzierung dieser Erwerbungen.

Als »kluger und tapfferer Herr und sehr löblicher Regent, der seine Lande wohl und friedlich regiert« mochte ihm aus Sicht mancher Zeitgenossen und sicherlich vieler Untertanen wohl ein noch größerer Teil der schwiegerväterlichen Grafschaft Sundgau vergönnt gewesen sein. Doch beim Tod des söhnelosen Grafen von Pfirt erhielt das Haus Habsburg den Löwenanteil, ebenfalls infolge einer Heirat, aber eben mit der Erbtochter des Sundgaugrafen.

Ulrich III. von Württemberg scheint sich gerne im Elsass aufgehalten zu haben, auch nach dem Tod seiner im März 1344 verstorbenen Ehefrau Sophie. Nur wenige Monate später ereilte ihn dort auch sein Schicksal. Der genaue Hergang seines offensichtlich gewaltsamen Todes wurde offiziell diskret verschwiegen. Es ließ sich dennoch nicht verbergen, dass der Anfang Fünfzigjährige am 11. Juli 1344 ermordet worden war, von einem elsässischen Hochadeligen, »der den lebenslustigen Grafen von Wirtemberg an einer Stätte antraf, die er für sich allein vorbehalten wähnte«, wie der Landeshistoriker Hansmartin Decker-Hauff es einmal ausdrückte. Ganz offensichtlich hatte Ulrich nicht nur seine elsässischen Lande geliebt, sondern auch dessen Frauen.

Sein Sohn Eberhard II., genannt der Greiner, setzte die Westpolitik seines Vaters fort. Er vermählte seine Tochter Sophie 1353 mit dem noch minderjährigen Herzog von Lothringen und übernahm für den vaterlos gewordenen Jungen bis

Nachbildung des Grabsteins der Sophie von Pfirt mit den zwei Barben der Grafschaft Pfirt.

zu dessen Volljährigkeit im Jahr 1361 mehrere Jahre lang die Vormundschaft als lothringischer Regent.

Der große Wurf sollte seinem Enkel und Nachfolger, dem Grafen Eberhard III., dem Milden (geb. nach 1362, gest. 1417), gelingen.

Henriette von Mömpelgard – »ein hertzenhafte Frau wie ein Mann«

Wiederum begann es mit einer Heirat. Mit einer »femme d'une énergie rare«, einer Frau von seltener Tatkraft, die damals noch ein kleines Mädchen mit einem großen Erbe war.

Als ihr Vater, Heinrich von Orbe, Graf von Montbéliard-Montfaucon, 1396 söhnelos in der Schlacht von Nikopolis gegen die Türken gefallen war, hatte der fürsorgliche Großvater daraufhin testamentarisch den ausgedehnten Besitz unter den Enkelinnen verteilt und der Ältesten, Henriette, die Grafschaft Mömpelgard samt den dazugehörigen Herrschaften Granges, Clerval und Passavant mit den Kleinodien des Hauses, »die Goldkrone und den großen Goldbecher und die dicke Spange« vermacht. Henriette war damals 13 oder 14 Jahre alt. Da starb ein Jahr später auch der Großvater, und sicherlich empfand es die Familie als wohltuend, als in nur kurzer Zeit der württembergische Graf Eberhard der Milde als väterlicher Freund und Nachbar von seinen elsässischen Besitzungen zur »glänzenden Leichenfeier« herbeieilte und ordnend eingriff: Er verlobte seinen ebenfalls noch minderjährigen Sohn Eberhard IV., den Jüngeren, mit der Erbtochter Henriette von Mömpelgard. Eberhard war bei dieser Eheabrede am 13. November 1397 gerade einmal neun Jahre alt; das sogenannte Beilager konnte erst später vollzogen werden.

Was sollte aus dieser Kinderehe werden? Machtpolitisch gesehen bot sich für das Haus Württemberg zweifellos eine einmalige Chance. Neben den recht ansehnlichen elsässischen Besitztümern stellte die Grafschaft Mömpelgard samt den zugehörigen Herrschaften eine große zusammenhängende Gebietserweiterung dar, die für Württemberg wirtschaftlichen Gewinn sowie politische Einflussnahme versprach.

Sinnbildlich für den Zugewinn gelangte auch das heraldische Zeichen Mömpelgards mit den zwei Barben in das württembergische Wappen, Symbol des Fischreichtums der Gegend um Mömpelgard mit dem Hauptfluss Doubs und seinen zahlreichen kleinen Nebenflüsschen.

Persönlich bedeutete diese unfreiwillige »Zwangsgemeinschaft« für die beiden jungen Menschen sicherlich eine schwere Bürde, wenngleich solche aus politischem Kalkül heraus geschlossenen

Vernunftehen damals keine Seltenheit waren. Sie dienten der Machtentfaltung und dem Machterhalt von Dynastien, verhinderten Kriege oder untermauerten Friedensschlüsse.

Nach dem persönlichen Glück der Betroffenen wurde nicht gefragt.

Im Falle von Henriette und Eberhard ist nicht viel von Liebe oder Zuneigung offenbar geworden. Immerhin wurden dem Paar eine Tochter und zwei Söhne geboren. Möglicherweise hatte Henriette noch mehr Kinder geboren, die aber bereits bei der Geburt oder im Säuglingsalter starben und deshalb gar nicht erwähnt wurden. Das wäre nichts Ungewöhnliches in damaliger Zeit, und dafür sprach auch wie bei Henriette eine Gebärpause von vier Jahren zwischen dem ersten und dem zweiten Kind, galt es doch möglichst viele Kinder zum Erhalt einer Dynastie auf die Welt zu bringen. Verständlich bei der hohen Sterblichkeit von Kindern noch in dieser Zeit und den zahlreichen Unwägbarkeiten, auch im

Die Verlobungsurkunde vom 13. November 1397 besiegelte das Eheversprechen zwischen Graf Eberhard IV. und Henriette von Mömpelgard.

Erwachsenenalter von einem schnellen Tod durch Krankheit, Seuchen, Unfälle oder kriegerische Auseinandersetzungen ereilt zu werden.

Kinder zu zeugen war Pflicht, selbst im Falle größerer Abneigung der Ehepartner. Eine solche ließ sich bei der Mömpelgarderin und dem Württemberger auch bei vornehmster Diskretion ihrer Umgebung nicht leugnen.

»Die Gräfin Henriette durfte aber wohl eine erkleckliche Mitgift bringen, denn von dem Gift, durch welches der Hausfriede und das eheliche Leben vergiftet wird, besaß sie auch eine ziemliche Portion. Sie hatte ein herrschsüchtiges, eigensinniges Wesen und war in ihrem Benehmen gegenüber Eberhard so widerwärtig, dass er keinen Umgang mehr mit ihr haben wollte.« Dieses (Vor-)Urteil über Henriette hielt sich fast bis zum Ende des 20. Jahrhunderts, zumal es sich in der in bürgerlichen Kreisen gerne gelesenen »Geschichte von Württemberg, neu erzählt für den Bürger und Landmann« des populären pietistischen Pfarrers Christian Gottlob Barth aus dem Jahr 1843, die 1986 neu aufgelegt wurde, allgemein verfestigt hatte.

Die Schuld an den offenkundigen Ehezerwürfnissen wurde hauptsächlich Henriette zugeschrieben. Ein zanksüchtiger Charakter wurde ihr nachgesagt, die »in ihrem Betragen gegen ihren Gemahl die reiche Erbtochter spielte«. Mit Verlaub, sie *war* tatsächlich die reiche Erbtochter!

Zweifellos war die Ehe zumindest in späteren Jahren unglücklich, und die Partner lebten zeitweise auch getrennt. Ob man die »Schuld« daran jedoch Henriette alleine zuweisen darf, bleibt fraglich. Zumindest gibt es Hinweise darauf, dass auch ihr Ehemann seinen Teil am Zerwürfnis der beiden hatte. Zumindest soll er mehrere Geliebte und zahlreiche illegitime Kinder gehabt haben.

Eberhard jedenfalls, einem »ansehnlichen und gütigen Herrn«, wurden recht positive Eigenschaften zugeschrieben. Standesgemäß war er am Hofe des späteren Königs Sigismund »wie ein künftiger Fürst« erzogen worden, in dessen Hofstaat er bereits als junger Mann seinen Horizont bei Reisen nach Frankreich, Spanien, Böhmen und Ungarn geweitet hatte. So konnte Eberhard beim Tod seines Vaters, »im Regieren geübt«, die Herrschaft über Württemberg antreten.

Bleibt zu erwähnen, dass er Antonia Visconti von Mailand zur Mutter hatte, die aus ihrer italienischen Heimat nicht nur reiche Güter mit in die Ehe gebracht hatte, sondern auch Eleganz, Luxus, Bücher und Musikinstrumente, schöne Kleider, Stoffe und sogar Zierpflanzen, kurz Geschmack und Lebensstil in das ausgehungerte, kriegsmüde Württemberg des ausgehenden 14. Jahrhunderts einführte.

Von dem Humanisten Silvio Piccolomini, dem späteren Papst Pius II., ist überliefert, dass König Sigismund eine Erhebung des jungen Grafen Eberhard in den Fürstenstand ausdrücklich befürwortet habe, dieser jedoch bescheiden ablehnte mit der Begründung: »Lieber ein großer Graf als ein kleiner Fürst.«

Zusammen mit den jüngeren elsässischen Gebietserwerbungen und der Grafschaft Mömpelgard *war* der Württemberger auch ein großer Graf. Doch lange konnte er sich nicht daran freuen, geschweige denn politisch-gestalterisch etwas daraus machen.

»Graf Eberhard von Wirtemberg starb ganz ohnvermuthet in der besten Blüte seiner Jahre nach einer kurzen, doch höchstrühmlich geführten Regierung von zwei Jahren«, heißt es in Johann Ulrich Steinhofers »Neuer Württembergischer Chronik« aus dem Jahr 1755.

Gerade einmal 30 Jahre alt, erlag er am 2. Juli 1419 nach nur zweijähriger Regierungszeit »einer weitverbreiteten pestartigen Krankheit«. Die Seuche war im menschenüberfüllten Konstanz ausgebrochen, wo seit 1414 das Konzil von Konstanz tagte, das auch Eberhard früher noch zusammen mit seinem Vater besucht hatte.

Seine Witwe stand nun allein mit drei kleinen Kindern und der Verantwortung für ein Land, das mit dem alten Württemberg und dem noch recht »neuen« Mömpelgard erst zusammenwachsen musste.

Welch ein Spielball für Intrigen und Machtgelüste aller Art!

Eberhard IV.
und seine Frau
Henriette von
Württemberg,
dargestellt auf
Chorfenstern der
Stiftskirche in
Tübingen.

Und welch ein Glück, dass das Land mit Henriette »eine scharpfe Schulmeisterin« als Regentin besaß, die die Vormundschaft für ihre Söhne und die Regierungsgeschäfte für die Grafschaft Württemberg-Mömpelgard wie selbstverständlich übernahm. Und gegen manche Anfeindung zu schützen wusste. Aus dem kriegerischen Scharmützel mit dem als »übler Frauenmann« beleumundeten Grafen Friedrich von Zollern scheint Gräfin Henriette als Siegerin hervorgegangen zu sein.

In einem Freskenzyklus zur württembergischen Geschichte, der im 19. Jahrhundert in Stuttgarts Neuem Schloss die Wände zierte, zeigt ein Bild seine Gefangennahme. Für viele Württemberger war diese Darstellung im Zuge der preußischen Vormachtstellung seit Gründung des Deutschen Reiches eine echte Genugtuung und hing in vielen Honoratiorenhäusern als Bild an der Wand, nach den Worten einer Stuttgarter Dekanswitwe

Wie alles begann

»a rechte Herzensstärkung«. Der letzte württembergische König Wilhelm II., ein versöhnlicher Mann, ließ gewöhnlich diesen Teil des Freskenzyklus mit Lorbeerbäumchen verhüllen, wenn Besuch aus Preußen im Schloss weilte. Nur als Kaiser Wilhelm II. bei einem Besuch in Stuttgart eine ungerechte Kritik an den württembergischen Militärtruppen äußerte, soll der König unwillig Anweisung gegeben haben: »Desmol kommt der Lorbeer weg – aber ganz.«

Die Geschichte von der kampfesmutigen Gräfin und dem Zollerngrafen darf übrigens ruhig im Bereich der Sagen abgelegt werden, und Henriettes angebliche Fehdelust lässt sich auf wenige von ihr gar nicht initiierte Scharmützel reduzieren, mit denen sie selbst nichts zu tun hatte.

Der Umgang mit ihrer Vormundschaftsregierung, die aus 32 (!) württembergischen Räten bestand, war bestimmt nicht leicht. Nur als »ain hertzenhafte Fraw wie ain Mann« konnte sie sich da behaupten.

Bald sind über den »Plagegeist Henriette« andere Töne zu vernehmen. Sie habe das Land »nach ihres Hauswirts Tod wol in guetem Frieden weislich regiert«, »mit großem Ruhm und treffentlicher guter Haushaltung wider alle Anstoß, mehr denn als einem Weibsbild müglich sein soltn«.

Sie schien sehr wohl die vorausschauend kluge Heiratspolitik ihres Schwiegervaters und dessen Vorfahren begriffen zu haben. Noch im Todesjahr ihres Mannes verlobte sie den ältesten Sohn und künftigen Landesherrn Ludwig mit der eben geborenen Tochter des pfälzischen Kurfürsten, Mechthild. Und »hätte sie nichts anderes getan, als die Ehe ihres Sohnes mit dieser einzigartigen Fürstin anzubahnen, so wäre das schon Grund genug, Henriette dankbar zu sein«, so schrieb der Landeshistoriker Hansmartin Decker-Hauff.

Henriette konnte es damals noch nicht wissen und sollte es auch nie erfahren, dass diese Schwiegertochter einmal eine der Lichtgestalten der württembergischen Geschichte werden sollte. Die spätere Mutter des beliebten Grafen Eberhard im Bart gilt nicht nur als maßgebliche Mitinitiatorin der Gründung der Universität Tübingen durch ihren Sohn, sondern auch als die eigentliche Gründerin der Universität Freiburg,

Ein verloren gegangener Freskenzyklus zeigt Graf Friedrich von Hohenzollern, wie er von den Soldaten der Gräfin Henriette gefangen genommen wird.

die durch ihren Einfluss auf ihren zweiten, schwierigen und eher ungeistigen Ehemann Erzherzog Albrecht von Österreich, entstand. Als hochgebildete, kultivierte Witwe bildete sie auf ihrem Witwensitz Rottenburg am Neckar den strahlenden Mittelpunkt eines fröhlichen Kreises von Künstlern, Musikern und Wissenschaftlern und ließ den Menschen in ihrem Land eine heitere Welt erahnen, wie sie vielleicht am ehesten im Elsass und in den linksrheinischen Besitzungen Württembergs gelebt wurde.

Dankbar für diese glückliche Weichenstellung in die Zukunft erwiesen sich allerdings weder der betroffene Sohn Ludwig noch sein jüngerer Bruder Ulrich einer Mutter gegenüber, von der man ohne Umschweife sagen kann, dass sie eine energische Frau war, möglicherweise sogar eine herrschsüchtige, wie man ihr vorwarf. Energisch war sie jedoch sicherlich in dem Sinne, dass sie Freude an der Macht zu politischem Handeln hatte, was Männern an ihrer Stelle gewiss als Führungsstärke ausgelegt worden wäre. Auf jeden Fall war sie eine Frau von klarem Verstand und politischem Gespür, die die angestammten Lande des Hauses Württemberg und die Grafschaft Mömpelgard sowie die elsässischen Besitzungen von Stuttgart aus regierte.

Wie alles begann

Nachdem ihre beiden Söhne nach Vollendung des vierzehnten Lebensjahres volljährig und regierungsfähig geworden waren – der 1412 geborene Ludwig im Jahr 1426, ein Jahr später der um ein Jahr jüngere Ulrich, genannt der Vielgeliebte –, versuchte sie, »trotzig wie sie war«, einen Teil ihres Erbes, nämlich ihr eigentliches Eigentum, die Grafschaft Mömpelgard, ihrer erstgeborenen Tochter Anna zukommen zu lassen. Aus heutiger Sicht ein durchaus verständliches, »normales« Anliegen, das man als gerecht empfindet. Aus damaliger Sicht jedoch war das ein doppelt ungehöriges Ansinnen. Zum einen, weil eine Grafschaft einem Mädchen mit zwei Brüdern, wenn auch jüngeren, einfach nicht zustand. Zum anderen jedoch, und das ist machtpolitisch einzusehen, barg dies die Gefahr einer Abspaltung linksrheinischer Gebiete, ja, gar eines Verlustes des erst neu hinzugewonnenen wertvollen Territoriums und wichtigsten Stützpfeilers einer systematischen Ausdehnungspolitik, die den Erwerb eines möglichst großen zusammenhängenden Staatsgebietes Württemberg zum Ziel hatte.

Die beiden Söhne machten kurzen Prozess mit der Mutter, die ihnen jahrelang den Weg zur eigenen Regierung freigehalten und ihnen die Regentschaft vor allerlei Begehrlichkeiten von außen geschützt hatte. Sie internierten sie in Nürtingen und ließen sie erst nach Monaten wieder frei, nachdem sie auf die Ansprüche ihrer Tochter auf die Grafschaft Mömpelgard verzichtet hatte. Mömpelgard mit Nebenlanden wurde ihr in einem Vertrag 1442 zwar auf Lebenszeit überlassen, die Nachfolge jedoch den Söhnen gesichert.

Danach zog sie sich in ihre Heimat Mömpelgard zurück, wo sie als »bonne comtesse« noch lange Zeit in gutem Andenken stand. Dieses lebt bis heute in einem Weihnachtsbrauch fort, bei dem die Kinder von der »tante Arie«, eine französische Koseform von »Tante Henriette«, beschenkt werden.

Die Regierung in Mömpelgard hatte sie bereits nach dem Tod ihres Mannes übernommen und führte sie bis zu ihrem Tod auch weiter, nachdem ihre Söhne mündig geworden waren. Dass sie ihren Untertanen alte Freiheiten bestätigt und neue Privilegien erteilt hat, trug sicherlich zu ihrer Beliebtheit bei. So stellte sie die Landbevölkerung der Grafschaft den Stadtbewohnern von Mömpelgard gleich, kam ihnen nach den Pestepidemien 1429 und 1438 mit Steuererleichterungen und anderen Vergünstigungen entgegen, gab den Mömpelgardern die inzwischen von den Grafen von Württemberg beanspruchte Weinsteuer, eine Art Umsatzsteuer, zurück mit der Auflage, sie wie seit alters für Reparatur- und Ausbaumaßnahmen der Stadtmauer zu verwenden. Salzverkauf und Zollerhebung zum Beispiel auf den lukrativen Viehhandel brachten zusätzliche Einnahmen für die Bevölkerung.

Dass an der angeblichen Herrschsucht Henriettes nicht viel dran sein konnte, zeigen die regen Schiedstätigkeiten der Gräfin, um die sie immer wieder gebeten wurde. So war sie häufig als Schiedsrichterin für schwäbische Streitparteien und als politische Vermittlerin tätig.

Diese zweifellos ungewöhnliche Frau hat mit einer ganzen Grafschaft »samt Zugehör«, das heißt weiteren ursprünglich selbständigen, vererbbaren Besitzungen, Württemberg nicht nur zu großem Wohlstand verholfen, sondern ihm auch politische, religiöse wie kulturelle Einflussmöglichkeiten ins französischsprachige Umland eröffnet.

Zwei Jahre später, am 14. Februar 1444, starb sie im Mömpelgarder Schloss und wurde auf eigenen Wunsch nicht in der Stuttgarter Stiftskirche an der Seite ihres ungeliebten Mannes begraben, sondern in der Gruft von Saint-Maimboeuf in ihrer Heimat in Mömpelgard beigesetzt.

Ins Württemberger Wappen sind seither zu den Hirschstangen die zwei mit dem Rücken aneinandergelehnten Barben aus dem Mömpelgarder Wappen hinzugekommen.

Württemberg besaß nun in französischem Sprachgebiet stattlichen Besitz: neben den elsässischen Besitztümern Horburg, Reichenweier und Sponeck die Grafschaft Mömpelgard, Granges, Etobon, Saulnot, Passavant, Clerval als Lehen der Freigrafschaft Burgund und die Herrschaft Pruntrut als Pfand des Hochstifts Basel, das allerdings von Basel später wieder eingelöst wurde.

Die Württemberger Herren nahmen in ihrer Funktion als »Seigneurs« der Freigrafschaft Burgund den ersten Rang un-

Ahnentafel
der Grafen von
Mömpelgard.

ter den adeligen Ständen ein und hatten in der damaligen burgundischoberrheinischen Feudalgesellschaft gehörigen Einfluss.

Diese einzelnen linksrheinischen Besitztümer lagen jedoch sehr verstreut. Ihnen durch weiteren Hinzugewinn eine territoriale Geschlossenheit zu verleihen, wäre nun Aufgabe der nachfolgenden Generationen im Hause Württemberg gewesen.

Dass dies nicht gelang, lag zum einen zweifellos an der starken Konkurrenz derer, die im oberrheinischburgundischen Territorium mitmischten: die Eidgenossenschaft und die rivalisierenden Großen Habsburg und Frankreich im Zwist um das Erbe Burgund.

Sich innerhalb dieser Konstellation zu behaupten, ja womöglich durch Gebietszuwachs allmählich ein geschlossenes württembergisches Territorium aufzubauen, hätte nur unter der Voraussetzung gelingen können, dass das Haus Württemberg selbst einig und geschlossen hätte handeln können. Dessen Regenten waren jedoch in ihrem eigenen »Stammland«, der Grafschaft Württemberg, in endlosen Zwistigkeiten dermaßen zerstritten, dass es unter den Söhnen Henriettes, Ludwig I. und Ulrich V. dem »Vielgeliebten«, 1441/42 zur Landesteilung in den Stuttgarter und den Uracher Teil kam – und zu einem beträchtlichen Machtverfall beider Seiten.

Bei der Landesteilung erhielt Ludwig von Württemberg-Urach Horburg und Reichenweier. Die Grafschaft Mömpelgard, noch im Besitz ihrer Mutter Henriette, regierten beide Brüder nach deren Tod 1444 zunächst gemeinsam, ab 1446 wurde auch Mömpelgard Ludwig zugesprochen und 27 Jahre lang von Urach aus regiert.

Graf Ulrich V. der Vielgeliebte: Unter den Söhnen Henriettes, Ludwig I. und Ulrich V., kam es 1441/42 zur Landesteilung.

Wie alles begann

Graf Heinrich – in den Fängen Burgunds

Auch dem Sohn und Nachfolger Ludwigs, dem legendären Grafen Eberhard im Bart, gelang es nur mit Mühe, den linksrheinischen Besitz aus den Konflikten der sich anbahnenden Burgunderkriege herauszuhalten, geschweige denn die elsässisch-burgundischen Gebiete weiter zu einem geschlossenen Territorium zu formen.

Für Eberhard im Bart wurde der linksrheinische Besitz zunehmend zu einer außenpolitischen Belastung. Weil gleichzeitig sein Vetter Heinrich, der eigentlich zum Geistlichen bestimmte Sohn von Graf Ulrich, unerwartet Ansprüche auf Mitregentschaft in Württemberg erhob – was eine Teilung der Stuttgarter Landeshälfte und abermalige Schwächung des gesamten Landes zur Folge gehabt hätte –, trat Eberhard im Bart dem begierigen Vetter Heinrich kurzerhand die elsässischen Herrschaften und Mömpelgard samt »Zubehör« im Uracher Vertrag von 1473 ab. Mömpelgard und der elsässische Besitz gehörten damit weiter zum Haus Württemberg, dessen Regenten *alle* den Titel »Graf von Württemberg« zu tragen und im Wappen die Württemberger Hirschstangen *und* die Mömpelgarder Barben zu führen hatten.

Der um 1448 geborene Heinrich war am Hof des Herzogs Philipp von Burgund erzogen worden und hatte in Paris studiert, was ihn sicherlich für eine Regentschaft in den linksrheinischen Gebieten prädestinierte. Und Mömpelgard hatte seit dem Tod der dort beliebten Henriette nach bald dreißig Jahren endlich wieder einen eigenen Regenten vor Ort.

Doch die Freude hierüber war von kurzer Dauer. Bereits im Jahr darauf, 1474, wurde Mömpelgard in die kriegerischen Auseinandersetzungen um den expansionslüsternen Burgunderherzog Karl den Kühnen hineingezogen. Seinem aggressiven Großmachtstreben stand das strategisch an einer Schlüsselposition gelegene Mömpelgard im Wege. Um die Übergabe Mömpelgards zu erzwingen, ließ er den Grafen Heinrich von Württemberg-Mömpelgard kurzerhand gefangen nehmen, obwohl dieser strikte Neutralität eingehalten hatte.

Das bizarre Schauspiel, das sich damals vor den Toren der Stadt Mömpelgard abgespielt hat, blieb nicht nur für Graf Heinrich ein lebenslanges Trauma, sondern brannte sich auch ins Gedächtnis der damaligen Zeitgenossen ein. Heinrich wurde als Geisel in Ketten vor seine Stadt geführt und mit der Hinrichtung bedroht, um die Öffnung der Stadttore zu erzwingen. Doch der Landvogt von Mömpelgard, Marquard von Stein, blieb hart und bedeutete den Burgundern, auch der Tod seines Regenten könne ihn nicht zur Übergabe der Stadt zwingen: »Es ist gegen alles Recht und gegen alle Biederkeit, dass der gnädige Herr in euren Händen ist; ihr könnt wohl ihn töten, aber mit ihm nicht das Haus Württemberg; diesem ganzen edlen Haus bin ich verpflichtet.«

Die Burgunder zogen ab. Graf Heinrich wurde zwar nicht hingerichtet, doch über Jahre hinweg in burgundischen Kerkern umhergeschleppt und erst nach dem Tod Karls des Kühnen 1477 wieder freigelassen, als ein gebrochener Mann, gerade 31 Jahre alt.

Ob ihm Mömpelgard so sehr verleidet war, dass er nicht mehr zurückwollte, oder ob er aufgrund seines zerrütteten Gemützustands die Regentschaft an seinen Bruder Eberhard zurückgeben musste, sei dahingestellt. Seine Drohung, all seinen Mömpelgarder Besitz für 160 000 Kronen an den französischen König zu verkaufen, hatte ihn ebenso wie die geäußerte Absicht, seine linksrheinischen Herrschaften an den Habsburger Erzherzog Sigismund den Münzreichen zu vermachen, falls er ohne Söhne sterben sollte, zu einer Gefahr für das Haus Württemberg werden lassen.

Bei der Wiedervereinigung des rechtsrheinischen Stammlandes, besiegelt im Münsinger Vertrag 1482, gelangte jedenfalls der gesamte Besitz Mömpelgard »samt Zubehör« an Graf Eberhard im Bart, den nun alleinigen Herrscher im wiedervereinigten Württemberg.

Heinrich begnügte sich mit den elsässischen Besitztümern und zog sich, mit einer Unterbrechung in Straßburg, wo er im Johanniterkloster auf der Ill-Insel Grünenwörth noch einmal kurz mit einer geistlichen Laufbahn liebäugelte, nach Reichenweier zurück.

Wie alles begann

Für Württemberg blieb der unberechenbare Vetter jedoch weiterhin wichtig: Auf dem ursprünglich zum Geistlichen bestimmten Heinrich allein ruhten inzwischen die ganzen Hoffnungen des Hauses Württemberg auf den Erhalt der Dynastie!

Sein ehemals in Stuttgart mehr schlecht als recht regierender Bruder Eberhard war ohne Nachkommen geblieben, und das einzige Kind seines Vetters Eberhard im Bart aus der Ehe mit Barbara Gonzaga von Mantua, ein Töchterchen, starb bereits »in der Wiege«.

Ob also das Fräulein Elisabeth von Bitsch Anfang Januar 1485 auf der Durchreise tatsächlich nur rein zufällig mit Graf Heinrich zusammentraf oder ob eine Begegnung mit Heinrich absichtsvoll und geschickt arrangiert worden war, lässt sich nicht mehr rekonstruieren. Tatsache ist, dass Heinrich von dem jungen Edelfräulein, Tochter des Grafen von Zweibrücken-Bitsch, auf französischem Herrschaftsgebiet gelegen, auf Anhieb angetan war. Und nicht einmal der Einwand ihrer Begleitung, sie sei bereits verlobt und habe eine noch viel schönere, noch nicht vergebene jüngere Schwester, konnte ihn davon abhalten, sie vom Fleck weg zu heiraten.

»Es schos im der duppel ins Hirn und vergafft sich dermaßen ob dem frölin Bütsch, das er kurzum die haben wollt«, so heißt es in der Zimmerischen Chronik.

Burgundische Expansion: In der Schlacht von Grandson 1476 schlugen die Eidgenossen den Burgunderherzog Karl den Kühnen zurück. In die Auseinandersetzungen wurde auch Mömpelgard verwickelt.

Die beiden zogen ins Reichenweierer Schloss. Das eheliche Leben der beiden Liebenden verlief wohl sehr harmonisch. Heinrich zeigte vielfältige geistige Interessen, arbeitete in den Handschriften seiner Bibliothek und soll sogar selbst Lieder und Liebesgedichte geschrieben haben.

Im Umgang mit seinen elsässischen Untertanen allerdings erwies sich Heinrich als ein schwieriger Herr. Oft und schnell geriet er mit den Reichenweierer Bürgern in Streit, lieh sich Geld, das er beim Kartenspiel verzockte und nie wieder zurückzahlte, ließ den Pfarrer, der es gewagt hatte, seinen Herrn zu ermahnen, einfach verprügeln und einen elsässischen Ritter auf offener Straße mit der Armbrust beschießen, weil der seinen Namen nicht sagen wollte.

Als geistesgestört und »mondsüchtig« wurde er von seiner Umwelt betrachtet.

Zwei Jahre nach der Eheschließung wurde dem Paar am 8. Februar 1487 ein Sohn geboren: der später berühmt-berüchtigte Herzog Ulrich. Für die junge Mutter bedeutete die Geburt den Tod. Sie starb »in Misslingung der Geburt« neun Tage nach der Niederkunft im Schloss von Reichenweier und wurde im Chor der Liebfrauenkirche beigesetzt. Die Taufe des kleinen Sohnes dürfte sie noch mitbekommen haben. Er wurde auf den Namen Eitel Heinrich getauft und sollte in der württembergischen Landesgeschichte eine besondere Rolle spielen.

Schon ein Jahr später, im Juli 1488, heiratete Heinrich erneut. Es muss wohl wieder eine Liebesheirat gewesen sein, wie Briefe der beiden bezeugen. Eva von Salm, Tochter des Marschalls von Lothringen, die den Beinamen »die Geduldige« erhielt, war nicht nur während dessen späterer, 29 Jahre währender Gefangenschaft auf dem Hohenurach »eine getreue Pflegerin ihres blöden Gemahls«, sondern gebar ihm dort auch zwei Kinder: Maria und Georg. Von Letzterem soll später noch die Rede sein.

Für Eberhard im Bart waren die zeitweiligen Eskapaden Heinrichs allmählich wohl zu riskant geworden. Als Gerüchte aufkamen, Heinrich beabsichtige, seine ihm verbliebenen Besitztümer im Elsass an den großen territorialen Rivalen der

Württemberger, die Pfalz, zu veräußern, griff Eberhard ein, lockte ihn auf württembergisches Gebiet und ließ ihn mit der Begründung seiner angeblichen Geistesgestörtheit auf der Burg Hohenurach festsetzen.

Zu einer fundierten medizinischen oder psychiatrischen Diagnose für eine angebliche Geistesgestörtheit des »tollen« Heinrich und »ein unordentlich wüttend tirannisch Wesen« fehlen eindeutige zeitgenössische Hinweise. Klar ist, dass Eberhard im Bart eine Etikettierung Heinrichs als Wahnsinnigen geradezu propagierte, um dessen Einkerkerung, seine Entmündigung 1490 und seine mit kaiserlicher Urkunde von 1492 besiegelte Vormundschaft über Heinrich zu rechtfertigen. Heinrich wurde als Risikofaktor von Eberhard im Bart aus machtpolitischem Kalkül aus dem Verkehr gezogen.

Er lebte auf Hohenurach mit seiner kleinen Familie bis zu seinem Tod im Jahr 1519 von der Außenwelt völlig isoliert und mit einer Nachrichtensperre belegt.

Heinrichs regen geistigen Interessen mögen ihm wahre »Erbauung« bedeutet haben. In seinem Besitz befanden sich lateinische Handschriften, Folianten mit eigenen Aufzeichnungen, Sentenzen und Kommentaren. Drei seiner von ihm selbst verfassten Liebesgedichte waren sogar bereits in früheren Jahren im sogenannten »Königsteiner Liederbuch« um 1470 unter seinem Namen veröffentlicht worden.

Seine treue Ehefrau bezog nach seinem Tod ihren Witwensitz auf Schloss Reichenweier, wo sie zwei Jahre später verstarb und wie die erste Frau ihres Mannes in der dortigen Liebfrauenkirche begraben wurde.

Sein Sohn, Graf Georg, ist nicht wie ein Fürstensohn, sondern wie ein Gefangener aufgewachsen. Es erfordert auch

Unter den Grafenstandbildern im Chor der Stiftskirche in Stuttgart findet sich auch Heinrich von Württemberg-Mömpelgard, der in burgundischer Gefangenschaft schmachtete.

heute noch Respekt, dass aus ihm nicht ein verbitterter, ja vielleicht sogar rachsüchtiger Mensch geworden ist, sondern er im Gegenteil dem Haus Württemberg und insbesondere Mömpelgard und seinen Menschen kluge und treue Dienste erweisen sollte.

Wurde er gebraucht, war er zur Stelle, so als Verwalter in Mömpelgard, ab 1534 bis zum Jahr 1542. Sollte sein Posten kurzfristig frei werden als Abstellgleis für ruhigzustellende Familienmitglieder wie den »Kronprinzen« Christoph, so trat er zur Seite, um bei der nächsten nötigen Gelegenheit wieder zur Stelle zu sein. Und jedes Mal erfüllte er seine Aufgaben gewissenhaft und bestmöglich, zum Wohle des Landes und seiner Bewohner. Ja, sogar zum Wohle der Dynastie des Hauses Württemberg. Um diese zu sichern, heiratete der immer noch ledige Georg auf Drängen Herzog Christophs im Alter von 57 Jahren im Jahr 1555 in Reichenweier die 38 Jahre jüngere Barbara von Hessen und wurde als Vater des späteren Herzogs Friedrich I. zum Stammvater aller nachfolgenden Württemberger.

Erst 1553 übertrug Herzog Christoph endgültig die gesamten linksrheinischen Lande als erblichen Besitz seinem treuen Onkel, die dieser bis zu seinem Tod 1558 vorbildlich regierte.

Sein Hauptaugenmerk galt dabei der Festigung der Reformation. Und wenngleich er der von der nahen Schweiz beeinflussten religiösen Richtung Zwinglis nahestand, so festigte er letztlich das Luthertum auch für Mömpelgard und das Elsass durch die Gründung einer Stiftung, die bis 1793 jährlich zehn Stipendiaten (sechs aus Mömpelgard und vier aus Reichenweier und Horburg) ein Studium der Theologie im Tübinger Stift ermöglichte. Damit förderte er – ob gewollt oder nicht – zunächst eine gewisse Grundversorgung mit protestantischen Lehrern und Geistlichen sowie den späteren Gedankenaustausch zwischen dem traditionsverhafteten Herzogtum Württemberg und den von Frankreich und der Eidgenossenschaft beeinflussten freiheitlichen Geistesströmungen der französischen Aufklärung links des Rheins.

Georg selbst betätigte sich privat als Musiker und als geistlicher Dichter und gründete im Mömpelgarder Schloss eine Bibliothek.

Graf Georg I. ging als »tugendsamer Fürst« in die württembergische Geschichte ein, hinterließ trotz der damaligen unruhigen Zeiten die Staatsfinanzen in bester Ordnung und galt als Beschützer und guter Verwalter seiner Länder im Elsass und in der Grafschaft Mömpelgard.

Das Gemälde des italienisch-französischen Malers Giulio Vittini (1888 bis 1968) zeigt den herzlichen Empfang, den die Mömpelgarder Bürger Graf Georg I. bereitet haben sollen.

Zuflucht in Mömpelgard – Herzog Ulrich verspielt die Macht

Die Geburtsstätte des kleinen Eitel Heinrich war das Schloss zu Reichenweier. Seine Kindheit jedoch durfte er in diesem beschaulichen Ort, der ihm zweifellos eine lebenslang stärkende Geborgenheit hätte geben können, nicht verbringen.

Eigentlich war er ein Kind der Liebe, dieser Eitel Heinrich. Doch er selbst sollte davon nur wenig oder gar nichts spüren. Früh schon wurde er zum Spielball politisch-dynastischer

Wie alles begann

Ziele des Chefs des Hauses Württemberg, Eberhard im Bart. Aus dessen Ehe mit Barbara Gonzaga von Mantua war kein männlicher Erbe hervorgegangen, das einzige Töchterchen bereits »in der Wiege verstorben«, die Gefahr des Aussterbens des württembergischen Grafengeschlechts groß.

Die ganze Hoffnung der Dynastie lag in dem mutterlosen Neugeborenen aus Reichenweier. Und dieses geriet dadurch unmerklich in Gefahr. Zumindest konnte nicht ausgeschlossen werden, dass nicht der eine oder andere politische Gegner oder Rivale der Württemberger dem einzigen Garanten des Erhalts der Dynastie des Hauses Württemberg nach dem Leben trachtete.

Hinzu kam, dass Eberhard das für ihn kostbare Kind nicht der Erziehung des ungezügelten, unberechenbaren Vetters Heinrich überlassen wollte, sondern es unter eigener Aufsicht und in der Obhut seiner Frau Barbara Gonzaga als künftigen Regenten aufwachsen lassen wollte.

Also schickte Graf Eberhard zwei Vertraute, den Stuttgarter Stiftsprediger Weik und den Juristen Schöferlin, einen früheren Reisegefährten Heinrichs, los, um den für die Sicherung der Erbfolge so wichtigen Säugling von Reichenweier nach Stuttgart zu bringen. Die Gesandtschaft, welche den gerade zum Witwer gewordenen Vater zur Übergabe seines Kindes an den Vetter Eberhard überreden sollte, »auf dass er mit ihm handeln tue und fürnehme nach seinem Willen«, kam bereits zwei Wochen nach der Geburt in Reichenweier an.

Um einer etwaigen Entführung während der Reise vorzubeugen, wurde der Kleine in einem Korb versteckt auf dem Rücken eines treuen Dieners in Begleitung seiner Amme zunächst nach Straßburg und von dort nach Stuttgart gebracht. Ob es dem damals 42-jährigen Eberhard und seiner Frau in ihrer Funktion als »Pflegeeltern« gelang, dem kleinen Jungen tatsächlich die Liebe, Zuneigung und Geborgenheit zu schenken, die ihm die Stärke und Gelassenheit gegeben hätten, die für seine schwierigen Aufgaben als späterer Regent so nötig gewesen wären, sei dahingestellt. Auf jeden Fall ließen sie ihm eine gründliche humanistische Bildung angedeihen, wozu auch Kenntnisse in Latein gehörten. Dies ließ den jun-

Herzog Ulrich
suchte in Möm-
pelgard Zuflucht.

gen Württemberger allerdings ziemlich gleichgültig. Er interessierte sich mehr für die Jagd und den Kampfsport.

Seinen Namen Eitel Heinrich hielt man am Stuttgarter Hof
wegen seines als geistesgestört geltenden Vaters Heinrich als
zu belastet. Seine Firmung 1493 nahm man deshalb zum An-
lass, ihn nach seinem Großvater Ulrich dem Vielgeliebten in
Ulrich umzubenennen. Der kleine Junge soll daraufhin wild
in den Räumen des Schlosses umhergehüpft sein und gerufen
haben: »Noch heiß' ich aber dannost Heinz.«

Das Jagdwesen und höfische Prachtentfaltung zogen das
Interesse des jungen Ulrich dauerhaft an, eine in sich ru-
hende Persönlichkeit sollte er nicht entwickeln. Ausgeprägter
Eigensinn, Unbeherrschtheit und Rücksichtslosigkeit, tiefes
Misstrauen selbst gegenüber Personen aus seiner nächsten

Umgebung blieben dem jungen Mann als Hypothek aus seiner kurzen Jugend. Bereits im Alter von elf (!) Jahren wurde ihm 1498, zwei Jahre nach dem Tod seines Ziehvaters Eberhard im Bart, die Regierung des Landes übertragen. Zunächst noch unter der Vormundschaft von sogenannten »ehrbaren« Männern aus der Ständevertretung des Landes. Dass diese nicht immer so ehrbar in seinem Sinne und allein zum Wohle des Landes handelten, dürfte dem zwar noch jungen, doch intelligenten Ulrich nicht entgangen sein und mochte nicht wenig zur Ausprägung seines misstrauischen Wesens beigetragen haben.

1503 erklärte ihn König Maximilian vorzeitig für mündig und entließ ihn aus der Vormundschaft seiner Räte.

Für das Land, für das er nun Verantwortung tragen musste, folgten nach den Hunger- und Pestjahren 1501 und 1502 einige gute Jahre mit reichen Wein- und Getreideerträgen. Und auch für den jungen Herzog selbst schienen seine ersten Jahre als Regent unter einem guten Stern zu stehen.

Schon 1504 übertrug König Maximilian dem Siebzehnjährigen (!) ein Kommando im Landshuter Erbfolgekrieg, an dem Ulrich mit großer Begeisterung an der Seite Herzog Albrechts von Bayern teilnahm, dem er nicht zuletzt durch das Heiratsversprechen mit dessen Tochter Sabina verbunden war.

Ulrich konnte sich auf diese Weise früh als Truppenführer auszeichnen und dabei sogar noch Beute für sein Herzogtum machen: Kloster Maulbronn, das Fauststädtchen Knittlingen, Besigheim und vorübergehend die Grafschaft Löwenstein, Weinsberg, Möckmühl, Neuenstadt am Kocher, Heidenheim und Schloss Hellenstein.

Das Selbstbewusstsein Ulrichs erhielt wenig später neuen Auftrieb. Im Jahr 1506 konnte er für Württemberg die nahe Mömpelgard gelegene Herrschaft Blamont samt der gleichnamigen wichtigen Burgfeste erwerben. Das bedeutete die erste territoriale Erweiterung links des Rheins seit einem Jahrhundert und einen weiteren Schritt auf dem Weg zu der angestrebten Arrondierung des Mömpelgarder Besitzes für Württemberg.

Wie alles begann

Dass diese Erfolge teuer erkauft waren, hatte Ulrich wohl erst später realisiert. Abgesehen von den Menschenopfern eines jeden Krieges, die dem württembergischen Herzog damals wohl ziemlich gleichgültig gewesen sein mochten, lasteten die Kosten des eigenen Truppenaufgebots von 10 000 Mann und zusätzlichen 12 000 Söldnern für die Teilnahme am Landshuter Erbfolgekrieg noch drei lange Jahre auf jedem einzelnen seiner Untertanen in Form einer außerordentlichen Kriegssteuer.

Die Rücksichtslosigkeit Herzog Ulrichs gegenüber den finanziellen Mitteln seines Landes offenbarte sich, abgesehen von seiner permanenten Verschwendungssucht, bezüglich persönlicher Jagdleidenschaft und maßloser Hofhaltungskosten bei einem weiteren Krieg, von dem sich Ulrich noch größere Erfolge als bisher versprach, insbesondere auf linksrheinischem Gebiet. Für den Burgunderfeldzug Kaiser Maximilians im Jahr 1513 rüstete Ulrich auf dem Gebiet seiner Grafschaft Mömpelgard ein Reiterheer aus, mit dem er bis vor die Mauern Dijons zog.

Dieser Feldzug jedoch scheiterte, seine immensen Kosten trieben den ohnehin maroden Staatshaushalt in den Bankrott.

Die neuen ungeheuren und sozial ungerechten Besteuerungsmaßnahmen lösten 1514 den Bauernaufstand des »Armen Konrad« aus, der das ganze Land erschüttern sollte. Die vermögende Bürgerschicht war nach dem Wegfall einer drohenden Vermögenssteuer zugunsten eines »Umgelts«, einer Art Verbrauchs- oder Umsatzsteuer, kaum betroffen, die Mehrheit der Bauern und Handwerker trug die Hauptlast und drohte daran zu zerbrechen.

Während sich die Ereignisse um den Aufstand des »Armen Konrad« rechtsrheinisch hauptsächlich im Gebiet des Remstals, um Leonberg und Markgröningen, Stuttgart und Tübingen abspielten, hatten sich schon Jahre zuvor im Elsass Bauern, Handwerker und einfache Bürger in sozialem Aufruhr zum »Bundschuh« zusammengetan. Sie protestierten gegen immer unerträglicher werdende Steuer- und Abgabenerhöhungen, welche sowohl die kirchliche wie die weltliche Obrigkeit dem Volk abverlangten, während sie selbst ohne

Einschränkungen in Saus und Braus lebten. Gleichzeitig nahmen sie ihren Untertanen durch eine Verschärfung der Waldordnung, die Herabsetzung des Viehbestands und die Einschränkung der Ansprüche auf Bau- und Brennholz ihre Erwerbsmöglichkeiten. Allgemeine Teuerung und wirtschaftlicher Niedergang bis hin zu Hungersnöten waren die Folge. Dagegen setzten sich diese zur Wehr, durch das Vorbild der Freiheitsbewegungen in der benachbarten Schweiz angestachelt, sogar mit radikalen Forderungen bis hin zur Aufhebung der Leibeigenschaft.

Ermutigt durch die aufrührerischen Predigten des Straßburger Theologen Johann Geiler von Kaysersberg, taten sich die Unzufriedenen im zwischen Straßburg und Colmar liegenden Schlettstadt zu einer der mächtigsten existierenden Bundschuhbewegungen im Südwesten zusammen. Der mit Riemen gebundene, rindslederne Bauernschuh als ihr Zeichen war ein klares Unterscheidungsmerkmal zum gespornten Ritterstiefel.

Auch im Elsass organisierten sich unzufriedene Bauern, Handwerker und einfache Bürger im »Bundschuh«. Die Grafschaft Mömpelgard wurde dann aber vom Bauernkrieg 1525 nur gestreift.

Trotz dieses im Elsass und am Oberrhein vorhandenen beachtlichen Potenzials an Bereitschaft zum Widerstand in der einfachen Bevölkerung wurde dann die Grafschaft Mömpelgard vom großen südwestdeutschen Bauernkrieg 1525 nur gestreift. Aufständische Bauern plünderten im April desselben Jahres das Kloster Belchamp, und um eine ähnliche Plünderung zu vermeiden, sahen sich die Stiftsherren von Saint-Maimboeuf zu hohen Geldzahlungen an die Aufständischen gezwungen. Zahlreiche Bewohner von Mömpelgard solidarisierten sich mit ihnen, vor allem gegen das alteingesessene Stadtpatriziertum. Dass der Aufruhr relativ schnell wieder verebbte, mag einerseits an einer schwachen Struktur

Wie alles begann

des unerfahrenen »Bauernhaufens« gelegen haben, andererseits aber auch daran, dass Herzog Ulrich selbst zumindest in Mömpelgard wenig Angriffspunkte bot.

Dass sich, um den Blick wieder auf das rechtsrheinische Württemberg zu richten, der Herzog, eigentlich ein leutseliger, im einfachen Volk beliebter Mann, 1514 im Aufstand des »Armen Konrad« auf die Seite der wohlhabenden höheren Stände schlug, trug zur jahrelangen politisch-sozialen Instabilität des Landes bei. Den Ständen räumte er um den Preis der Begleichung seiner hohen Schulden im Tübinger Vertrag 1514 Mitbestimmungsrechte ein, schloss dabei aber den Großteil seiner Bevölkerung, den »gemeinen Mann«, für den der »Arme Konrad« stand, einfach aus. Das führte zusammen mit Ulrichs unsinnigem Überfall auf die Reichsstadt Reutlingen 1519 und dem wegen dieses Landfriedensbruchs endgültigen Zerwürfnis mit dem Schwäbischen Bund dazu, dass der Herzog im selben Jahr aus seinem eigenen Land vertrieben wurde. Durch tragische persönliche Verstrickungen, eheliche Zerwürfnisse, Eifersucht und Jähzorn war Ulrich inzwischen sogar zum Mörder an seinem einstigen Vertrauten und Stallmeister Ulrich von Hutten geworden, und der Kaiser hatte die Reichsacht über ihn verhängt. Württemberg war nun in den Besitz der mächtigen Vereinigung süddeutscher Territorialherren und Städte, des Schwäbischen Bundes, übergegangen. Dieser trat das verschuldete Land an den Nachfolger Maximilians, Kaiser Karl V., gegen Übernahme der Schulden ab. Für den Habsburger Kaiser übernahm sein jüngerer Bruder Ferdinand die Regentschaft vor Ort. Habsburg hatte sein Ziel, Württemberg als Bindeglied zwischen Österreich und Burgund zu beherrschen, zumindest vorübergehend erreicht.

Ulrich fand Zuflucht zunächst bei den Eidgenossen in der Schweiz. Solothurn, Luzern und Basel gewährten ihm das Bürgerrecht. Das Fass Wein, das ihm die Solothurner zur Begrüßung zum Geschenk machten, war ebenso eine symbolische Geste des Willkommens in gemeinsamer Gegnerschaft zu Habsburg wie die ehrenvolle Aufnahme des Flüchtlings Ulrich in mehreren Zünften Basels und Luzerns.

Herzog Ulrich ermordet Hans von Hutten, der Kaiser nimmt den Württemberger in Reichsacht.

Auch die Festung Hohentwiel diente Ulrich immer wieder als Stützpunkt, von wo er die jeweilige Lage in seinem alten Herrschaftsgebiet Württemberg »überblicken« konnte.

Seinen ständigen Aufenthalt jedoch nahm Ulrich in Mömpelgard. Die Grafschaft war ihm getrennt vom Herzogtum Württemberg als Besitz des Hauses Württemberg geblieben, ebenso die elsässischen Besitztümer, die er seinem jüngeren Halbbruder Georg übergab.

Von 1519 bis 1526 nutzte Ulrich das Mömpelgarder Schloss als ständige Residenz, die ihm ein zwar bescheidenes, doch standesgemäßes Hofleben ermöglichte.

In seiner Biographie über den »Mann namens Ulrich« berichtet Werner Frasch vom Alltag des Herzogs auf Schloss Mömpelgard: »Seine Freude an der Musik ließ er sich trotz seiner beschränkten Mittel auch jetzt noch einiges kosten. In

Wie alles begann

den Aufschrieben seines major domus [Hausmeier] finden sich wiederholt Einträge über Ausgaben an die Spielleute, Sängerinnen, Pfeifer und Trommler. Unverändert war auch die Freude am Waidwesen. Für die Jagd mit dem Falken benötigte er einmal einen Handschuh, der drei Batzen kostete, und eine Haube für den Vogel. Ebenso gingen die sechs Batzen, die einem Bauern dafür, dass ein Hund des Herzogs des Bauern Schwein gebissen hatte, auf das Konto der Aufwendungen für die Jagd. […] Er gab hin und wieder einiges Geld für standesgemäße Kleidung aus, so für rotes Stiefelleder, für schwarzen Samt und für Taftstoff, ein wollenes Hemd, seidene Bändel und für schwarzes Tuch für Hosen, die allerdings mehrfach ›gebletzt‹, also geflickt wurden. Auch die Spielleidenschaft verursachte regelmäßig Kosten ebenso wie die Belohnungen für die Kundschafter, die der Herzog ins Württembergische schickte, um auf dem Laufenden zu bleiben. […] Hin und wieder ließ sich der Herzog vielleicht im Bad, dem allerlei Zusätze beigemengt wurden und deren Kosten penibel vermerkt sind, von einer käuflichen Liebesdienerin verwöhnen. Einen Batzen hat dafür 1524 ein ›Weib, das gelustfleischt‹ erhalten.«

Ein gewisser Jakob Bleichenrod, »Verwalter Einnahmens und Ausgabens« im Mömpelgarder Schloss, führte auch Buch darüber, wer zur Gefolgschaft des Herzogs gehörte und wer das Budget des herzoglichen Haushaltes in Mömpelgard belastete. Viele waren aus Anhänglichkeit zu Ulrich mitgekommen oder aus Furcht vor Nachstellungen durch die neuen Herren in Württemberg nach Mömpelgard geflohen. Weitere Edelleute und eine standesgemäße Dienerschaft gehörten zu dem 177 Personen zählenden Mömpelgarder Hofgesinde. Knechte, vier Köche, zwei Küchenknaben, ein Metzger, sechzehn Bäcker, Jäger, die Musiker der Hofkapelle, ein Hasenfalkner, der Verantwortliche für die Harnische, Sattler, Schneider, Schmiede, Boten, Wächter. Ein buntes Völkchen aus den deutschsprachigen Württemberger Stammlanden, der französischsprachigen Grafschaft Mömpelgard und Arbeitssuchenden, die aus dem nahen Elsass gekommen waren, kam da zusammen. Dazu ganz gewiss auch mancher Abenteurer. Und alle mischten die angestammte Bevölkerung des beschaulichen Mömpelgarder Städtchens tüchtig auf.

Für Mömpelgard bedeuteten jene Jahre zweifellos gesellschaftlichen Glanz und wirtschaftlichen Aufschwung. Auch was den geistig-kulturellen Austausch anbelangte, brachten der Herzog und sein Umfeld neuen Schwung in die Grafschaft.

Als gravierender, für die weitere Zukunft folgenreicher Einschnitt für die Bevölkerung der gesamten Grafschaft Mömpelgard muss zweifellos die Einführung der Reformation gesehen werden. Zentrum der reformatorischen Bewegung war die Schweiz geworden, wohin aus den verschiedensten Ländern wegen ihres neuen Glaubens Verfolgte geflohen waren.

Während in Zürich der Reformator Zwingli maßgeblich wirkte, predigte in Basel seit Ende des Jahres 1522 der aus dem württembergischen Weinsberg stammende Johann Oekolampadius, der, wie damals durchaus üblich für Gelehrte, seinen Taufnamen Johannes Hausschein latinisiert hatte. Mit ihm traf sich Herzog Ulrich, aus seiner Festung Hohentwiel kommend, des Öfteren zu ausführlichen Gesprächen über die religiöse wie politische Dimension der reformatorischen Bewegung. Vermutlich bewegte sich der Basler Bürger Ulrich von Württemberg in den Schweizer Reformationskreisen nicht so sehr aus inneren Glaubensgründen als vielmehr mit dem Hintergedanken, in jener einflussreichen und wohlhabenden Bürgerschaft politische Fürsprecher und finanzielle Unterstützer für die beabsichtigte Rückgewinnung seines württembergischen Stammlandes zu gewinnen.

An seinen Mömpelgarder Hof ließ er sich evangelische Prediger empfehlen: den aus Württemberg vertriebenen Johann Gayling und den aus seiner Heimat Gap in der Dauphiné in die Schweiz geflüchteten Franzosen Guillaume Farel.

Die Rigorosität, mit der Farel den Mömpelgardern, insbesondere den adeligen Stiftsherren von Maimboeuf, mitten in der Stadt vom heute noch gezeigten »Fischstein« herab die Leviten las, um sie zum »rechten Glauben« zu bekehren – nicht ohne ihnen vorher ihre gotteslästerliche Verkommenheit und ihre sündhafte Wohlhabenheit vorzuwerfen –, verstörte die Mömpelgarder nachdrücklich. »Wegen der Flut von Beschimpfungen, die du gegen die Priester richtest, muss ich dich tadeln«, so wies Oekolampadius von Basel aus seinen Abgesandten zurecht. Farel wurde sieben Monate nach seinem ersten Auftreten in Mömpelgard von Herzog Ulrich abberufen und durch gemäßigtere Prediger ersetzt, mit denen sich die Mömpelgarder Kaufleute und Handwerker eher arrangieren konnten.

Immerhin hatte Farel den Katechismus ins Französische übersetzt, und so konnten die Bewohner der Grafschaft Mömpelgard konsequent im Sinne des Bibelübersetzers Martin Luther in ihrer eigenen Muttersprache Gottesdienste feiern und im protestantischen Glauben unterwiesen werden.

In Mömpelgard war der Anstoß zur Reformation mit den ersten Überlegungen Ulrichs und ab 1524 mit der Entsendung erster protestantischer Prediger zehn Jahre früher erfolgt als in den rechtsrheinischen, bis 1534 unter katholischer Zwischenherrschaft der Habsburger stehenden württembergischen Stammlanden. Dass freilich durch die Einflüsse aus der nahen Schweiz die unterschiedlichen theologischen Ausrichtungen der Reformatoren Calvin und Zwingli und des Luthertums Augsburger Konfession, dem Ulrich und sein Halbbruder Georg nahestanden, in Mömpelgard noch lange konkurrierten, tut dem Gesamtergebnis hin zu einem protestantischen Land keinen Abbruch. Ebenso wenig der Umstand, dass die Reformation hier eine behutsamere Entwicklung nahm und nicht wie später in Württemberg apodiktisch befohlen wurde und die sofortige Vertreibung Andersgläubiger zur Folge hatte. Noch im Jahr 1532 teilte die Reformation die Bevölkerung Mömpelgards in fast zwei gleiche Hälften: Die Mehrheit der Handwerker, einige vermögende Bürger und die Hofbediensteten waren zum Luthertum übergetreten, den dem katholischen Glauben treu Gebliebenen wurde erst im Jahr 1538 die Feier der katholischen Messe verboten.

Einen gelassenen Umgang bewiesen die Mömpelgarder auch, als der Erzbischof des benachbarten Besançon den Kirchenbann über Mömpelgard verhängte: Sie ignorierten diesen schlicht und einfach. Und ebenso taten es die Einwohner von Besançon selbst, mit denen man fröhlich weiter Handel und Wandel trieb.

Zu einem positiven Gedeihen der reformatorischen Entwicklung mag auch beigetragen haben, dass Ulrich vor seinem endgültigen Weggang aus Mömpelgard in seine angestammten rechtsrheinischen Gebiete mit dem Prediger Pierre Toussaint einen Mann nach Mömpelgard berufen hatte, der sehr auf Ausgleich und Vermittlung unter den herrschenden Glaubensmeinungen bedacht war. Bis zu seinem Tod im Jahr 1572 wirkte der aus Lothringen stammende protestantische Geistliche als stabilisierender Faktor.

Sicherlich ist es der Ausbreitung und Entwicklung des Protestantismus in der Grafschaft Mömpelgard gut bekommen, dass sich Ulrich bereits um die Jahreswende 1526/27 zurückzog, um seinen Aufenthalt im Gebiet des hessischen Landgrafen Philipp zu nehmen. Er stand an der Spitze der protestantischen Fürsten im Reich und war ein starker Verfechter des Luthertums. Philipp von Hessen, der Gründer der Universität Marburg, sollte Ulrich zur Rückeroberung seines württembergischen Stammlandes verhelfen, verhieß dies doch im Falle des Gelingens einen weiteren protestantischen Bündnispartner.

Ulrich hatte derweil seinen Halbbruder Georg als Statthalter von Mömpelgard eingesetzt und die Grafschaft samt der Herrschaft Blamont an den französischen König Franz I. verpfändet. Als Gegenleistung erhielt er finanzielle Unterstützung Frankreichs in Höhe von 120 000 Gulden für die Rückeroberung seines Herzogtums. Dazu kamen noch 62 000 Gulden von einem Philipp von Chabot, der dafür Granges, Clerval und Passavant zum Pfand erhielt. Beide Geldgeber rechneten sicherlich damit, ihr Pfand in einen dauernden Landerwerb verwandeln zu können. Beide Herren sollten sich täuschen.

Wie alles begann

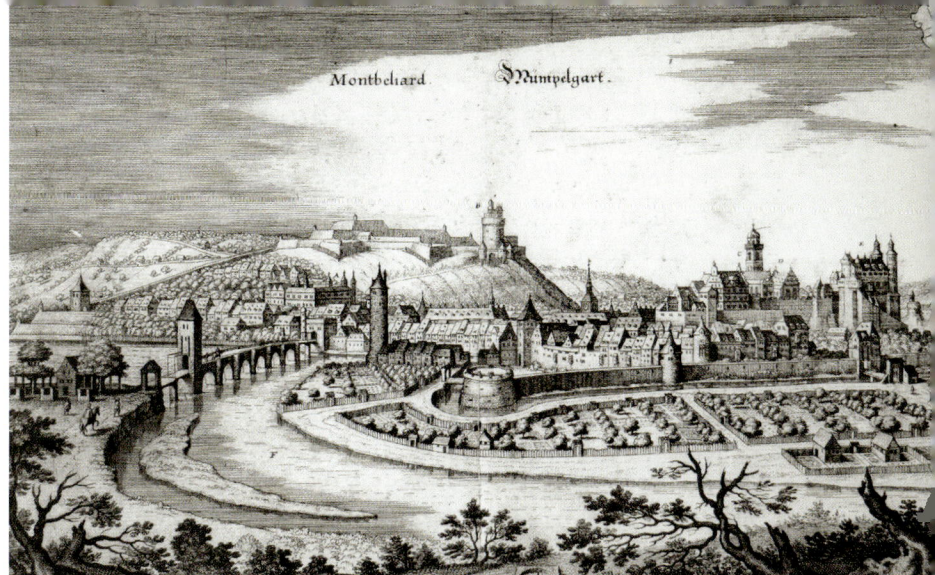

Der kurze, von Philipp von Hessen angeführte Kriegszug endete im Mai 1534 in der Schlacht von Lauffen für Ulrich erfolgreich. Nach fünfzehn Jahren im Exil war er wieder Herr im eigenen Land. Im sogenannten Frieden von Kaaden wurde ihm sein Land wieder zugestanden.

Mömpelgard war ihm während dieser Zeit ein sicherer Zufluchtsort gewesen und hatte selbst zweifellos auch in vielerlei Hinsicht profitiert von der Tatsache, kurzfristig zur Residenz seines Fürsten geworden zu sein. Ganz nebenbei war man zu einer Enklave des Protestantismus zwischen den Machtbereichen des katholischen Frankreichs und des katholisch-habsburgischen Burgunds geworden.

Mömpelgard: Ein Jahr war das Territorium als Pfand in der Hand des französischen Königs.

Ein Jahr lang war Mömpelgard als Pfand in der Hand des französischen Königs gewesen, bis es Ulrich durch Rückzahlung der gewährten französischen Hilfsgelder mithilfe der diesmal großzügigen württembergischen Stände rechtzeitig wieder eingelöst hatte. Als Statthalter blieb sein Halbbruder Georg I. vor Ort, bis 1542 Ulrichs Sohn Christoph die dortigen Regierungsgeschäfte in Vertretung seines Vaters übernahm.

Nicht die Sprache, sondern die Religion, das Luthertum Augsburger Konfession, bildete die Klammer zwischen dem Haus Württemberg und seinen linksrheinischen französischsprachigen Besitztümern.

Dass Herzog Christoph, der nach dem Tod seines Vaters Ulrich 1550 die Herrschaft im Herzogtum Württemberg und der Reichsgrafschaft Mömpelgard angetreten hatte, 1553 Mömpelgard und die burgundischen Nebenlande seinem Onkel Georg erblich überlassen hatte, sollte den linksrheinischen Gebieten gut bekommen. Christoph war voll und ganz davon beansprucht, das alte Württemberg nach der Zeit der Wirren während Ulrichs Verbannung wieder zu ordnen, das Verwaltungs- und Finanzsystem wieder aufzurichten und die Reformation durchzuführen mit einer neuen Kirchenordnung, der Einführung der Schulpflicht und der Schaffung von Lateinschulen zur Ausbildung protestantischer Theologen. Ins Tübinger Stift sollten auch bald Stipendiaten aus Mömpelgard gelangen.

Sein Onkel Graf Georg I. von Mömpelgard, der ja bereits im Besitz des elsässischen Reichenweier gewesen war, widmete sich indessen mit Leidenschaft dem Aufbau seiner linksrheinischen Besitztümer. Mit großem Eifer setzte er sich für die weitere Ausbreitung der Reformation ein, verfasste sogar selbst geistliche Werke und förderte persönlich die bereits vom jungen Christoph eingerichtete Lateinschule. Im Schloss von Mömpelgard gründete er eine Bibliothek. Auf sparsamste Verwaltung achtete er penibel genau. Und nicht zuletzt durch sein eigenes Vorbild an verantwortungsvoller Sparsamkeit in seiner eigenen Hofhaltung brachte er das Finanzwesen bald in mustergültige Ordnung.

Dass die Mömpelgarder Bevölkerung dank der Einführung der Schulpflicht und der Förderung von Bildungseinrichtungen bald das Niveau der benachbarten Gegenden in Bezug auf Bildung und allgemeiner Wohlhabenheit überragte, geschah gleichsam unbemerkt.

Unverständlich bleibt aus heutiger Sicht das Versäumnis, die vielfältigen Kenntnisse der aus Frankreich vertriebenen Hugenotten, die geistige wie ökonomische Kraft einer ganzen Schicht gut gebildeter Kaufleute und Händler, Handwerker und Gewerbetreibender ebenso wie Geistlicher und Intellektueller für das eigene Land nicht genutzt zu haben. Zwar wurden die verfolgten »Glaubensbrüder«, von denen hunderte nach der berüchtigten Bartholomäusnacht 1572 in die Grafschaft Mömpelgard geflohen waren, dort aufgenommen. Doch geschah dies mit Vorbehalt. Sie mussten sich verpflichten, ihre Religion dort nicht öffentlich zu bekennen, es sei denn, sie unterwarfen sich der in Mömpelgard gültigen württembergischen Kirchenordnung der Augsburger Konfession und nahmen das lutherische Bekenntnis an. Das wiederum konnte man von Menschen, die gerade erst um ihres Glaubens willen ihre Heimat in Frankreich, ihr Hab und Gut verlassen hatten, ihr Leben und das ihrer Liebsten riskiert hatten, um sich frei zu ihrem Glauben bekennen zu können, nicht erwarten. Die meisten zogen nach einer gewissen Zeit nach Preußen, Brandenburg oder in die Kurpfalz weiter, wo man ihnen zum Asyl auch Glaubensfreiheit gewährte. Bekanntermaßen trugen sie dort erheblich zur wirtschaftlichen, handwerklichen, industriellen und landwirtschaftlichen Entwicklung bei. Auch die nahe gelegene Schweiz profitierte in hohem Maße vom Fleiß und Know-how der aus Frankreich oder ihrem Zwischenasyl Mömpelgard hinzugewanderten Hugenotten. Sowohl die linksrheinischen als auch die rechtsrheinischen Gebiete Württembergs ließen sich in ihrem Beharren auf die Ausschließlichkeit ihres strengen Luthertums das gesamte wirtschaftliche Potenzial, das die Hugenottenflüchtlinge mitgebracht hatten, entgehen.

Geschult am französischen Hof – der charmante Christoph von Württemberg

Was für ein ungewöhnlicher Mann, dieser Christoph!

Hineingeboren in eine Zeit der Wirren, politisch, was seine Heimat Württemberg ebenso wie die allgemeinen Zeitläufte anbelangt, persönlich, was die familiären Umstände anbelangt, in denen er aufwachsen musste. Die Ehe der Eltern nach jahrelangen, aufsehenerregenden Auseinandersetzungen hoffnungslos zerrüttet, die Mutter als Herzogin von Württemberg in ihr Elternhaus nach Bayern geflohen, der Va-

V.G.G. CHRISTOFF HERZOG ZV
WIRTEMBERG VND TECK·GRA-
VE ZV MVMPELGART· STARB
A° M·D·LXVIII·SEINES ALTERS
LIIII·IAR·

Das Gemälde zeigt Herzog Christoph in spanischer Tracht.

ter als Mörder seines einstigen Vertrauten und Stallmeisters von Hutten überführt und unter anderem wegen kriegerischer Übergriffe auf Städte des Schwäbischen Bundes aus dem eigenen Land gejagt und vom Kaiser zweimal in Reichsacht genommen.

Unglücklichere Umstände sind kaum vorstellbar, in die ein Kind und künftiger Herrscher hineinwachsen könnte.

Der 1515 geborene Christoph wuchs von seinem fünften Lebensjahr an mit seiner jüngeren Schwester unter streng katholischem Einfluss bei seinen habsburgischen Verwandten mütterlicherseits in Innsbruck, später in Wiener Neustadt auf. Der hochgebildete Humanist Michael Tiffernus wurde zu seinem Lehrer und väterlichen Freund.

Die späteren Kaiser Karl V. und Ferdinand I. waren seine Vettern zweiten Grades. Und das Haus Habsburg verwaltete das württembergische Stammland seines Vaters Ulrich seit 1520 bis zu dessen Rückeroberung 1534.

Dass er zuvor unter dramatischen Umständen in die Burgfeste Schloss Hohentübingen verbracht wurde, um ihn als Thronfolger vor fremden Zugriffen zu sichern, dürfte in dem damals Vierjährigen traumatische Erinnerungen zurückgelassen haben. Seine Mutter Sabina von Bayern, mütterlicherseits eine Enkelin Kaiser Friedrichs III., war kurz zuvor geflohen und hatte Württemberg ohne ihre Kinder verlassen.

Es scheint Christoph dennoch gelungen zu sein, sich trotz seiner Habsburger »Zwangsheimat« eine gewisse Unabhän-

Wie alles begann

gigkeit zu bewahren. Als der junge Mann Kaiser Karl V. von Österreich nach Spanien begleiten sollte, scheint er skeptisch geworden zu sein. Er befürchtete wohl, dass man ihn im fernen Spanien, unbemerkt von der damaligen politischen Öffentlichkeit, kaltstellen würde, möglicherweise in einem Kloster. Ohne ihn als berechtigten Erben Württembergs hätte das Haus Habsburg dann künftig endgültig die Herrschaft über das Haus Württemberg und seine linksrheinischen Besitztümer antreten können. Dass der junge Christoph dies erkannt hatte und sich ganz offensichtlich mitten in Habsburger Obhut konsequent entschlossen hatte, das Ruder selbst in die Hand zu nehmen, ist bemerkenswert und zeugt von einer selbstbewussten, festen Persönlichkeit.

Er hatte sich in der Zwischenzeit wohl trotz oder wegen seiner katholischen Umgebung mit den Gedanken der Reformation vertraut gemacht. In den linksrheinischen Gebieten, in denen sein Vater herrschte, hatte dieses Gedankengut längst auch in breiteren Bevölkerungsschichten Einzug gehalten.

Seinen Vater indessen kannte er kaum. Umgekehrt wird der sein Leben lang ohnehin misstrauische Ulrich seinem an feindlichem Hof erzogenen Sohn wohl kein großes Vertrauen entgegengebracht haben. Er holte ihn nicht etwa direkt zu sich nach Württemberg, sondern ließ seine guten Beziehungen zum französischen Hof und König Franz I. von Frankreich spielen. Dieser lud den knapp neunzehnjährigen Sohn des württembergischen Herzogs an seinen Hof, wo er sich weiterbilden konnte, die Feinheiten europäischer Politik und das Militärwesen studieren und gesellschaftlichen Schliff erlangen würde. Christoph nahm an.

Es sollten sieben Jahre am französischen Hof daraus werden, ein exzellenter Kenner Frankreichs und ein kluger Diplomat daraus hervorgehen.

Der französische Königshof im Residenzschloss Blois im Loiretal in seiner ganzen äußeren Pracht und Größe muss auf den jungen Christoph wie ein Wunder gewirkt haben. Schätzungsweise viertausend Personen gehörten damals zum Hofstaat. Der König ließ als Bewunderer der italienischen

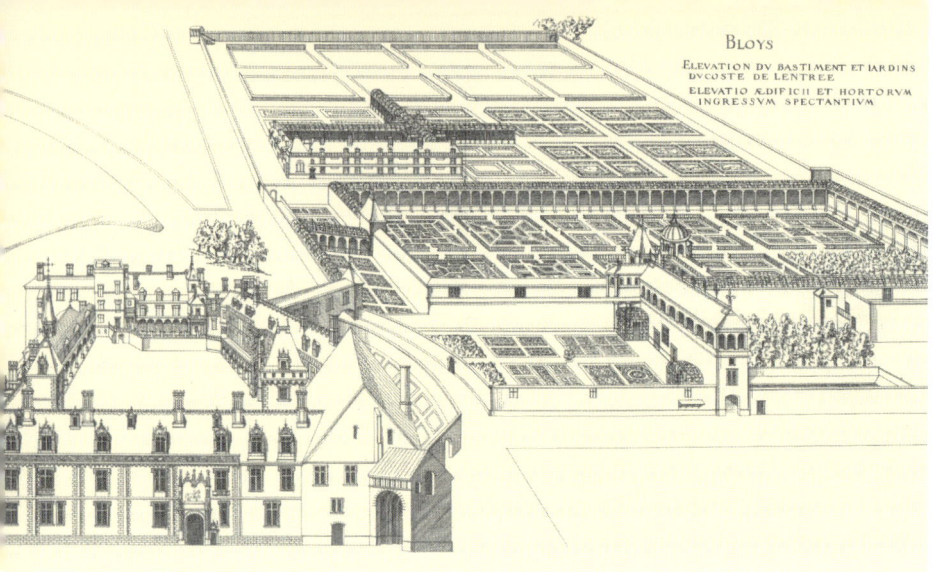

BLOYS

ELEVATION DV BASTIMENT ET IARDINS
DV COSTE DE L'ENTREE
ELEVATIO ÆDIFICII ET HORTORVM
INGRESSVM SPECTANTIVM

Das Schloss in
Blois um 1575:
Der französische
Königshof an der
Loire muss auf
Herzog Christoph
großen Eindruck
gemacht haben.

Renaissance nicht nur herrliche Bauten wie die Schlösser Fontainebleau, Saint-Germain-en-Laye oder Chambord errichten, sondern zeigte sich mit dem Bau der französischen Nationalbibliothek und dem »Collège de France«, mit seiner Hochschätzung von Künstlern wie Tizian und Leonardo da Vinci als Freund humanistischer Bildung. An seinem Hof waren auch Gelehrte geduldet, die der »neuen« reformatorischen Glaubensrichtung angehörten. Das alles prägte den neugierigen jungen Württemberger.

Christoph hatte bald enge Kontakte zum kleinen Kreis der einflussreichsten Frauen am französischen Hof und wurde durch den Umgang mit diesen gebildeten Frauen mitten in die geistig-religiösen Auseinandersetzungen der damaligen Zeit hineingezogen.

Margarete, die Schwester von König Franz I., war mit König Heinrich von Navarra verheiratet und eine entschiedene Verfechterin der Reformation. Luthers Schriften kannte sie in französischer Übersetzung, und sie selbst hatte ein eigenes Bekenntnisbüchlein zum Protestantismus veröffentlicht.

Auch die Schwester der französischen Königin, Renata (Renée de France), war eine Anhängerin des protestantischen Glaubens und bei protestantischen Franzosen äußerst beliebt. Die »gute Herzogin« kümmerte sich nach ihrer Heirat mit

Wie alles begann

dem Herzog von Ferrara um verfolgte französische Protestanten und gewährte ihnen Asyl.

Die folgenreichste Bekanntschaft sollte die Begegnung mit Katharina von Medici werden. Sie war als Ehefrau des zweitgeborenen Sohnes des Königs Franz I., Heinrich, 1533 an den französischen Hof gekommen und fand sich unerwartet schon drei Jahre später, nach dem Tod des Thronfolgers Franz, Dauphin von Viennois, als Gemahlin des neuen Dauphins an der Spitze der dynastischen Hierarchie wieder. Mit Katharina von Medici verband Christoph während der ganzen Jahre seines Aufenthaltes in Frankreich eine vertrauensvolle Freundschaft.

Viele Jahre später, als Katharina von Medici stellvertretende Regentin ihres Sohnes Karl IX. war und Christoph längst regierender Herzog von Württemberg, bat Katharina von Medici den alten Vertrauten in den religiösen Konflikten mit den Hugenotten um Vermittlung, ja, sie bot ihm durch ihren Gesandten im März 1563 in Stuttgart sogar an, Generalstatthalter von Frankreich zu werden. Die ewig klamme Kasse des jungen Christoph noch in Erinnerung und die Sparsamkeit des jetzigen württembergischen Herzogs in Betracht ziehend, ließ sie mitteilen, das Reisegeld liege für ihn schon in Metz bereit. Christoph wand sich in allerlei diplomatischen Floskeln, um die Freundin früherer Tage nicht allzu sehr mit seiner Absage zu kränken.

Aber noch einmal zurück an den französischen Hof seines damaligen Gönners König Franz I.: Christoph hatte sich inzwischen am gesamten Königshof und beim französischen Adel hohes Ansehen erworben. Nicht ohne Grund befürchteten die württembergischen Räte aus dem fernen Stuttgart, »es sey ein unkeusch leben in franckreych«. Denn tatsächlich hatte Christoph verlauten lassen, »das wir schon dermassen bey den schönen Hofjungfrauen gewonet haben, […] dann uns die franzosischen weiber will beßß gefallen dann die teutschen«.

Mit zweiundzwanzig Jahren hatte er dann die Gelegenheit ergriffen, sich als Beauftragter des Königs Franz I. im Kampf um Mailand in den kriegerischen Auseinandersetzungen zwischen dem habsburgisch-österreichisch-spanischen Kaisertum und seinem Gastland Frankreich einen Namen zu machen. Im Mai 1537 übernahm er das Kommando über zehntausend Kriegsknechte, einen bunt zusammengewürfelten Haufen Söldner verschiedener Nationalitäten. Tatsächlich erwarb er sich dabei aber keine großen Lorbeeren. Zwar wurde er, der während des Feldzugs schwer erkrankt war, wegen seiner großen Umsicht gelobt, doch das konnte das militärische Desaster eines erzwungenen Rückzugs bereits südlich von Turin nicht beschönigen. Viele Adelige am französischen Hof machten Christoph persönlich dafür verantwortlich. Und obwohl der französische König nicht in den Chor der Kritiker einstimmte, mag dieses Ereignis, gepaart mit permanenten finanziellen Schwierigkeiten, seine Euphorie über das Leben am französischen Hof etwas gedämpft haben.

In einem Alter, in dem sich andere draufgängerisch eigenen Ruhm zu sichern trachteten, hatte sich Christoph keineswegs unüberlegt in diesen Kampf gestürzt, auch wenn er vom französischen König gedrängt worden war. Sich seiner Stellung als künftiger Herzog von Württemberg durchaus bewusst, hatte er sogar gezögert, denn er musste fürchten, dass der habsburgische Kaiser ihn mit der Reichsacht belegen würde und ihm so eine spätere Nachfolge seines Vaters Ulrich im Herzogtum Württemberg wie in der Grafschaft Mömpelgard unmöglich werden würde. Die Bedenken erwiesen sich im Nachhinein als unbegründet.

Es sollte noch Jahre dauern, bis es zwischen ihm und seinem Vater zu einer Aussöhnung kam, Christoph seine französischen Dienste quittieren konnte und er im Mai 1542 in Reichenweier gegen das Versprechen der Achtung des protestantischen Glaubens mit der linksrheinischen Grafschaft Mömpelgard als Herrschaftssitz ausgestattet wurde.

Sein Onkel Georg, bisheriger Statthalter von Mömpelgard, ließ sich auf die elsässischen Besitztümer verweisen.

Sicherlich waren die Mömpelgarder von dem neuen, dynamischen jungen Herzog zunächst irritiert. Hatten sie es sich doch so bequem eingerichtet unter der wenig strengen Regentschaft des alten Grafen Georg, ihre Privilegien ausge-

baut und sich wenig geschert um die lutherische Konfession. Es war ja die Zwingli'sche Variante aus der nahen Schweiz vor allem auf dem Land längst eingeführt.

Nun aber nahm es der junge Herrscher mit der Durchführung der Reformation lutherischer Ausrichtung und der Einführung der württembergischen Kirchenordnung mehr als ernst. Auch seine Heirat mit Anna Maria, Tochter des lutherischen Markgrafen von Brandenburg-Ansbach, gab seiner Überzeugung vom Luthertum Ausdruck. Vier der insgesamt zwölf Kinder des Paares kamen in Mömpelgard zur Welt. Die Auseinandersetzungen um die protestantischen Glaubensrichtungen für die Grafschaft Mömpelgard kosteten den in Vermittlungsarbeit seit seinen französischen Lehrjahren versierten Christoph viele Jahre und zermürbende Kraft, zumal »der Alte« aus Stuttgart ihm stets tüchtig »hineinregierte«. Die Schweizer Reformation konnte sich trotz aller Bemühungen in Mömpelgard neben der lutherischen Lehre recht lange halten.

Verwaltung und Finanzen waren bei seiner Regentschaftsübernahme in katastrophalem Zustand. Das Land war überschuldet, Verwaltungs- und Wirtschaftsfachleute fehlten, und Christoph forderte als Erstes »Gelehrte« und einen fähigen Kanzler aus Stuttgart an, um der Missstände Herr zu werden.

In Reichenweier wurde Herzog Christoph 1542 mit der linksrheinischen Grafschaft Mömpelgard als Herrschaftssitz ausgestattet.

Die Stadtbevölkerung Mömpelgards hatte im Laufe der Jahre ihre alten Privilegien von 1283 gegenüber der gräflichen Herrschaft mehr und mehr ausgebaut. Diese beinhalteten Befreiung von der Wehrpflicht gegenüber der Landbevölkerung, keine Residenzpflicht und die Tatsache, dass jedem Bürgerrecht verliehen werden konnte. Es handelte sich um vergleichsweise weitgehende Rechte, zumal sie auch Handelsgeschäfte und Gerichtsbarkeit betrafen.

Als Christoph merkte, dass der Rat das ihm zustehende Umgeld, eine Art Umsatzsteuer aus den vorstädtischen Bezirken, nicht wie vorgeschrieben zum Ausbau und zur Sicherung der Stadtbefestigung verwendete, sondern nach eigenem Gutdünken ausgab, gab er Anweisung zur konkreten Verbesserung der Festungsanlagen. Das verweigerte ihm der Rat prompt. Der Herzog behielt daraufhin die Steuern selbst ein und zog den »Rat der Neun«, der die neun Stadtbezirke repräsentierte und von den Bürgern gewählt wurde, zur Rechenschaft. Dieser berief sich auf die alten Privilegien. Als der Herzog ihnen den besagten Freiheitsbrief jedoch im Original vorhielt und sich herausstellte, dass der Rat seine Kompetenzen mit den Jahren weit überschritten hatte und sich nur auf Gewohnheitsrecht berufen konnte, mussten die Räte kapitulieren. Schließlich waren die Bürger bereit, wieder eine ordnende Hand ihres Grafen zu akzeptieren.

Dass eine Neustrukturierung der Verwaltung und eine Neuordnung des Finanz- und Wirtschaftswesens den Bürgern in Stadt und Land Mömpelgard zugutekommen würde, leuchtete ein. Und dass der Herzog seine Mömpelgarder dabei einbezog, indem er junge, fähige Mömpelgarder zur Weiterbildung in die Kanzleien nach Stuttgart schickte und manchen sogar Stipendien an der Universität Tübingen zu verschaffen suchte, nahm sogar die skeptischen Vertreter der alten Oberschicht für ihren Territorialherrn ein.

Ein Herzog mit Visionen

Friedrich I. führt
Mömpelgard in die Zukunft

Gegenüber-
liegende
Seite: Herzog
Friedrich I. und
seine Familie. Auf
dem Gemälde
trägt er den vom
französischen
König Heinrich IV.
verliehenen
Sankt-Michaels-
Orden.

Wiederum war der »treue Onkel«, Graf Georg, zur Stelle, als es nach dem Tod Herzog Ulrichs für Christoph galt, nunmehr als Herzog von Württemberg die Regierungsgeschäfte in Stuttgart zu übernehmen und die linksrheinischen Gebiete in guter Obhut zu wissen. Diesmal allerdings sollte Georg nicht nur die undankbare Position eines Lückenbüßers übernehmen, sondern bekam von Christoph im Jahr 1553 die Grafschaft Mömpelgard erblich und zu eigener Regierung übertragen. Die elsässischen Gebiete waren ohnehin in seinem Besitz, und so waren die linksrheinischen Gebiete in bewährter Obhut.

Georg sollte darüber hinaus zum Begründer einer eigenen Linie des Hauses Württemberg werden, sein Sohn Friedrich nach dem Aussterben der Stuttgarter Linie durch den frühen Tod von Herzog Ludwig Stammvater der späteren Württemberger.

Friedrich dürfte wohl keine Erinnerungen an seinen Vater gehabt haben. Er wurde im August 1557 im Mömpelgarder Schloss geboren, sein Vater starb bereits im Juli 1558 nach kurzer Krankheit während eines Besuches bei seinem Freund und Schwager Herzog Wolfgang von Zweibrücken.

Die junge Mutter, Barbara von Hessen, der Reichenweier als Witwensitz zugesprochen war, legte ein solches Übermaß an Strenge bei der Erziehung ihrer Kinder (ein Töchterchen Eva Christine war nach dem Tod des Vaters im Oktober 1558 geboren worden) an den Tag, dass sich die Herzöge Christoph und Wolfgang als Vormünder gezwungen sahen einzuschreiten. Barbara habe die Kinder »aus hitzigem gemueth unnd gehem Zorn mit straichen, rauffen und anderen ungebürlichen Zuchtigungen furgenommen«.

Der kleine Friedrich war von schwacher Gesundheit, ärztliche Gutachten berichten bereits bei dem Vierjährigen von »gichtlein« und Sprachstörungen. Friedrich könne »das züngli nit gar ufflupfen«. Herzog Christoph bestellte einen Hofmeister als Erzieher, einen Präzeptor als Lehrer und vier Edelknaben, wohl als eine Art standesgemäßer Spielkameraden. Als Friedrich elf Jahre alt war, holte ihn Christoph in seine persönliche Obhut nach Stuttgart und »kümmerte sich um ihn wie um seinen eigenen Sohn«.

Ein Herzog mit Visionen

1571 durfte er an der Universität Tübingen Jura und Philosophie studieren und wurde »in guetten sitten und Thu-
geteten« unterrichtet, bis er drei Jahre später verkündete, zu
weiteren »studiis nitt mehr Lußt zu haben«. Gleichzeitig tat
er jedoch sein Interesse an Politik und Regierungsgeschäften
kund. Er sei durchaus bereit zu anderen »exercitiis und Übun-
gen, auch in rebus politicis«. Seinem Wunsch, andere Länder
und fremde Höfe kennenzulernen, wurde stattgegeben.

Ein Herzog mit Visionen

Horizonterweiterung – der reisende Herzog

Mit seiner ersten Reise 1579 zu seiner inzwischen in Waldeck wiederverheirateten Mutter »mit funff und zwainzige Reisiger Pferden unnd soviel Personnen sambt zwei kutschen« über Heidelberg, Frankfurt, Marburg und dann an den Rhein, nach Koblenz und Köln, erwachte in Friedrich eine Leidenschaft, die ihn ein Leben lang prägen und zu einem der meistgereisten Fürsten Europas machen sollte: das Reisen.

Seine zweite Kavalierstour diente der Brautschau und führte ihn unter anderem nach Bayern, Böhmen, Sachsen, Brandenburg, Holstein, Dänemark, Schlesien, Ungarn und an den Wiener Hof. In Anhalt fand er seine künftige Gemahlin, die schöne, siebzehnjährige Sibylla, Tochter des gebildeten und reichen Fürsten Joachim Ernst von Anhalt, die er 1581 in Stuttgart heiratete, kurz bevor er mündig gesprochen und damit zum Herrschaftsantritt in seiner ererbten Grafschaft Mömpelgard ermächtigt wurde.

Der zumindest anfangs sehr glücklichen Ehe entsprangen fünfzehn Kinder! In späteren Jahren entfremdeten sich die Ehepartner, nicht zuletzt wegen der zahlreichen außerehelichen Eskapaden des abenteuerlustigen Friedrich.

Sibylla verwirklichte sich nach dem Tod ihres Mannes in der Erkundung von Heilpflanzen und dem Unterhalt einer »Apothekenküche« auf ihrem Witwensitz, dem Leonberger Schloss, zusammen mit ihrer Freundin und Vertrauten, der als »Mutter der Armen« verehrten heil- und kräuterkundigen Maria Andreae, Mutter des berühmten Theologen Johann Valentin Andreae. Vom Baumeister ihres Mannes Heinrich Schickhardt ließ sie in Leonberg den noch heute existierenden, bei der Bevölkerung populären Pomeranzengarten anlegen. In dem am Stil italienischer Renaissancegärten orientierten »Herzogingarten« wuchsen ebenso nützliche wie schöne Kräuter, Duft- und Heilpflanzen, Blumen und vor allem die exotischen Pomeranzen, eine aus Asien importierte Bitterorange.

Spätere Reisen führten Friedrich 1592 für vier Monate nach London, wo er von Königin Elisabeth I. empfangen wurde, und 1598 zusammen mit seinem Baumeister Heinrich

Schickhardt für drei Monate nach Padua und Venedig, wo das Interesse hauptsächlich den Schiffswerken, Schleusen und Schöpfwerken der Lagunenstadt galt. Auf der zweiten Italienreise von November 1599 bis April 1600 reiste Friedrich inkognito als Junker von Sponeck über Chur und den Splügenpass nach Mailand, Bologna, Pisa, Ferrara, Mantua und Rom, um im Gnadenjahr 1600 das, wie er es nannte, »antichristliche Jubelfest und papistische Wesen zu besichtigen« und der Öffnung der Heiligen Pforte durch den Papst beizuwohnen. Die Architektur der Antike und der Renaissance dürfte mindestens ebenso viel Eindruck bei Friedrich hinterlassen haben wie die Begutachtung der päpstlichen Zeremonie.

Das Aufnehmen fremder Länder, ihrer Eigenarten und Kulturen, bedeutete eine enorme Horizonterweiterung, und da Friedrich gewillt war, all seine Erkenntnisse im eigenen Land so weit wie möglich umzusetzen, hatte dies eine ungeheure Aufbruchsstimmung und Modernisierung in Wirtschaft, Handel und Gewerbe, Architektur, Bildung und Kultur zur Folge. Da Friedrich auf seinen Reisen durchaus auch politische Kontakte pflegte, verschaffte er seinem Land überall Aufmerksamkeit und Ansehen. Die Verleihung des französischen Sankt-Michaels-Ordens und des englischen Hosenbandordens zeugen von dem Renommee, das Friedrich im europäischen Ausland genoss.

Im Jahr 1604 beritt Herzog Friedrich mit Schickhardt und einem fünfköpfigen Gefolge in 31 Tagen die württembergi-

Die Verleihung des französischen Sankt-Michaels-Ordens zeugt vom Renommee Friedrichs in Europa.

schen Grenzen in ihrem gesamten Umfang. Im September desselben Jahres wurde die Grafschaft Mömpelgard vermessen – eine Pionierleistung!

Für das Aufstreben von Handel und Wirtschaft im eigenen Land war eine gut funktionierende Infrastruktur wichtige Voraussetzung, und so setzte er sich zusammen mit seinem Baumeister Schickhardt für die Verbesserung der Verkehrswege im Herzogtum ein. Nicht akzeptabel erschienen ihm »Lecher in den Straßen, dass wenn ein Reiter oder ein Pferd in ein solches geraten, darin sterben mießen«.

Die Herausforderung – Friedrich übernimmt die Herrschaft in Mömpelgard

Doch noch waren ihm nur die Grafschaft Mömpelgard und eine Reihe kleinerer Herrschaften wie Héricourt, Blamont, Clémont und Châtelot sowie seine elsässischen Besitztümer zur Regierung anvertraut. Ähnlich wie Herzog Christoph in jungen Jahren bot sich ihm hier ein weites Feld zur Erprobung seiner Führungsqualitäten und zur Erlangung von Regierungserfahrung, ehe er nach dem frühen Tod Ludwigs in Stuttgart die Verantwortung für ganz Württemberg übernehmen musste und das linksrheinische Nebenland zum sekundären, doch niemals vernachlässigten Betätigungsfeld wurde. Beide, Ludwig und Friedrich, waren übrigens zeitlebens gute Freunde gewesen.

Friedrich sah sich in Mömpelgard vor nicht geringe Probleme gestellt. Vom Elsass bis zur Freigrafschaft Burgund erstreckte sich sein Herrschaftsgebiet und machte es zum Durchgangsland zwischen Frankreich, der habsburgischen Freigrafschaft und dem Deutschen Reich sowie der Eidgenossenschaft. Seine dadurch erlangte große strategische und wirtschaftliche Bedeutung barg Chancen und Gefahren gleichermaßen.

Schon in ganz jungen Jahren hatte Friedrich mit gewissen Eigenheiten seiner Grafschaft Bekanntschaft gemacht, als er,

Ein Herzog mit Visionen

gleichsam zur Erprobung seines Geschicks als späterer Herr von Mömpelgard, mit einer heiklen Mission nach Mömpelgard geschickt worden war. Er sollte dort, gerade einmal zwanzigjährig, die Veröffentlichung der Konkordienformel von Stuttgart leiten. Diese Bekenntnisschrift der lutherischen Kirche unterschied sich in theologischen Fragen wie die des Abendmahls oder der Sakramente wesentlich von den Überzeugungen der nach Calvin und Zwingli Reformierten. Das machte eine Annäherung der in den linksrheinischen Gebieten zwinglischer und calvinistischer Prägung lebenden Reformierten und der großen Zahl der hugenottischen Flüchtlinge aus Frankreich an das im rechtsrheinischen Württemberg herrschende Luthertum nahezu unmöglich. Prompt verweigerten bei der feierlichen Verkündigung der Konkordienformel im Mömpelgarder Schloss im Oktober 1577 einige der Pastoren und Schulmeister dem Dokument ihre Unterschrift und wurden dabei vom Mömpelgarder Magistrat aktiv unterstützt. Der junge Friedrich reagierte mit Verhaftung und Einkerkerung der Widerspenstigen in die Festung Blamont, worauf Tumulte in der Stadt ausbrachen und er die Stadt fluchtartig verlassen musste. Ein verunglückter Einstand für den künftigen Regenten!

Für den jungen Friedrich waren diese Vorkommnisse eine Lehre für seine zukünftige Herrschaft. Er würde einer ausgesprochen selbstbewussten Stadtregierung gegenüberstehen. Die Folge war, dass die Mömpelgarder bald die Entschlossenheit eines auch vor Gewalt nicht zurückschreckenden Fürsten zu spüren bekamen. Hier zeichneten sich bereits die frühabsolutistischen Züge der Regierungsauffassung des späteren Herzogs Friedrich ab.

Die Konkordienformel, die Bekenntnisschrift der lutherischen Kirche, wurde 1580 in das erstmals in Dresden gedruckte Konkordienbuch aufgenommen.

Nun mussten sich »die Linksrheinischen« auf die dauerhafte Präsenz dieses Fürsten samt seiner jungen Frau in Stadt und Grafschaft Mömpelgard einstellen. Noch immer trieb die alte Auseinandersetzung zwischen den Reformierten und den aus dem rechtsrheinischen Stammland kommenden Lutheranern einen Keil in die Gesellschaft. Sicherlich wurden die religiösen Streitigkeiten von den verschiedensten Interessengruppen auch zur Durchsetzung eigener Machtansprüche missbraucht, wie so oft bei scheinbar nur religiös begründeten Konflikten.

Gerade bei den städtischen Eliten Mömpelgards hatte sich aufgrund häufiger und oft langer Abwesenheit einer starken landesherrlichen Gewalt ein großes Selbstbewusstsein herausgebildet. Sie hatten sich, nicht zuletzt aufgrund alter Rechte und Privilegien aus dem Jahr 1283, nach Art der Reichsstädte erfolgreich selbst verwaltet. Die Bevölkerung wurde durch den bereits genannten »Rat der Neun« und aus 54 Angehörigen der wichtigsten Familien vertreten. Wesentliche Regierungsfunktionen wie Verwaltung, Rechtsprechung sowie Handel und Märkte waren somit unabhängig von der Anwesenheit des Landesherrn gewährleistet. Dies galt für die Stadt Mömpelgard.

Doch es gab noch die gesamte Grafschaft samt kleinerer Herrschaften, die unterschiedlichen Lehnsherren unterstanden. So zum Beispiel der Ort Mandeure, gemeinsamer Besitz des katholischen Erzbischofs von Besançon und des protestantischen Grafen von Württemberg-Mömpelgard: Die örtliche Kirche wurde zur Simultankirche für die jeweiligen Gottesdienste von Protestanten und Katholiken ernannt. Hier musste erzwungene Toleranz gelebt werden. Die Herrschaften Clerval, Passavant und Granges besaßen die Württemberger als Lehen der Freigrafschaft Burgund. Hier durften sie den Konfessionsstatus gar nicht angreifen, denn dort war der militante Vorkämpfer des Katholizismus, Philipp II. von Spanien, oberster Lehnsherr. Kompromissbereit, im besten Fall tolerant musste man sein oder werden als Regent der linksrheinischen Territorien!

Zentrales Regierungs- und Verwaltungsorgan der Grafschaft war der Conseil de Régence oder Regentschaftsrat, der unter Herzog Christoph modernisiert und mit fachlich qualifizierten Beamten aus Württemberg besetzt worden war: Gegen die starke städtische Autonomie Mömpelgards sollte das System der territorialen Zentralverwaltung durchgesetzt werden.

Die Stadt Mömpelgard allerdings hatte bei Friedrichs Regierungsantritt noch einen kleinen Trumpf im Ärmel: Sie fand Rückhalt bei den in großer Zahl zugewanderten Religionsflüchtlingen aus der Freigrafschaft Burgund, aus Frankreich und Lothringen, denen der Magistrat in eigener Entscheidungsbefugnis das Bürgerrecht verleihen konnte. Bei etwa 2000 Einwohnern der Stadt waren 282 hugenottische Flüchtlinge, die bei 65 Mömpelgarder Bürgerfamilien Unterkunft gefunden hatten, eine beträchtliche Anzahl. 41 Familien waren adeliger Herkunft und beschäftigten sogar im Exil Diener, 19 Familien waren bürgerlicher Herkunft, dazu kamen noch fünf Prediger und zwei Tagelöhner. So die offizielle Zählung, die Friedrich angeordnet hatte. Die nicht erfasste Zahl derer, die auf dem Land in der Grafschaft Zuflucht gefunden hatten, ist darin nicht enthalten.

Für Friedrich waren diese Religionsflüchtlinge von ambivalenter Bedeutung. Einerseits begrüßte er die Vorteile, die sich durch den Zuzug der meist gebildeten, wirtschaftlich aktiven Zugezogenen ergab, andererseits bildeten sie ein Hindernis für die Durchsetzung lutherischer Glaubensgrundsätze in Mömpelgard, weil sie den mömpelgardischen Bürgern Rückhalt boten und eine Solidarisierung, ja eventuelle Mehrheit gegen den Landesherrn bewirken konnten.

Gefährlicher vielleicht noch: Durch ihre fortgesetzten geheimen Kontakte zur jeweiligen Opposition in ihren Heimatländern bedeuteten sie eine permanente Möglichkeit außenpolitischer Verwicklungen. Was sich unter anderem Ende 1587/ Anfang 1588 unter dem Anführer der Katholiken in Frankreich Henri de Guise und unter Führung enger Verwandter seiner streng katholischen lothringischen Herzogsfamilie auch tatsächlich bewahrheitete: Katholische Truppen fielen in die Grafschaft Mömpelgard ein und richteten erhebliche Verwüstungen an. Friedrich war zuvor an der Spitze einer deutschen

Die protestanti-
schen Glaubens-
flüchtlinge in
Mömpelgard
waren den katho-
lischen Franzosen
ein Dorn im
Auge: Die Trup-
pen des Führers
der Katholiken
in Frankreich,
Herzog Heinrich
von Guise,
fielen denn auch
1587/1588 in
Mömpelgard ein.

protestantischen Delegation nach Paris gereist, um für die verfolgten französischen Glaubensbrüder beim König vorzusprechen. Sie wurden von Heinrich III. jedoch nicht einmal empfangen. Eine Kränkung, die Friedrich ebenso getroffen hat wie die Einsicht, dass er mit seiner Asylpolitik zugunsten der Glaubensflüchtlinge die Geduld des französischen Königs überstrapaziert hatte. Dennoch unterstützte Friedrich heimlich den protestantischen Heinrich von Navarra mit Geldzuwendungen und wurde zum Dank zehn Jahre später mit dem Sankt-Michaels-Orden ausgezeichnet, nachdem dieser als Heinrich IV. den französischen Thron bestiegen hatte.

Vermutlich lagen all die religiösen Auseinandersetzungen in ihrer theologischen Dimension gar nicht im Fokus des Regierungsinteresses von Friedrich. Er hatte ganz andere Prioritäten für sein Land. Nicht von ungefähr sollte er als einer der meistprofilierten Wirtschaftspolitiker seiner Zeit in die Geschichte eingehen. Er gilt als früher Vertreter des merkantilistischen Wirtschaftssystems und Verfechter frühabsolutistischer Vorstellungen in Württemberg – links wie rechts des

Ein Herzog mit Visionen

Rheins – und verschaffte sich dadurch Ansehen und Respekt innerhalb des europäischen Machtgefüges.

Folglich konnte er sich nicht allzu lange mit theologischen Querelen aufhalten. Um die Gemüter zu beruhigen, berief er im März 1586 das »Mömpelgarder Kolloquium« ein, das die Auffassungsunterschiede zwischen den Calvinisten und Lutheranern beilegen sollte, insbesondere in Fragen des Abendmahls, der Taufe und der Prädestination (der Lehre, das Schicksal des Menschen sei allein von Gottes Willen vorbestimmt).

Friedrich, der bei dem Religionsgespräch zwischen den führenden Theologen beider Seiten – Theodor Beza aus Genf sowie Andreas Osiander dem Jüngeren und Jakob Andreae aus Württemberg – anwesend war, mag das Scheitern vorausgesehen haben. Die Parteien trennten sich unversöhnlich in einem Eklat: Man reichte sich nicht einmal mehr die Hand, Andreae verweigerte Beza den Friedenskuss.

Nun hatte Friedrich freie Hand selbst durchzugreifen und seine Untertanen, auch die reformierten Glaubensflüchtlinge, auf das Mömpelgardische Glaubensbekenntnis lutherischer Konfession zu verpflichten. Damit verbunden war eine landesherrlich dominierte Kirchenordnung, die, wie man aus Württemberg weiß, mit ihren Verordnungen zum Lebensstil und zahlreichen, streng kontrollierten Verhaltensvorschriften bis in den intimsten Alltag der Bevölkerung eingriff. Den Widerstand des Magistrats und der Calvinisten beantwortete er am 7. Mai 1587 mit der nächtlichen Verhaftung der widerspenstigen Ratsmitglieder, der Beschlagnahmung der Stadtkasse und des Archivs sowie der Auflösung des Stadtrats. Am Morgen danach musste ihm die gesamte Bevölkerung den Treueeid schwören, sämtliche Ratsgremien wurden neu gewählt und das von Friedrich aufgezwungene Mömpelgarder Bekenntnis unterschrieben.

Mit einem Staatsstreich hatte er den in der konfessionellen Frage offenbaren Dauerkonflikt zwischen Stadt und Landesherrn für sich entschieden und klar gemacht, dass er bei allem Respekt vor den alten Rechten und Privilegien nicht gewillt war, die Macht zu teilen.

Nun konnte Friedrich seine eigentlichen politischen Vorhaben in Angriff nehmen.

Mit großem Elan stürzte er sich in die Förderung von Wirtschaft, Landwirtschaft und Handel in seinem kleinen Land. Noch bevor er mit dem eigentlichen Grafentitel belehnt worden war, hatte er bei seinem ersten Aufenthalt in der Grafschaft ganz konkret damit begonnen, den noch unterentwickelten Weinanbau zu fördern. Er ließ geeignete Gebiete zwischen Héricourt und Mandeure für Weinkulturen erschließen, bestellte Rebstöcke aus Stuttgart – den »Secretarius Graseckh mit Rebstöckhen naher Mümppelgart geschickht« – und war stolz, seinem Vetter Ludwig 1583 ein Fass Wein von den ersten Lesen in den Weingärten von La Chaux schicken zu können.

Zur Verbesserung der Aufzucht von Nutztieren richtete er landwirtschaftliche Versuchsanstalten ein. Neue Züchtungen von Schweinen, Kühen, Schafen und auch Pferden wurden unter Hinzuziehung von erfahrenen Experten aus Württemberg erprobt. In der Stadt Mömpelgard diente ein Gebäude, das noch heute den Namen »Souaberie« trägt, als Zentrale für die Fachleute.

Ein besonderes Gewächs gedieh in dem großen botanischen Garten, den Friedrich ab dem Jahr 1578 unterhalb der Stadt von seinem langjährigen Leibarzt hatte anlegen lassen. Dieser Arzt war der renommierte Naturforscher Jean Bauhin (auch Johann Bauhin), der sich seit 1572 in Mömpelgard niedergelassen hatte, und das Gewächs war die Kartoffel, die auf ihren Siegeszug als Nahrungsmittel noch bis zum 18. Jahrhundert warten musste. Bauhin stellte zahlreiche Versuche zur Qualitätsverbesserung von Nutzpflanzen an und sammelte, zeichnete, beschrieb und systematisierte die einheimische Fauna und Flora. Doch auch für das Auge wurde etwas geboten: Wunderbare Pflanzen und schöne Blumen aus aller Welt gab es zu bestaunen. Damit nicht genug, auch ein »Thiergarten« wurde angelegt. Der Botanische Garten von Mömpelgard gehört mit Leipzig und Leiden zu den drei ältesten botanischen Gärten nördlich der Alpen!

Jean Bauhin wurde 1541 als Sohn eines Arztes geboren und studierte unter anderem in Basel, Montpellier und Padua, wo es nach dem 1543 in Pisa angelegten ersten Botanischen Garten der Welt einen weiteren zu bestaunen gab. Seine Studien führten ihn auch nach Tübingen, wo er Schüler des berühmten Botanikers Leonhart Fuchs wurde.

Der aus religiösen Gründen verfolgte Hugenotte Bauhin musste seine ärztliche Praxis in Lyon 1563 aufgeben und wurde von seiner Lehrtätigkeit an der Universität Basel von Friedrich im Jahr 1572 als Leibarzt an den Hof von Mömpelgard berufen, wo er auch als Stadtarzt tätig war und 1612 hochgeachtet verstarb.

Der Glaubensflüchtling Jean Bauhin, hier um 1599, war Leibarzt am Mömpelgarder Hof.

Sein Erkenntnisdrang führte ihn weit über sein fachliches Gebiet hinaus, das übrigens auch Untersuchungen zur Wirkung von dem im Jura häufig gebrauchten Absinth umfasste. So führte er, unterstützt von Friedrich, erste Ausgrabungen in dem kleinen, südlich von Mömpelgard gelegenen Örtchen Mandeure durch, dem römischen Epomanduodurum. Es lag an einer der wichtigen römischen Militärstraßen durch die Burgundische Pforte, die vom Rhein über die Saône zur Rhône und damit zum Mittelmeer führte, und bildete ein Militär- und Handelszentrum in dieser Durchgangslandschaft. Die bedeutenden Funde aus drei Ausgrabungsphasen sicherten die beiden Männer in einem eigens angelegten Antikenmuseum im Schloss von Mömpelgard.

Das Gedeihen der Wirtschaft im eigenen kleinen Land lag Friedrich besonders am Herzen. Er wollte, dass es möglichst autark sei, unabhängig von Importen aus anderen Ländern. Damit lag er durchaus im Trend der Zeit, allerdings früher als viele andere Fürsten. Sicherlich ist es kein Zufall, dass das Werk des damals tonangebenden Staats- und Wirtschaftstheoretikers Jean Bodin »Six livres de la République« (»Sechs Bücher über den Staat« von 1576), das unter anderem Zusammenhänge frühneuzeitlicher Wirtschaftspolitik des Merkantilismus aufzeichnet, im Jahr 1592 gerade in Mömpelgard zum ersten Mal in deutscher Übersetzung gedruckt wurde. Übersetzt wurde es von Hofprediger Johann Oswaldt, »Pfarrherr zu Mumpelgart«. Es mag Friedrich sicherlich entgegengekommen sein, dass sich Bodin mit seiner Befürwortung der Souveränität eines Fürsten als Fürsprecher des Absolutismus erwiesen hatte.

Friedrich versuchte nun, seine wirtschaftspolitischen Überlegungen in zahlreichen Aktivitäten umzusetzen. Die reichlich vorhandenen Eisenerzvorkommen ließ er intensiv ausbeuten. 1586 verlieh er zwei aus den Vogesen stammenden protestantischen Flüchtlingen, den Brüdern Morlot, ein Privileg zur Errichtung eines Hochofens und einer Schmiede in Chagey in der Nähe von Héricourt. Diese erste Eisenhütte des Landes existierte 300 Jahre lang und prägte die ganze Gegend, deren führender Wirtschaftszweig die metallverarbeitende Industrie werden sollte, bis in die Gegenwart.

Auch die Salzgewinnung versprach sprudelnde Einnahmen, und so ließ Friedrich die in seiner Herrschaft Granges gelegene Saline Saulnot von seinem Baumeister und Ingenieur Heinrich Schickhardt modernisieren. Eine enorme Ertragssteigerung war die Folge. Der kluge Graf hatte auch erkannt, dass die Gewinn versprechenden Branchen Eisenproduktion und Salzgewinnung enorm viel Energie verschlangen und das zwar reichlich vorhandene Holz der Gegend dennoch keine unerschöpfliche Quelle sein konnte. So stellte er in seiner »Ordonnance« von 1595 den Wald unter seinen besonderen Schutz und »befahl« seinen Fachleuten, nach alternativen Energiequellen zu suchen. Tatsächlich wurden in Granges in den Bergen von Ossemont auch größere Kohlevorkommen entdeckt und abgebaut. Die technischen Verbesserungen zum Beispiel beim Salzsieden und in den Eisenhütten, die Schickhardt und seine Kollegen erdachten, würde man heute als Energiesparmaßnahmen loben.

Es war sicherlich weniger die Bezahlung, die viele begabte Talente bewog, in die Dienste des Herzogs zu treten. An Geld fehlte es diesem permanent, was nicht verwundert bei den vielerlei

Investitionen, die er bei der Modernisierung zunächst in seiner Grafschaft Mömpelgard und später im weit größeren Württemberg tätigte. Vielmehr war es die Freiheit des Probierens und Gestaltens, die der selbst von Grund auf neugierige Herrscher ihnen zugestand und die ihren Forschergeist beflügelte. Sei es der eben erwähnte Arzt und Naturforscher Jean Bauhin, der Herrenberger Architekt und Ingenieur Heinrich Schickhardt, der Drucker Jacques Foillet aus der Gegend von Lyon oder der hugenottische Silberschmied und Münzpräger François Briot. Darunter war sicher auch der eine oder andere Alchemist, von denen nicht wenige in Diensten des Herzogs hofften, den Stein der Weisen zu finden, und bei dem Versuch Gold zu machen die Anfänge der Chemie und der Pharmazie als Wissenschaft begründeten, nicht ohne dabei ihre Gesundheit zu ruinieren.

Dass zu all den Fördermaßnahmen zum Ausbau einer für damalige Verhältnisse modernen Industrie auch Erleichterungen für den Handel gehörten, war Friedrich ebenso klar wie die nötige Voraussetzung dazu, nämlich eine gut funktionierende Infrastruktur. Straßen wurden ausgebaut, neue Wege erschlossen und Brücken errichtet.

Da diese Maßnahmen sehr kostspielig waren, war Friedrich immer auch auf der Suche nach neuen Einnahmequellen. Wenn deren Erschließung gleichzeitig noch einen sinnvollen weiteren Zweck erzielen konnte, so war es ihm nur recht. Er wusste sehr wohl, dass die Landwirtschaft in seinem kleinen Land besser gedeihen konnte, wenn seine Bauern selbst ordentlich von ihrer Arbeit leben konnten und vor allem ihre Familien und ihren Besitz zumindest für eine absehbare Zukunft in gewisser Sicherheit wussten.

So befreite Friedrich 1583 seine Bauern vom Damoklesschwert der so genannten »main morte«, der »Toten-Hand-Steuer«, einer Art Erbschaftssteuer, die dem Grundherrn, also meist dem Grafen, nach dem Tod eines Bauern einen Eigentumsvorbehalt auf seinen bäuerlichen Besitz sicherte. Die Erben, die Familie des verstorbenen Bauern, konnten also nie sicher sein, den Besitz behalten zu können. Der Grundherr konnte ihn auch einem anderen verschenken, etwa zur Belohnung für treue Dienste. Er konnte ihn auch verkaufen oder tauschen, was die Bauern natür-

lich langfristig nicht gerade dazu ermutigte, in ihre Landwirtschaft und Immobilien zu investieren und so durch bessere und/oder höhere Erträge der gesamten Wirtschaft zu dienen. Dass diese »affranchissements de la mainmorte«, also die Abschaffung dieser grundherrlichen Eigentumsvorbehalte, mit einer hohen Ablösesumme in Form eines Geldbetrags in starker Währung, »monnaie forte« genannt, an den Grundherrn verbunden war, mag so manchen Bauern in die Bredouille gebracht haben. Für Friedrich bedeutete es ein lohnendes Geschäft.

Nicht nur ökonomische Gründe hatten Friedrich dazu bewogen, bereits während seiner Mömpelgarder Regierungszeit ein kleines alchemistisches Laboratorium im dortigen Schloss einzurichten. (Später sollte er im Stuttgarter Lusthaus ein großes Forschungslabor mit mehreren »Angestellten« unterhalten, das als Zentrum großtechnischer Goldmacherei geplant war.) Viele Zeitgenossen sahen damals die Alchemie auch als einen Weg zur Gotterkenntnis und damit als eine hoch angesehene, namhaften Theologen wie Fürsten angemessene Beschäftigung. Der pragmatische Friedrich war wohl aber mehr vom Forscherdrang getrieben. In seinem ganzen zukunftsgerichteten Wesen, das erfüllt war von der Leidenschaft für alles Neue, noch nie Dagewesene und vielleicht doch Machbare, mag er im alchemistischen Experiment sogar das naturwissenschaftliche Potenzial gespürt haben.

Ein Herzog mit Visionen

La vache Montbéliarde – le boeuf de Hohenlohe

Mömpelgard bzw. Montbéliard und Württemberg sollten auch in späteren Jahrhunderten für neue Erkenntnisse auf dem Gebiet der Landwirtschaft immer offen bleiben. So konnte sich eine Rinderrasse, die im 18. Jahrhundert mennonitische Glaubensflüchtlinge aus dem Berner Oberland mit nach Mömpelgard nahmen, dort nicht nur halten, sondern erfreute sich wegen ihrer hohen Milchleistung bald großer Beliebtheit. Es handelte sich bei diesen rot-weiß gescheckten Rindern um eine Kreuzung einer Landrasse aus der Franche-Comté und den Berner Simmentalern und wurde rasch als »race de vache Montbéliarde« bekannt. Die Bezeichnung wurde 1873 offiziell anerkannt und als Aushängeschild für die Landwirtschaft Montbéliards auf der Weltausstellung in Paris international bekannt.

Wagt man einen Sprung in eine Zeit der ersten Jahre nach 1800, in der Württemberg mit Hilfe Napoleons die linksrheinischen Territorien gegen erheblichen rechtsrheinischen Gebietsgewinn eintauschte, so finden sich in diesem »Neuwürttemberg« auch die alteingesessenen Fürstentümer Hohenlohe mit ihrer traditionsreichen Landwirtschaft.

»Rinder für Frankreich – Wohlstand für Hohenlohe« – so könnte man die Erfolgsgeschichte Hohen-loher Bauern und Viehhändler im 18. und 19. Jahrhundert nennen, die vom Ochsenhandel, von qualitätsbewussten Viehzüchtern, geschäftstüchtigen Transportunternehmern und französischer Fleischeslust erzählt. Der Bedarf an gutem Fleisch in großen und wohlhabenden Städten Frankreichs war erheblich. Die Landwirtschaft Frankreichs befand sich seit der zweiten Hälfte des 18. Jahrhunderts in desolatem Zustand und konnte den hohen Fleischbedarf nicht decken, das Land war auf Fleischimporte angewiesen. Für die in der Viehzucht erfahrenen Hohenloher Bauern bedeutete das die Chance, mit ihren hochwertigen Produkten endlich richtig Geld zu verdienen!

Sie waren klug genug gewesen, auf ihren Pfarrer zu hören. Der als »Gipsapostel« in die Sozialgeschichte eingegangene Kupferzeller Pfarrer Johann Friedrich Mayer wirkte segensreich für seine Gemeinde weniger mit seinen theologischen denn durch landwirtschaftliche Fachschriften zu Themen wie Luzerne-, Rüben- und Kartoffelanbau oder zu den Vorteilen der Stallfütterung von Masttieren. Der 1719 geborene Geistliche empfahl die Brachfelder mit Klee zu bepflanzen, um zusätzliches Futter für die Stallhaltung des Viehs zu bekommen. Dadurch entstand mehr Mist für die

Düngung der Felder, die überdies mit Gipsdüngung angereichert werden sollten. Das in großzügigen, sauberen Ställen gehaltene Vieh gedieh prächtig und garantierte hervorragende Fleischqualität. Bei guter Vermarktung und entsprechendem Bedarf mussten die Hohenloher Rinder zum Exportschlager werden. Zahlreiche Viehmärkte entstanden, so in Neuenstein, Kupferzell, Waldenburg, Langenburg, Kirchberg, Schrozberg, zu denen die Bauern ihre Mastochsen trieben, um sie an Aufkäufer zu veräußern. Oft waren das Metzger oder Gastwirte, die meist in Compagnien

Mit den Glaubensflüchtlingen kam das heute noch geschätzte Montbéliarde-Rind ins Land. Das erfolgreiche Mömpelgarder Rindvieh fand Ausbreitung bis in den Südosten des Landes, ja sogar bis nach Zentralfrankreich.

zusammengeschlossen waren, die das Risiko des langen Viehtransports trugen. Auch viele jüdische Viehhändler waren darunter.

Die eigentlichen Viehzüchter, also die einzelnen Bauern aus der weiten Hohenloher Ebene, brachten ihre Tiere zu zentralen Sammelstellen. So wies zum Beispiel der französische Großviehhändler Lavauverte, eingesetzt vom französischen Innenminister als Kontrolleur zur Überwachung der Zuchtregionen und Abläufe der Transporte, seine Einkäufer in das Prozedere ein: »Jeder von uns weist die Bauern beim Kauf neuer Ochsen an, diese an einen Ort zu bringen, der möglichst nah an seinem Dorf liegt; dort führt der Bauer seine zwei oder vier Ochsen zu der Schenke, in der er selbst zu Abend isst, und lässt sie mit Heu und Hafer füttern; ein Bursche kommt, um diese Ochsen abzuholen, bezahlt alle offenen Rechnungen und zieht weiter, um noch mehr Ochsen einzusammeln; im Verlauf all dieser Termine bildet er eine Herde mit 25 bis 30 Tieren. [...] An den Sammelpunkten werden die Ochsen beschlagen und markiert [...] mit Hilfe eines heißen Eisens am Horn.«

Die Ochsen wurden paarweise gehandelt und auf breiten Triebwegen mit Wasserstellen, Rast- und Futterplätzen geführt, durch Ketten und Halfter miteinander verbunden. Die Herden umfassten rund 30 bis 40 Tiere. Der Ausbau des hierfür er-forderlichen Straßennetzes kam auch anderen Bevölkerungsteilen, Reisenden und Händlern aller Art zugute. Die Route verlief über Heilbronn, das über eine feste Neckarbrücke verfügte, Rastatt, Kehl nach Straßburg. »Es vergeht keine Woche, in der nicht an ein paar Tagen lange Züge fetter Ochsen durch Öhringen getrieben werden, um nach Frankfurt, Straßburg oder Paris zu gelangen«, so berichtete Pfarrer Mayer. In achttägigen Märschen wurden pro Woche ungefähr 150 Ochsen nach Straßburg transportiert. Für viele Tiere war der dortige Schlachthof »La Grande Boucherie« an der Ill Endstation.

Den anderen standen weitere vierzehn Tage über Nancy bis nach Paris bevor. Zwei große Viehmärkte gab es in Paris: Im Westen der Stadt an einer Seineschleife lag der seit dem Mittelalter mit einem königlichen Privileg ausgestattete Viehmarkt Poissy, südlich der für die deutschen Viehherden zwar nähere, doch wirtschaftlich weniger bedeutende Markt in Sceaux. Beide Märkte hatten den Hauptzweck, die Hauptstadt mit Fleisch zu versorgen. Doch zog er auch Handwerker, Krämer, Gastwirte, Gaukler und Huren an.

Die Tiere gelangten von hier in die fünf großen Schlachthöfe der Stadt. Die Hohenloher Ochsen waren meist gesund und kräftig, ihr Fleisch galt als besonders schmackhaft und erzielte einen guten Preis. Sogar der

gemahlt von Ch. F. Dessaix.   gestochen von Halle Berlin 1793.

Der Pfarrer Johann Friedrich Mayer sorgte dafür, dass das boeuf de Hohenlohe zum Importschlager in Frankreich wurde.

Hof von Versailles versorgte sich mit dem beliebten boeuf de Hohenlohe.

Das boeuf de Hohenlohe war zum Exportschlager geworden, der Viehhandel mit Frankreich zu einem bedeutenden Wirtschaftsfaktor. Er brachte einen enormen Geldstrom ins fürstliche wie auch später ins württembergisch gewordene Hohenlohe, und wenn man auch nicht überall von Reichtum sprechen mag, so war doch ein gediegener Wohlstand eingekehrt, noch heute abzulesen an den Dörfern auf den Hochflächen an

Kocher, Jagst und Tauber, den großen Höfen mit ihren Fachwerkhäusern auf steinernem Untergeschoss. Pfarrer Mayer hat in seinem »Lehrbuch für die Land- und Hauswirthe« den inzwischen nach ihm benannten Haustyp eines zweistöckigen Wohnstallhauses beschrieben, bei dem die Wärme des Stalls im Erdgeschoss die darüber liegenden Wohnräume beheizt.

Der jahrzehntelange Handel mit Frankreich brachte jedoch nicht nur materiellen Wohlstand mit sich, er erweiterte wie alle Begegnungen mit dem Fremden, mit anderen Kulturen, Sprachen und Lebensweisen nicht nur den Horizont derer, die selbst mit ihren Transporten bis nach Straßburg, ja, nach Paris gelangt waren, sondern beeinflusste auch Denken und Urteilen der daheimgebliebenen Bauern mit ihren Angehörigen, der Mägde und Knechte, Pfarrer und Lehrer. Ob durch die langen Handelsbeziehungen auch nachhaltige menschliche Beziehungen entstanden sind und gar das eine oder andere französische Mägdelein auf dem Rückzug der Händler ins Hohenlohische gelangt ist, vielleicht ein Viehtreiber auf dem Markt in Straßburg oder Paris hängen blieb, darüber kann nur spekuliert werden.

Im heutigen Frankreich ist der einstige Qualitätsbegriff »boeuf de Hohenlohe« selbst in Gastronomiekreisen nicht mehr bekannt.

Die Residenz Mömpelgard
wird zur kulturellen Drehscheibe

In Mömpelgard blühten während der Regierungszeit Friedrichs nicht nur Wirtschaft und Handel. Stadt und Grafschaft wurden mehr und mehr zur kulturellen Drehscheibe zwischen dem Deutschen Reich, Frankreich, Burgund und der Eidgenossenschaft mit der nahen Universitätsstadt Basel, aber auch mit ihren freien, sich selbst regierenden Bürgern. Deren politische Systeme und religiöse Überzeugungen vom Katholizismus, Calvinismus über das Luthertum bis hin zum Zwinglianismus mussten sich miteinander messen. Die französische und die deutsche Sprache mit ihren vielen Dialekten brachten überdies unterschiedliche Lebensweisen und Eigenarten mit sich, die in Mömpelgard aufeinandertrafen.

Das kleine Land erlebte eine kurze Zeit des Wohlstands, des kulturellen und wirtschaftlichen Aufschwungs, eine »époque de prospérité et de grandeur«, die etwa von 1590 bis zum Ausbruch des Dreißigjährigen Krieges 1618 dauerte.

Kunst und Kunsthandwerk erblühten. Die Errichtung einer eigenen Münzprägestätte brachte Fachleute ins Land, die sich auch auf dem Gebiet der Silberschmiedekunst und des Zinngießens betätigten und deren künstlerisches Schaffen durchaus in Konkurrenz zu den großen Zentren Basel und Straßburg treten konnte.

Und in den linksrheinischen Gebieten galt wie im Herzogtum Württemberg Schulpflicht! Diese, wenn auch teilweise nur rudimentäre Bildung breiter Bevölkerungsschichten verschaffte den Mömpelgardern dauerhaft enorme Vorteile gegenüber ihren Nachbarn, die das nicht kannten.

Wo lesekundige Menschen leben, haben auch Buchhandel und Buchdruck ein Auskommen. Getreu seinem frühmerkantilistischen Motto, wo möglich, auf eigene Ressourcen zurückzugreifen und unabhängig von Importen zu existieren, förderte Friedrich auch die Ansiedlung von Manufakturen zur Papierherstellung und einer ersten Buchdruckerei. Der kluge Politiker in ihm mag sehr wohl verstanden haben, dass er mit den Druckerzeugnissen über ein damals noch neues, wichtiges Kommunikationsmittel verfügen würde, das Einfluss, ja, Macht bedeutete. Das Risiko für die in Mömpelgard neu aufstrebende Branche, neben den alteingesessenen Zentren des Buchdrucks Straßburg, Basel und Lyon bestehen zu müssen, scheute er nicht. »Montbéliard devînt alors, grâce à cet établissement, un petit centre d'imprimerie protestante, mais celui-ci était concurrencé par la proximité de Bâle, et par le centre de production de Lyon«, so der aus Héricourt stammende Mömpelgarder Landeshistoriker Jean-Marc Debard über das »kleine protestantische Buchdruckzentrum«, das in Konkurrenz zum nahen Basel und zum Zentrum des Buchdrucks Lyon stand.

Nach einigen Anlaufschwierigkeiten kleinlicher Art – wie etwa die drohende strenge Zensur aus Tübingen oder die Weigerung der der reformierten Glaubensrichtung zugehörigen Drucker, lutherische Schriften zu drucken, oder gar die von Friedrich gefürchtete Verbreitung calvinistischen Gedankenguts –, gelang es schließlich 1586 mit dem aus der Gegend von Lyon stammenden, bereits erwähnten Jacques Foillet einen weitgereisten, erfahrenen Drucker und klugen Geschäftsmann zu gewinnen. Er errichtete eine Papiermanufaktur und eine Druckerei zunächst außerhalb, später mitten in der Stadt Mömpelgard in den zentral gelegenen »Halles«. Da in den Papiermühlen von Basel hauptsächlich hochwertiges Schreibpapier hergestellt wurde, das vorwiegend

Ein Herzog mit Visionen

für den Export bestimmt war, fertigte man in Mömpelgard das in großen Mengen benötigte einfachere und billigere Druckpapier. Foillet bezeichnete sich als eine Art Hoflieferant, »imprimeur de son Excellence«, und sollte zusammen mit seinem Kompagnon, dem Savoyarden Johann Exertier, auch zu einem geachteten Mittelpunkt des Mömpelgarder Bildungsbürgertums werden.

Graf Friedrich übernahm 1593 als Herzog Friedrich I. auch die Herrschaft in Württemberg.

Im Dezember 1602 wurden ihm die Bürgerrechte verliehen. Und da er bereits seit 1579 Bürger der Stadt Basel war und der dortigen Zunft der Kaufleute, genannt »Safran«, angehörte, pflegte er weiterhin enge Handelsbeziehungen zu Basler Verlegern, Buchhändlern, Druckern, Papierproduzenten und Papierhändlern. Damit war Mömpelgard in dieser damals erfolgreichen und zukunftsweisenden Sparte auf der Höhe der Zeit.

Foillet druckte sämtliche Erlasse und offiziellen Schriften des Mömpelgarder Hofes und der Stadtverwaltung – eine sichere Einnahmequelle, darüber hinaus von 1587 bis 1619 mindestens 150 Bücher, je etwa zu einem Drittel in französischer, deutscher und lateinischer Sprache, vereinzelt auch in italienischer und spanischer, und Auftragswerke aus Basel und Frankfurt, die meist keinen Hinweis auf die Herstellung in Mömpelgard trugen. Dass vor allem theologische Schriften in der Mehrzahl waren, liegt an den nachreformatorischen Zeitumständen. Hinzu kamen auch zahlreiche naturwissenschaftliche und medizinische Bücher,

Ein Herzog mit Visionen

das literarische Werk von François Rabelais, sogar Werke von Niccolò Macchiavelli.

Als Graf Friedrich im Jahr 1593 nach dem frühen Tod Herzog Ludwigs die Regentschaft in Württemberg übernahm, hatte er bereits reiche Erfahrungen während seiner engagierten und erfolgreichen Regierungszeit in den linksrheinischen Gebieten gesammelt. Und vieles, was er dort erprobt hatte, setzte er nun vor allem auf dem Gebiet der Wirtschaftsförderung und Baukunst mit dem gleichen Elan in Württemberg um. Man denke nur an den Bergbau und die Metallverarbeitung, an den Erz- und Silberabbau im Schwarzwald, die Eisenwerke, Kupfer- und Silberschmieden im Brenz- und Kochertal, die Kalkgewinnung in Zuffenhausen bei Stuttgart und die Flachsgewinnung und erfolgreiche Weberzunft auf der Schwäbischen Alb. Nicht zu vergessen: die Gründung einer neuen Stadt! Freudenstadt als Stützpunkt auf dem Weg nach Mömpelgard. Der visionäre Herzog kam damit dem alten Traum der Württemberger von einer Landbrücke in die linksrheinischen Gebiete so nahe wie kein anderer vor ihm oder nach ihm.

Schritt für Schritt baute er die Erweiterung seines Territoriums aus, nach Westen hin zu einem zusammenhängenden Land. Ortschaften »auf dem Weg« nach Horburg und Reichenweier wie Besigheim, Mundelsheim, Altensteig, Liebenzell kaufte er systematisch auf, das katholische Kloster Reichenbach okkupierte er gewaltsam. Mit dem Erwerb von Oberkirch und Oppenau besaß er die Kontrolle über die aus dem Renchtal kommende Passstraße über den Kniebis.

Friedrich darf sicherlich als einer der begabtesten Politiker in der württembergischen Landesgeschichte und als eine der profiliertesten Herrscherpersönlichkeiten im Mächtespiel europäischer Politik bezeichnet werden. Seine Auffassung von der Rolle des Staates war sicherlich stark von der französischen beeinflusst, die diesem eine alles überragende Bedeutung im wirtschaftlichen und sozialen Leben zuschreibt. Während seiner Regierungszeit in Mömpelgard hatte er sie erprobt und ab 1593 in Stuttgart praktiziert und auch gegenüber den an gewisse Mitspracherechte gewohnten und nun verwunderten Landständen durchgesetzt. Friedrich hatte das etatistische und zentralistische Staatswesen Frankreichs kennen und schätzen gelernt und versucht, es auf Württemberg zu übertragen. Als eine Art staatlicher »Ideologietransfer« von Frankreich nach Württemberg. Erstaunlich viel konnte er tatsächlich zum Gedeihen von Wirtschaft und Kultur in seinen links- wie rechtsrheinischen Herrschaftsgebieten erreichen, vieles konnte er während seiner Regierungszeit nur anstoßen. Er war erst 50 Jahre alt, als er im Januar 1608 an einem Schlaganfall verstarb.

Sein früher Tod hat übrigens wohl auch verhindert, dass ein weiteres französisches Gebiet, in dessen Besitz der württembergische Herzog Friedrich I. gelangt war, mehr als nur eine kurze Episode der französisch-württembergischen Geschichte geworden ist.

Das Herzogtum Alençon im Nordwesten Frankreichs an der Grenze zur Normandie lag zwar siebenhundert Kilometer von der württembergischen Hauptstadt Stuttgart entfernt und war auch nicht gerade mit Reichtümern gesegnet, doch das mit dem Titel »Herzog von Alençon« verbundene Prestige war enorm. Bisher stand dieser Titel nur den französischen Prinzen, den zweit- oder drittgeborenen Söhnen des Königs zu. Und nun trug ihn der württembergische Herzog!

Er hatte, wenngleich selbst ständig in Geldnöten, dem protestantischen König Frankreichs, Heinrich IV. von Navarra, in den Jahren 1587 bis 1591 beträchtliche Geldsummen geliehen, welche dieser allerdings nie zurückzahlte. Die Gebietserweiterungen auf französischem Territorium, die er Württemberg als Gegenleistung in Aussicht stellte, erwiesen sich als leere Versprechungen. Friedrich forderte eine reale Absicherung des immerhin auf eine Summe im heutigen Wert von vierzig Millionen Euro angewachsenen Kredites und wurde von Heinrich IV. im Jahr 1599 mit der Pfandherrschaft über das Herzogtum Alençon entschädigt.

Die tatsächliche Herrschaft in seinem neuen Besitztum konnte der Pfandherr allerdings infolge innerfranzösischer Querelen erst im April 1605 antreten. Die Entfernung zu

Das Herzogsschloss in Alençon: Die Episode in der Normandie war für Württemberg kurz und unrühmlich.

Stuttgart und Mömpelgard war groß, und der in seinem angestammten Herzogtum mit übermäßig vielen Aufgaben belastete Friedrich I. konnte sich nicht persönlich um seinen neuen Besitz kümmern.

Sein Sohn und Nachfolger war weder imstande, die Vision seines Vaters von einem »Herzogtum mit europäischer Dimension« zu verstehen, noch auf Dauer württembergische Interessen in dieser weit entfernten Exklave zu verfolgen. Zumal sich Alençon als unrentabel erwies. Daran änderte auch die vom Landtag beauftragte Delegation von »Controllern« nach Alençon nichts, »gutherzige landsgeborene Diener und Patrioten«, die vor Ort prüfen sollten, was aus dem neuen Besitz wirtschaftlich herauszuholen war, um die hohen Staatsschulden in Württemberg und Mömpelgard zu begleichen. Es wurde dringend geraten, die Pfandherrschaft wieder abzustoßen, »selbst mit etwas Verlust«.

Schon 1610 ging das württembergische Gastspiel im französischen Herzogtum Alençon zu Ende, ohne nennenswerte

Ein Herzog mit Visionen

Spuren zu hinterlassen. Die Pfandsumme wurde erst Jahre später von der Witwe des französischen Königs, Maria de' Medici, zurückgezahlt.

Heinrich Schickhardt – ein schwäbischer Leonardo?

Wie kaum ein anderer hat Heinrich Schickhardt, ein halbes Jahrhundert lang als Architekt und Ingenieur, also als ein Baumeister im besten Sinne, das äußere Gesicht des Herzogtums Württemberg und seiner linksrheinischen Gebiete im Elsass und in der Grafschaft Mömpelgard geprägt. Er baute Festungen, Schlösser, Schulen, Pfarrhäuser, Brücken, Mühlen, Bergwerke, Salinen und Schmieden, gestaltete Lustgärten, modernisierte die Infrastruktur Württembergs und Mömpelgards, führte Landvermessungen durch und kanalisierte Flüsse und Bäche, ja, er plante sogar, gleichsam als Brücke in die linksrheinischen französischen Gebiete, eine ganz neue Stadt im Schwarzwald, seines Fürsten Friedrichs Freudenstadt.

Am 5. Februar 1558 wurde Heinrich Schickhardt in Herrenberg in eine wohlhabende, gutbürgerliche und angesehene Handwerkerfamilie hineingeboren. Sein Großvater war Bildschnitzer und wurde als Schöpfer des Chorgestühls der Herrenberger Stiftskirche bekannt. Der Vater Laux (= Lukas) arbeitete als Kunstschreiner. Im Alter von 26 Jahren heiratete Heinrich die Bürgermeisterstochter Barbara Grüninger und wurde dadurch Mitglied der württembergischen Ehrbarkeit, was einem ungewöhnlichen gesellschaftlichen Aufstieg gleichkam. Den beiden wurden acht Kinder geboren, die allesamt vor ihren Eltern sterben sollten. Die Kinder Johannes und Anna starben so früh, dass die beiden danach geborenen Kinder deren Vornamen erhielten: Johannes II. und Anna II. Letzterer sollte der städtische Schreiber und Kastenpfleger, also Kirchenpfleger, werden und ebenfalls die Tochter eines Bürgermeisters heiraten. Eine seiner beiden Töchter, Barbara,

überlebte die ganze Familie und wurde Universalerbin auch ihres berühmten Großvaters Heinrich Schickhardt.

Der im Jahr 1585 geborene älteste Sohn Schickhardts, Lukas, erhielt in Mömpelgard eine Ausbildung als Goldschmied. Seine Spuren verlieren sich dort, doch muss er ebenfalls vor seinem Vater gestorben sein, denn im sorgsam aufgestellten Inventar Heinrich Schickhardts, das all seinen Besitz, seine Zeichnungen, Bauten und Ingenieurswerke enthält, spricht er von einem »hohen Becher, daran mein Wappen, den mein lieber Sohn Lucas sehliger in seinen Lehrjahren gemacht hat«.

Heinrich Schickhardt arbeitete nach seiner Schreinerlehre als Gehilfe des württembergischen Hofbaumeisters Georg Beer am Bau des seinerzeit als spektakulär geltenden Stuttgarter Lusthauses mit, später beim Bau des Jagdschlosses in Hirsau. Genug Gelegenheit, um von seinem ein Jahr älteren späteren Herzog, Auftraggeber und Reisegefährten Graf Friedrich entdeckt zu werden. Beide teilten die Neugier auf alles Fremde und Neue, die Leidenschaft für Reisen, Baukunst, wissenschaftliche Erkenntnisse und technische Errungenschaften.

Vor der bereits erwähnten ersten gemeinsamen Italien-reise wurde Schickhardt für drei Monate alleine auf Reisen geschickt, über Innsbruck, den Brennerpass, Padua nach Venedig, Mailand und Verona, zurück über den Bodensee. Zur Vorbereitung einer geplanten »Kavalierstour« des Herzogs hätte man gewiss jemand anderen schicken können. Viel wahrscheinlicher ist, dass der Herzog darauf spekulierte, dass der unbekannte und unauffällige Mann alleine weniger oder keinen Verdacht erregen würde, wenn er die neuesten technischen Errungenschaften Oberitaliens erkundete. Sein Baumeister sollte vermutlich also in Ruhe ein wenig »Industriespionage« treiben, ohne Misstrauen zu erregen.

In Venedig interessierte sich Schickhardt, wie seine Tage-bücher und Aufzeichnungen zeigen, auch tatsächlich weniger für die prachtvollen Paläste und Kirchen, wie es üblicher-weise damals die Reisenden taten, als vielmehr für Schiffshe-bewerke, Schleusen und Schöpfwerke. Es gibt Skizzen über die Funktion von Mühlen, Schiffs-, Wasser-, Stampf- und Handmühlen. Ölpressen, Töpferscheiben, Zisternen, Gips-öfen, Befestigungsanlagen, Gärten, Wasserwerke für Grotten in Lustgärten, Wasserräder, ja sogar die Maschinerie einer Orgel wurden gezeichnet, alles, wovon er hoffte, es später bei seiner Rückkehr verwerten zu können.

Tatsächlich setzte er seine Erkenntnisse und Erfahrun-gen, die er in Italien gewonnen hatte, in Württemberg und Mömpelgard um. Das Neue, die italienische Renaissancebau-kunst, verwirklichte er wohl am eindrücklichsten beim Bau der Sankt-Martins-Kirche in Mömpelgard. Sie gilt als die äl-teste evangelisch-lutherische Kirche Frankreichs. Der Herzog hatte Schickhardt mit weiteren Neubauten in Mömpelgard beauftragt wie der Erweiterung des Schlosses, dem Bau der Vogtei auf dem Schlossberg, auch »Junckern Losament« (»Lo-gement«) genannt, mit der Renovierung der Stadtbefestigun-gen und Bastionen, einem Collegium für eine spätere kleine Universität, der bereits erwähnten »Souaberie«, des »Schwa-benhofs«, und als Großprojekt mit der Errichtung eines ganz neuen Stadtviertels, der Neustadt oder »Faubourg«. Sie sollte die hugenottischen Glaubensflüchtlinge aus Frankreich auf-

nehmen. Dadurch wurde die Stadt um ein Drittel erweitert! Auch für wohlhabende Bürger baute Schickhardt Patrizierhäuser, und er selbst nahm ab 1600 seinen Zweitwohnsitz in Mömpelgard, wo er offiziell in die Stadtbürgerschaft aufgenommen wurde und mit Frau und zwei der jüngeren Kinder

Ein Herzog mit Visionen

als hoch angesehener Bürger lebte. Infolge seiner zahlreichen Aufträge als herzoglicher Hofbaumeister auch in Stuttgart, wo es galt, einen großen neuen Platz mit mächtigen öffentlichen Gebäuden, den heutigen Schillerplatz, zu gestalten, war er gezwungen, ständig hin- und herzupendeln.

Und auf halbem Wege galt es unter dem rastlosen Herzog eine völlig neue Stadt anzulegen, als Mitte zwischen den rechts- und linksrheinischen Herrschaftsgebieten Württembergs, geplant sogar als neue Residenz – ein hochpolitisches Vorhaben: Der Grundstein für Freudenstadt wurde 1599 gelegt, zwei Jahre danach zählte die Stadt schon 3000 Einwohner, darunter viele protestantische Glaubensflüchtlinge aus dem Ausland, aber auch Bergleute aus den nahe liegenden Silber- und Erzbergwerken Sankt Christophstal.

Außer der ganz neu erbauten »Faubourg« in Mömpelgard plante Schickhardt auf Geheiß seines Fürsten noch eine weitere Siedlung für Glaubensflüchtlinge aus der Champagne, aus Burgund und Lothringen im Nordwesten der Grafschaft Mömpelgard. Im Juni 1588 leisteten dort sechzehn Gründerfamilien vor dem »Fürstenbrunnen«, der »Fontaine du Prince«, ihrem Fürsten Friedrich den Treueeid. Der Ort wurde »Friedrichsbrunn« genannt, die heutige Ortschaft »Frédéric-Fontaine« trägt in ihrem Wappen noch heute die württembergisch-mömpelgardischen Komponenten Hirschstangen, Barben und Reichssturmfahne.

Auch in den elsässischen Besitztümern Württembergs war Schickhardt tätig, etwa in Blamont mit der Erneuerung von Schloss und Festung, in Hunaweier (Hunawihr) mit dem Würtzhaus und in Reichenweier mit Bürgerhäusern wie dem heute »maison Schickhardt« genannten stattlichen Wohnhaus des wohlhabenden Bürgers, Arztes und Mitglieds des Magistrats Ambroise Dieffenbach. Selbst in nichtwürttembergischen Gebieten Frankreichs wurde er tätig, so in Belfort beim Bau des dortigen Rathauses 1596 bis 1600, in Dôle und in Besançon, wo er eine Zeichnung für den Justizpalast anfertigte. Die Erinnerung an sein Schaffen ist dort überall noch sehr präsent und wird auf Tafeln an seinen Gebäuden und in Stadtbeschreibungen wach gehalten.

Gegenüberliegende Seite: Die von Schickhardt 1601 gebaute Martinskirche in Mömpelgard.

Ein Herzog mit Visionen

Heinrich Schickhardt war weit mehr als ein Architekt und Baumeister in alter Tradition, er war auch ein genialer Ingenieur. Und was er aus Italien nach Württemberg und Mömpelgard mitbrachte, würde man heute als Technologietransfer bezeichnen.

Salz war damals wie schon das ganze Mittelalter hindurch ein kostbares und teures Gut. Es diente dem Konservieren von Fleisch und Fisch, Gemüse, Käse und Eiern. Neben dem Räuchern und Trocknen war das Einpökeln die einzige Möglichkeit, Lebensmittel haltbar zu machen. Württemberg konnte weniger Salz produzieren, als es verbrauchte, und der auf Autarkie in der Wirtschaft so bedachte Friedrich war bestrebt, nicht nur seine rechtsrheinisch gelegene Salzproduktion in Sulz am Neckar zu optimieren, sondern auch das in seinen linksrheinischen Herrschaftsgebieten befindliche Saulnot zu modernisieren. Die auf das Jahr 1147 zurückreichende sehr alte Saline war um die Jahreswende 1587/88 bei einem Rachefeldzug französischer Truppen der katholischen Partei der Guisen zerstört worden, als Friedrichs Sympathie und Schutz für die Hugenotten bekannt geworden waren. Der Wiederaufbau sollte nach den neuesten Erkenntnissen einer modernen und effektiven Salzgewinnung geschehen.

Diese Aufgabe wurde dem Schreiner und Baumeister Schickhardt übertragen. Das nötige technologische Wissen hierfür fehlte aber selbst ihm. Also nahm er Kontakt auf zu Salineningenieuren aller für ihn erreichbaren Salinen und brachte aus den Diskussionen mit ihnen wertvolles technisches Wissen mit.

Schickhardt besichtigte in seinem aufreibenden Berufsleben mehr als zwanzig ausländische Salinen, sei es in Tirol, Lothringen oder im Jura das berühmte Salins-les-Bains. Seine Beobachtungen und Erkenntnisse setzte er um bei der Modernisierung der in der Herrschaft Granges gelegenen Saline Saulnot. Heute würde man die »Besuche« Schickhardts in den zahlreichen auswärtigen Salinen wahrscheinlich als Werksspionage bezeichnen.

Das Sieden von Salz hat einen enormen Energiebedarf, der hauptsächlich mit Holzverbrennung gedeckt wurde und

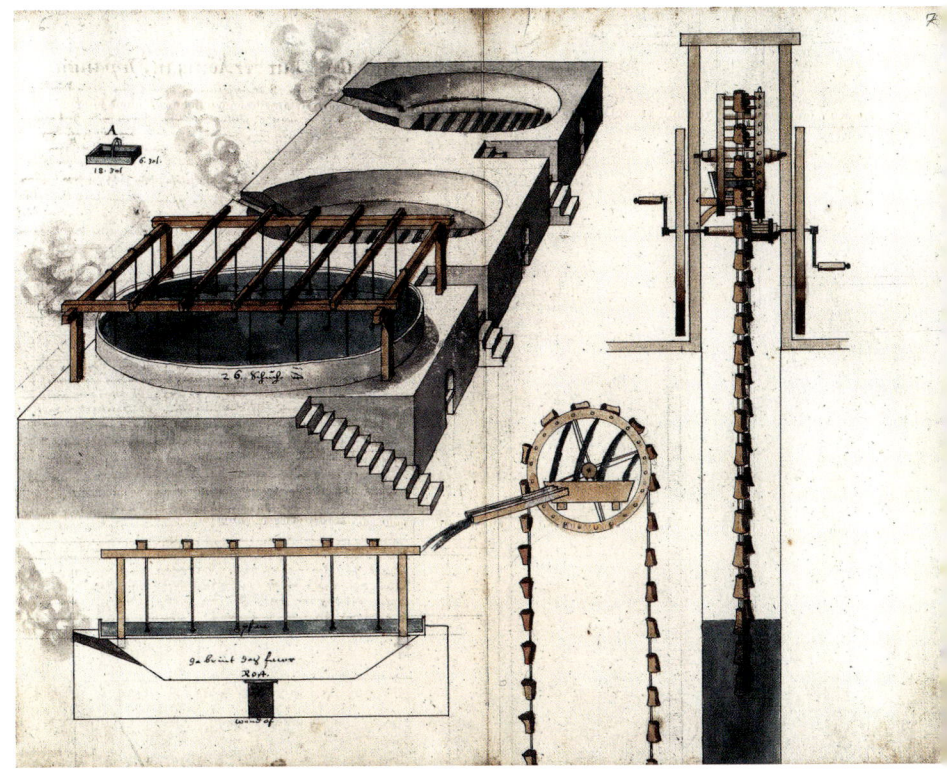

neben dem Holzbedarf für die Eisenproduktion und Glasherstellung eine Hauptursache für die Entwaldung ganzer Landstriche war. Mitte des 16. Jahrhunderts war es zu einer richtigen Energiekrise gekommen, und wer anders als Schickhardt hätte sie lösen können!

Friedrich hatte in seiner auch heute noch erstaunlichen Modernität den Wert des Waldes erkannt und ihn, auch wenn in seiner Grafschaft noch genügend Wald als Holzlieferant vorhanden war, unter seinen besonderen Schutz gestellt: »… den Wald so viel als möglich zu verschonen«. Den Begriff Nachhaltigkeit kannte er noch nicht, doch er handelte entsprechend. Er ließ auch nach alternativen Energiequellen wie Torf, Braun- und Steinkohle suchen. In der Herrschaft Granges in den Bergen von Ossemont wurde man fündig und begann ab 1589 die offensichtlich lohnenden Kohlevorkommen abzubauen.

Konstruktionszeichnung Schickhardts vom Salzwerk in Salins-les-Bains.

Gegenüberlie-
gende Seite:
Auch diese
Zollbrücke von
Voujeaucourt
konstruierte
Schickhardt. Sie
ist die älteste
noch existierende
Straßenbrücke
über den Doubs
und diente
als Zollbrücke
zwischen der
Grafschaft Möm-
pelgard und der
Freigrafschaft
Burgund.

Das genügte Schickhardt nicht, er wollte an der Technik der Salzsiedeanlagen direkt Verbesserungen anbringen, die Heiztechnik ändern, die Salzsiedepfannen verbessern und mit »Hutzen« abdecken, damit keine Energie verloren ginge. Dampf und Abgase des Siedeofens sollten nicht einfach mehr ungenutzt entweichen, sondern zur Vorwärmung der Siedepfannen dienen. Es war gewiss nicht einfach, all die vielen Neuerungen bei den seit Generationen in ihrem Metier dienenden Siedern durchzusetzen, und dazu noch als Fremder! Doch der Erfolg gab ihm recht. Mit seinen Energiesparmaßnahmen und neuen Heiztechniken – die Befeuerung war beinahe vollständig auf Steinkohle umgestellt und die Betriebskosten dadurch auf die Hälfte verringert worden – ließen sich enorme Ertragssteigerungen erreichen. Schickhardts Kopf war wieder für neue Projekte frei.

Der Tausendsassa ließ an über zwanzig Orten Württembergs Kohlebergwerke errichten, nach Torf stechen, Kalköfen errichten, wie besessen vom Machbaren, vom Fortschritt schienen Herr und Knecht. Nach dem Tod seines Herzogs und genialen Partners wirkte Schickhardt unermüdlich und unangefochten weiter im Dienste seines Landes. Dass er in diesen Jahren auch einen »Pomeranzengarten« für die Herzogswitwe Sibylla an deren Witwensitz am Leonberger Schloss plante, wie es auch beim Mömpelgarder Schloss einen gab, und wo diese nicht nur exotische Zitrusfrüchte und wundervoll schöne Blumen züchtete, sondern auch einen Heilkräutergarten anlegte, mag einem fast wie ein kleiner romantischer Ausrutscher erscheinen.

Als Herzog Friedrich 1608 unerwartet verstarb, schrieb Schickhardt eine unter seinen sachlich-technischen Aufzeichnungen seltenen persönlichen Zeilen: »Mein theurer Held ist gestorben. Bei diesem Herren hab' ich große Miehe und Arbeit gehabt, auch vil schwehre und gefährliche Reisen volbracht, also das ich in 15 Jaren nit iber den halben Thail bey meiner Haushaltung sein künden.« Doch habe ihn sein Herzog »mit gnedigem Zusprechen und ansehnlichen Verehrungen wider lustig und seine Geschefte damit leicht gemacht.«

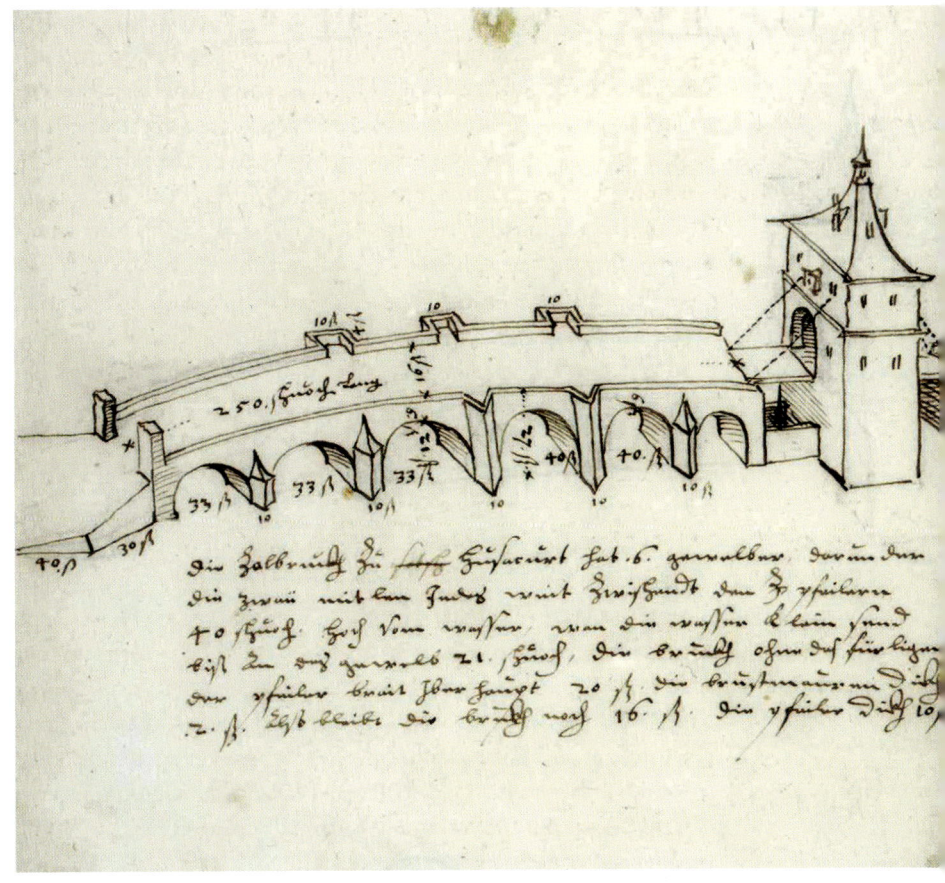

Oft wird der vielfältig begabte Mann mit Leonardo da Vinci verglichen, ja, man spricht sogar vom »schwäbischen Leonardo«. Der Gedanke ist zweifellos verlockend, diesen vielseitigen Renaissancemenschen, den Architekten, genialen Zeichner, innovativen Konstrukteur und Ingenieur auf ein Niveau mit dem großen Renaissancekünstler aus Italien zu stellen.

Es finden sich jedoch allzu große Unterschiede, um diesen Vergleich guten Gewissens aufrechtzuerhalten. Während Leonardo da Vinci zeit seines Lebens in den Diensten wechselnder Auftraggeber stand, in Florenz, Mailand, Rom und Frankreich, und dabei den Medicis, den Sforzas, dem Papst und am Ende dem französischen König diente, arbeitete Schickhardt zeitlebens nur für einen Arbeitgeber, den Herzog und das Herzogtum von Württemberg. Wobei er in zwei Kulturkreisen tätig war und wie selbstverständlich die Rolle eines Brückenbauers übernahm, konkret mit Bauwerken über Flüsse und Abgründe, im übertragenen Sinne über Sprach- und Kulturgrenzen hinweg.

Schickhardt blieb der bodenständige Handwerker, der Techniken in das links- wie rechtsrheinische Württemberg einführte, die zwar innovativ, doch anderswo längst erprobt waren. Sein Forscherdrang war stets der Frage nach dem Nutzen und der praktischen Umsetzbarkeit unterworfen. Leonardo als Ingenieur hingegen forschte aus purem wissenschaftlichem Interesse, aus eigenem Antrieb und ohne Nützlichkeitsdenken.

Vielleicht wäre es eher angebracht, Schickhardt als einen schwäbischen Hiob zu bezeichnen: Hinter all seinem Erfolg, den akribisch genauen Auflistungen seiner Werke, seinen Skizzen und Entwürfen verbirgt sich ein schier unvorstellbar schweres Schicksal, von dem nur selten oder nie in seinen Aufzeichnungen die Rede ist. Der gesellschaftlichen Anerkennung und Wertschätzung, dem materiellen Wohlstand stehen schlimme persönliche Verluste gegenüber. Wie mag er es verwunden haben, alle seine acht Kinder überleben zu müssen, seine treue Ehefrau zu Grabe tragen und selbst leben zu müssen? Durch ein Übermaß an Arbeit? Und dann ein elendes Ende eines großen Mannes: Mitten in der für Württemberg schlimmsten Phase des Dreißigjährigen Krieges, am 4. Januar 1535, wurde er, inzwischen 76-jährig, in seinem eigenen Haus in Stuttgart von einer entfesselten Soldateska ermordet – »von einem frechen Soldaten mit dem Degen durchstoßen, der seiner Basen Gewalt anthun, Schickhardt aber verhindern wollen«. In seinem Leben und Wirken, als Bürger von Herrenberg und von Mömpelgard war Heinrich Schickhardt seiner Zeit vorausgeeilt. Heute würde man ihn wohl als einen guten Europäer bezeichnen.

Frankreich greift nach Mömpelgard

Dem Dreißigjährigen Krieg folgt die linksrheinische Krise

Es sollte nur ein kurzer Zeitraum sein, in dem die Mömpelgarder die Früchte der vielen Zukunftsinvestitio-
nen ernten konnten, die Friedrich in den zwölf Jahren
seiner ausschließlich in Mömpelgard ausgeübten Herrschaft
ausgesät hatte. 1593 übernahm er auch in Württemberg die
Regierung, wobei er auch dann die linksrheinischen Gebiete
nie vernachlässigte.

Sein Sohn und Nachfolger Johann Friedrich führte im
Großen und Ganzen die Politik seines Vaters fort, konnte jedoch den schleichenden Niedergang, der sich bereits in den
europäischen Krisenjahren vor dem Ausbruch des Dreißigjährigen Krieges bemerkbar machte, nicht aufhalten. 1617
übertrug er seinem jüngeren Bruder Ludwig Friedrich die
volle Landeshoheit über Mömpelgard und alle anderen linksrheinischen Gebiete. Dieser widmete sich mit großem Engagement und mit seinem tüchtigen Kanzler Jakob Löffler aus
Tübingen der Regierung seiner Grafschaft und wurde von
seinen Untertanen bald als »le bon duc« verehrt.

Der »gute Herzog« bereicherte das Mömpelgarder Schloss
mit seiner Kunstsammlung und einer kleinen, wertvollen Bibliothek, der er allerdings immer weniger Aufmerksamkeit
schenken konnte, denn die »Einschläge« des Krieges kamen
immer näher. Zunächst in Form einer Wirtschafts- und Geld-
krise, der Ludwig in den als »Kipper- und Wipperzeit« bekannt gewordenen Jahren 1622 bis 1625 durch das Prägen eigener Münzen Herr zu werden glaubte, wie es auch anderswo
in Europa praktiziert wurde. Diese Münzprägung hatte eine
enorme Geldentwertung zur Folge. Die neuen Münzen waren
durch Zugabe von weniger wertvollem Kupfer, Blei oder Zinn
weniger wert als die herkömmlichen Gold- oder Silbermün-
zen. Schlaue Händler und Kaufleute stellten mit Hilfe einer
Waage (»Wippen der Waagbalken«) das Gewicht der Münzen fest und sortierten (»kippten«) die besseren Münzen aus.
Diese entzogen sie dann dem Geldumlauf, sodass die von der
Inflation betroffenen Menschen immer mehr neue Münzen
brauchten, um sich etwa ein Brot zu kaufen.

Der Zusammenbruch des Wirtschaftslebens ließ sich
nicht mehr aufhalten. In der Grafschaft Mömpelgard kam es

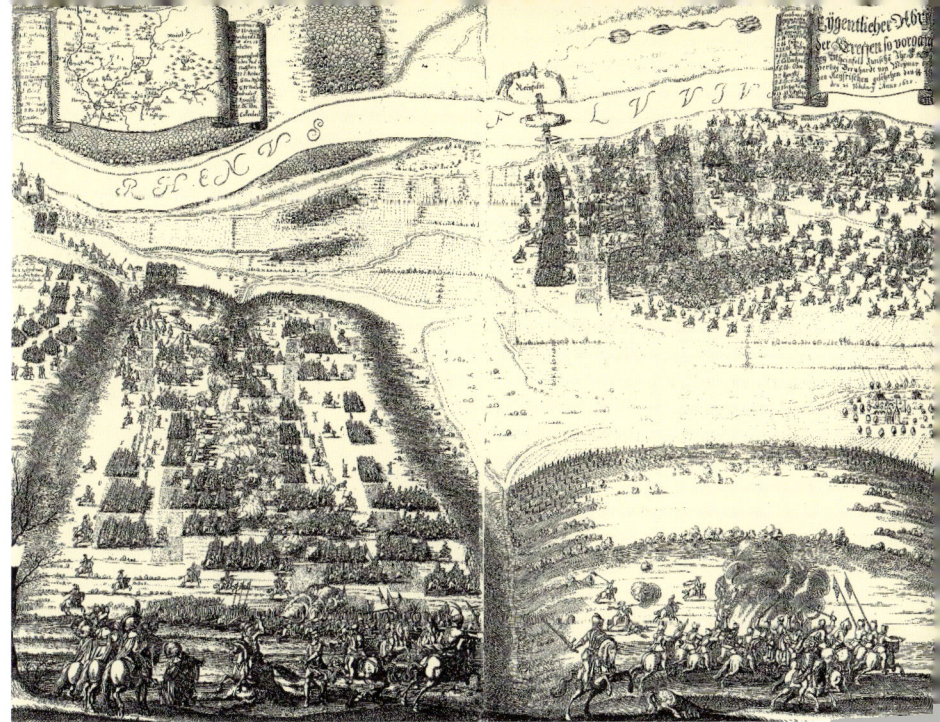

zu einer Hungersnot und in den Jahren 1627 und 1628 überdies zu einer verheerenden Pestepidemie.

Das Elend ging auch an den elsässischen Besitztümern nicht vorbei. Abwechselnd fielen schwedische Söldner oder kaiserlich-habsburgische Truppen über die Dörfer her, quartierten sich in deren Häusern ein, »wovon die Frauenwelt ein gar traurig Lied zu singen wusste«, plünderten und brandschatzten. Ihre württembergische Herrschaft, die weder über eine eigene Armee noch über Geld für eine Söldnertruppe verfügte, konnte ihnen keinerlei Schutz bieten. Sie hatte nur auf diplomatischem Verhandlungsweg handeln können, ohne Erfolg. Und der Ausbau der Stadt- und Befestigungsmauern war unzureichend. Ein Zeitgenosse berichtet von den Folgen: »Wir haben uns dieses Elend nit einbilden können. All die ansehnlichen Ortschaften sind verbrannt und zerstört wir haben niemanden darin gesehen und begegnet man einmal einem Menschen, so schaut ihm der Hunger und der Tod aus den Augen.« In Reichenweier sollen nur noch 35 Menschen gewohnt haben!

Frankreich greift nach Mömpelgard

Mömpelgard unter dem
Schutz der Krone Frankreichs

War Mömpelgard in den ersten Kriegsjahren von militärischen Übergriffen noch einigermaßen verschont geblieben, so kam es Ende der zwanziger Jahren des 17. Jahrhunderts zu Invasionen der protestantischen Grafschaft durch katholische kaiserlich-österreichische Truppen.

Zu allem Unglück starb Herzog Johann Friedrich 1628 unerwartet auf einer Reise nach Heidenheim, und Ludwig wurde mitten in dieser Krisenzeit als Administrator für den noch minderjährigen Sohn seines Bruders nach Stuttgart berufen. Sowohl in Stuttgart als auch in Mömpelgard hatten die Regierungen stets versucht, in den religiösen Auseinandersetzungen der europäischen Großmächte neutral zu bleiben, anfangs sogar noch zu schlichten. Das half jedoch reichlich wenig.

Zweieinhalb Jahre nach seinem Bruder starb auch »le bon duc Louis«, erst 45-jährig, krank und zermürbt vom Kampf um das so genannte »Restitutionsedikt« von 1629, mit dem der katholische Habsburgerkaiser alle ehemals geistlichen Besitztümer Württembergs zurückforderte, die nach der Reformation dem protestantischen Landesherrn zugefallen waren. Das machte immerhin fast ein Drittel des Landes aus.

Ludwig hatte einen noch unmündigen, knapp siebenjährigen Sohn, den 1624 geborenen Leopold Friedrich, in Mömpelgard hinterlassen, dessen Vormünder die Gefahr erkannten, in der sich die Grafschaft nun befand. 1632 drohte das neutrale Mömpelgard nach einem Vorstoß der protestantischen Schweden ins Elsass zwischen dem protestantischen und dem katholischen Lager zerrieben zu werden. In dieser Situation fiel die Entscheidung in Stuttgart und Mömpelgard, Frankreich als Schutzmacht für die linksrheinischen Gebiete zu gewinnen.

Der Preis, den Frankreich für die Gewährung von Schutz und Beistand verlangte, war die Aufnahme französischer Truppen in der Grafschaft Mömpelgard. In die Stadt Mömpelgard, in Héricourt und in die Festung Blamont zogen fran-

Frankreich greift nach Mömpelgard

zösische Garnisonen ein. Die Herrschaften Clerval und Passavant waren von spanischen Truppen besetzt.

Das bedeutete jedoch keineswegs Ruhe für die Bevölkerung. Immer wieder fielen feindliche Truppen ins Land ein, raubten, plünderten, zerstörten Ackerland und Saatgut. Und auch die Beherbergung der französischen »Schutztruppen« bedeutete eine große Belastung für die Menschen. Die Soldaten mussten verpflegt werden, beanspruchten gute Quartiere und verhielten sich gegenüber den selbstbewussten Mömpelgardern, die seit langem seitens der württembergischen Herrschaft Freiheiten und Privilegien gewohnt waren, nicht immer wie Kavaliere. Die Menschen litten unter Erpressungen, Hungersnöten und Seuchen. Bis zum Ende des Krieges war die Bevölkerung um zwei Drittel dezimiert!

Die fürstliche Familie musste viele Jahre im Ausland Zuflucht suchen. Erst der volljährige Leopold Friedrich konnte 1645 wieder nach Mömpelgard zurückkehren, dort sogar die Regierung übernehmen, allerdings nur in der Funktion eines französischen (!) Kommandanten. Er hatte zuvor vier Jahre lang in Paris gelebt, finanziell unterstützt durch eine magere Pension des regierenden Ministers Kardinal Mazarin.

Erst durch den Westfälischen Frieden 1648 erhielt er sein Land wieder zurück, und es sollte noch bis 1650 dauern, bis die französischen und spanischen Truppen die Mömpelgarder Lande ganz verließen.

All die Jahre hatte der aus Württemberg stammende Kanzler Christoph Forstner in Mömpelgard ausgeharrt und beständig, so gut es ging, die Interessen der Bewohner der ausgelieferten Grafschaft vertreten. Zum Dank für seine Verdienste erhielt er das Lehen Dambenois. In dem kleinen Örtchen am Doubs erinnert die evangelische Kirche mit einem Epitaph noch heute an diesen verdienten Mann.

Der wieder eingesetzte Leopold Friedrich machte sich an den Wiederaufbau seiner verwüsteten und entvölkerten Grafschaft und versuchte vor allem die während des Krieges geflohenen Überlebenden zurückzuholen. Den Bemühungen des Politikers jedoch stand der Privatmann entgegen. Seine Prunksucht, man könnte es auch kostspieliges Repräsentationsbedürfnis nennen, wie es damals an den barocken Fürstenhöfen Europas üblich war, belastete die Staatsfinanzen stark und das stieß bei der verarmten Bevölkerung auf Unverständnis. Die Menschen hungerten, und der leidenschaftliche Jäger verschwendete allein für seine Jagdhunde pro Woche 400 Pfund Brot! Auch die Trunksucht, seine gelegentlichen cholerischen Anfälle und die eheliche Untreue gegenüber seiner Ehefrau Sibylla missbilligten die vom Krieg gezeichneten Untertanen.

Späte Liebe einer Herzogin – der Musiker Johann Jakob Froberger in Héricourt

Die um ihre Liebe und ihr Lebensglück betrogene Ehefrau von Herzog Leopold Friedrich, Sibylla von Württemberg, tröstete sich später mit einer anderen Leidenschaft: der Musik. Und sie baute damit eine weitere Brücke zwischen der deutschen und der französischen Kultur.

Nach dem Tod ihres Mannes 1662, den sie um 45 Jahre überlebte, zog sie sich auf ihren Witwensitz in Héricourt zurück. Dort befasste sie sich mit Geschichte, widmete sich der Malerei und vor allem der Musik. Oder einem Musiker? Man gönnt ihr, der Leidgeprüften, die späte Freundschaft zu dem um vier Jahre älteren Musiker und Komponisten Johann Jakob Froberger, und »man verliert sich ein wenig in Vermutungen über das Wesen der Beziehungen zwischen der vornehmen Witwe von Stand und dem Musiker«, so der 2013 verstorbene französische Historiker Jean-Marc Debard.

Der 1616 in Stuttgart geborene Froberger war zur damaligen Zeit ein in ganz Europa gefeierter Musiker, ein weitgereister Mann von Welt. Viele Jahre lang hatte er als Hofkapellmeister am kaiserlichen Hof in Wien gewirkt. Schon mit 21 Jahren wurde er zum kaiserlichen Hoforganisten berufen und konnte sich mit einem Stipendium von Kaiser Ferdinand III. den Traum einer dreijährigen musikalischen Studienreise nach Rom erfüllen, wo er bei dem Starmusiker Giro-

lamo Frescobaldi studiert hat. Dessen virtuoses Cembalospiel und sein freies Improvisieren an der Orgel des Petersdoms beeindruckten ihn zutiefst und ermunterten ihn zu eigenen Kompositionen, seine ersten eigenen Toccaten entstanden. Was er bei dem unmittelbar erlebten Spiel des Maestro erfuhr – es gab noch keine Tonaufzeichnungen und man war auf das Lesen der starren Noten und Partituren angewiesen –, das erklärte seine spätere Schülerin Herzogin Sibylla einmal so: »dass die sachen schwer aus den Noten zu finden, wiewohl es deutlich geschrieben«, und »dass man sich an den Takt gar nicht binden dürffe: sondern nach Belieben bald langsam, bald geschwinde spielen möge«. Gemeint ist die Freiheit, dass die musikalische Notation die rhythmische Ausgestaltung dem Spieler überlässt.

Das Gegenteil zum virtuosen »Phantasten« Frescobaldi verkörperte der musikgelehrte Jesuitenpater Athanasius Kircher, den Froberger bei seiner zweiten Romreise sieben Jahre später, immer noch als gefeierter Hoforganist in Diensten des

Johann Jakob Froberger – Sibylla, die Frau Herzog Leopold Friedrichs, tröstete sich nach dessen Tod mit dem Komponisten und seiner Musik.

Kaisers am Wiener Hof, kennen und schätzen lernte. Dieser hatte eine mathematisch-mechanische Komponiermaschine erfunden, einen Algorithmus zum »automatischen« Komponieren erdacht und eine für das Jahr 1648 völlig unerhörte, aus heutiger Sicht ungeheuer moderne Kompositionstechnik zumindest ansatzweise denkbar gemacht.

Froberger war ein ausgesprochen vielseitiger Musiker, als Komponist ebenso erfolgreich wie als virtuoser Cembalist und Organist. Bekannt ist ein musikalischer Wettstreit, zu dem Froberger den Hoforganisten Weckmann in Dresden herausforderte. Überall waren seine Konzertauftritte begehrt, in Bonn, Utrecht oder Brüssel, wo er 1650 bei den Feierlichkeiten anlässlich der Hochzeit des spanischen Königs Philipp IV. mit der Erzherzogin Anna von Österreich auftrat. Auf der Rückreise wurde er zwischen Brüssel und Löwen von lothringischen Soldaten überfallen, verwundet und ausgeraubt. »Und weil er von Beruf Musiker war, richtete er seine Anzeige nicht an die nächste Polizeidienststelle, sondern sandte sie in Form einer Allemande [eine Tanzmusik] direkt an die Adresse der Frau Musica. Diejenigen, die die Pièce [das Kompositionsstück] in die Hände bekommen würden, wies er an, mit dem Stück in aller Zurückhaltung umzugehen, auf jeden Fall aber behutsamer, als die raubeinigen Landsknechte vor den Toren Löwens mit ihm selbst umgegangen waren«, schreibt ein Kommentator zu Frobergers Komposition »Lamentation sur ce, que j'ay été volé«, der musikalischen Klage davon, wie er bestohlen wurde.

Überhaupt pflegte Froberger seine Erlebnisse in Musikstücken zu berichten, deren Kopfstücke er jeweils mit einem programmatischen Motto, einer Überschrift, versah. Im Verlauf seines Lebens hat er auf diese Weise eine, leider nur bruchstückhafte, musikalische Biographie verfasst, wenn man so will, in Form von Programmmusik, die es durchaus schon im Barockzeitalter gab. Mehr oder weniger dramatische Begebenheiten seiner vielen Konzertreisen, eine durchlittene todesgefährliche Rheinüberfahrt, ein Bergsturz oder ein Fall ins Wasser wurden so in Form von Musikstücken berichtet. Doch auch tiefe philosophische und theologische Reflexionen fanden ihren Ausdruck in seiner Musik, etwa Klagen über den Tod seines Kaisers und Brotherrn, seines Freundes, des Lautenisten Blancrocher, oder eine »Méditation sur ma mort future«, in dem Froberger seinen eigenen Tod bedenkt und die »langsam und mit Zurückhaltung« gespielt werden soll (»la quelle se joue lentement avec discretion«). So etwas fanden auch Zeitgenossen wie der Musikkritiker Johann Mattheson bemerkenswert, wie Froberger »auf dem blossen Clavier eine gantze Geschichte mit Abmahlung der dabei gegenwärtig gewesenen Personen samt ihren Gemüthseigenschaften gar wol vorzustellen gewust«.

Bei seinem Berufskollegen Louis Couperin fühlte sich Froberger sehr wohl verstanden, beide verband eine beglückende Freundschaft während des zweijährigen Aufenthaltes von Froberger in Paris, das ihm zur Wahlheimat wurde. Sie gehörten als Cembalosolisten wie als Komponisten zur musikalischen Avantgarde und zu den Stars der Pariser Musik-

Schloss Héricourt im frühen 20. Jahrhundert.

szene. Sicherlich darf man auch Froberger, in dessen Werk die Vermischung unterschiedlicher musikalischer Zungenschläge zu spüren ist, analog zu seinem Landsmann Heinrich Schickhardt als einen musikalischen Brückenbauer bezeichnen.

In Paris wurde ihm das von manchen Puristen verübelt. Im Jahr 1652 wurde er in einem Pariser Journal als »bestenfalls mittelmäßige Persönlichkeit« und als ein »deutscher Dicksack« verunglimpft. Wenig später findet sich Froberger wieder in der Obhut seines kaiserlichen Dienstherrn in Wien.

Im Spätsommer 1664 lässt sich der 48-jährige Froberger im Schloss Héricourt nieder, dem Witwensitz der knapp 44-jährigen Herzogin Sibylla von Württemberg. Die beiden kannten sich aus Jugendtagen, sind sie doch beide im Stuttgarter Schloss aufgewachsen. Johann Jakob Froberger war der jüngste Sohn des Hofkapellmeisters Basilius Froberger, vier seiner Geschwister waren ebenfalls an der Stuttgarter Hofkapelle angestellt. Die kleine Sibylla erhielt ihren ersten Musikunterricht von Frobergers Vater, und es ist wahrscheinlich, dass die jungen Leute auch miteinander musiziert haben, zumal Sibylla musikalisch sehr begabt war. Zwei damals namhafte Komponisten, Philipp Friedrich Böddecker und Samuel Capricornus, widmeten ihr einige ihrer Werke.

1637 verlor Froberger seine beiden Eltern infolge einer Pestepidemie, im selben Jahr erhielt er im Alter von 21 Jahren seine Berufung an den Wiener Hof als Organist und begann eine steile Karriere als »Clavierist« und Komponist, derweil Sibylla ein paar Jahre später ihren direkten Vetter Leopold Friedrich von Württemberg-Mömpelgard heiratete und in die linksrheinische Grafschaft übersiedelte.

Die Ehe blieb »ohne Leibs-Erben«. Sie habe »mehr durch die Schönheit ihrer Seele und ihre Bildung hervorgestochen als durch ihre äußerlichen Qualitäten«, so heißt es von ihr. Verständlich aus ihrer Sicht, dass sie glücklich war, den »grand homme« Froberger als »ehrlichen, getrewen und fleissigen Lehrmeister« an ihren Hof ziehen zu können. Doch was bewog den im Zenit seines erfolgreichen Lebens stehenden Komponisten, den Musikmetropolen Europas, Paris, London, Wien, den Rücken zu kehren und mit der kleinen Welt eines

Frankreich greift nach Mömpelgard

Provinzörtchens namens Héricourt einzutauschen? Um den Intrigen der Musikwelt und der Fürstenhöfe zu entfliehen und bei einer hochgebildeten, als gütig und liebenswert geschilderten Frau Ruhe, ja Heimat zu finden? Vielleicht sogar ein wenig mehr? Möglich. Auf jeden Fall fanden sich die beiden – auch – in ihrer gemeinsamen Liebe zur Musik.

Der Klavierunterricht, den Froberger seiner »virtuosissima Principessa« erteilte, muss sich auf allerhöchstem Niveau abgespielt haben, und Froberger hatte in seinem ganzen musikalischen Leben sicherlich nur wenige Menschen gefunden, die seine Musik so tiefsinnig erfasst haben wie Sibylla.

Drei Jahre nur waren den beiden vergönnt, im Mai 1667 verstarb Froberger im Alter von 51 Jahren auf Schloss Héricourt an den Folgen eines Schlaganfalls. Mit großer Wärme und Herzlichkeit schilderte Sibylla in einem Brief an Frobergers Freund Constantijn Huygens, Dichter, Komponist und in frühen Jahren Sekretär zweier Fürsten von Oranien, die letzten Stunden vor seinem Tod, in denen er sich noch um das Wohl seiner Bediensteten und mit Almosen um die Armen der kleinen katholischen Kirchengemeinde Saint-Ambroise in Bavilliers kümmerte. Dort wollte er, der in Diensten des Habsburger-Kaisers stehend zum Katholizismus übergetreten war, auch begraben sein. Sie schreibt, dass »ihn die Leut wegen seins guetten Humor gelibet haben ob sie eben seine kunst nit verstanden«. Und sie selbst gibt sich zu erkennen als »ein Liebhaberin der edlen Music und den Hern Chevalier wie Patron derselben halte und ihme jederzeit wol affektioniert verbleibe«. Froberger hat ihr seinen Nachlass anvertraut.

Sibylla musste ihr geliebtes Héricourt, mit dem sie so viele schöne Erinnerungen verbanden, 1676 verlassen, vertrieben von französischen Besatzungstruppen Ludwigs XIV. Hochbetagt und von den Menschen ihrer Umgebung verehrt, starb sie im Alter von 87 Jahren in Stuttgart. Ihr Sarg in der Stuttgarter Stiftskirche ist geschmückt mit einer Zinnplatte, die eine Frau vor einer Orgel zeigt, die auf ein Choralbuch deutet. Dahinter ein Klavier mit einer Violine, eine Mandoline und Notenblätter. Zeichen der großen Liebe einer Herzogin zur Musik – oder zu einem Musiker?

Württemberger Herrscherfamilie im Straßburger Exil

Die freie Reichsstadt Straßburg war als wohlhabende Handelsstadt mit ihrer berühmten Universität, vor allem jedoch durch ihre geopolitische Lage im Grenzbereich Frankreichs, der Schweiz und des Deutschen Reiches jahrhundertelang ein Anziehungs- und Treffpunkt schlechthin.

Auch für die Angehörigen des Hauses Württemberg bedeutete Straßburg einerseits Zufluchtsort in politisch unruhigen Zeiten, andererseits war es ein beliebter Ort zur Zusammenkunft oder um Verhandlungen mit Angehörigen anderer Adelsfamilien durchzuführen, und nicht zuletzt war es Studienort für die jungen Fürstensöhne. Auch für Zweitgeborene oder solche, die nicht als Nachfolger zur Übernahme der Regierung vorgesehen waren, fanden sich in Straßburg Karrieremöglichkeiten. So hatte Herzog Friedrich I. seinem zweitgeborenen Sohn Ludwig Friedrich schon in jungen Jahren eine Domherrenstelle verschafft, um ihm den Weg zu einer Karriere in der Bistumsverwaltung zu bahnen.

Auch der bereits erwähnte Graf Heinrich, »le fou«, Vater von Herzog Ulrich und ursprünglich für eine geistliche Laufbahn vorgesehen, war in den Konvent des Johanniterhauses von Straßburg auf dem Grünenwörth eingetreten, ehe er sich anders besann und sich für die Liebe und eine Heirat in Reichenweier entschied.

Im Dreißigjährigen Krieg bot Straßburg nach der für Württemberg verheerenden Schlacht von Nördlingen 1634, in deren Folge Württemberg vier Jahre lang von den Kaiserlichen besetzt wurde, nicht nur der herzoglichen Familie Asyl, sondern wurde auch zum inoffiziellen Sitz einer württembergischen Exilregierung. Von hier aus wurde verhandelt, Angebote Frankreichs für ein französisches Hilfsheer zur Rückeroberung Württembergs erwogen und abgelehnt und abgewartet, derweil die in ihrem Elend verlassenen Untertanen daheim fassungslos über die Flucht ihres Herzogs verharrten. Die Mutter des Herzogs war bereits vor der Kata-

Frankreich greift nach Mömpelgard

strophe von Nördlingen aus Furcht vor Gefangennahme und Geiselhaft nach Straßburg geflohen.

Im Land hat man dem blutjungen Herzog Eberhard III. seine überstürzte Flucht gleich am Tag nach der Niederlage der Schweden und ihrer protestantischen Verbündeten in der Schlacht von Nördlingen 1634 übel genommen. Er hatte den Zurückgebliebenen in Stuttgart keinerlei Anordnungen hinterlassen, ja, nicht einmal genügend Geld für seine Flucht mitgenommen. Mag sein, dass seine Angst um Leib und Leben berechtigt war, sein führungsloses Land jedenfalls wurde leichte Beute für die Eroberer. Mit der Landesfestung Hohenasperg fielen auch die Kleinodien des Hauses Württemberg, die Kriegskasse und Teile des Archivs in die Hände der Feinde.

Derweil schien der junge Herzog seinem vier Jahre währenden Asyl recht positive Seiten abzugewinnen. Er pflegte einen aufwendigen Lebensstil, verbrachte die Zeit mit Jagen, Festivitäten und »der Besuchung einer ehrlichen Dame«. Er war gerade einmal knapp 20 Jahre alt!

Für die Angehörigen des Hauses Württemberg bedeutete Straßburg Zufluchtsort in politisch unruhigen Zeiten.

Frankreich greift nach Mömpelgard

Eberhard der 8. Herzog zu Würtemberg, gebohren den 10. Xbris, Anno 1614 gestorben ao. 1674 den 2. Julÿ, regiert 41. jahr, 2. monat. Aetatis 60. jahr.

Der junge Herzog Eberhard III., um 1640.

Die »ehrliche Dame« war die gleichaltrige Anna Catharina, Tochter des schwedischen Heerführers Graf Johann Kasimir von Salm-Kyrburg, die sich ebenfalls vor den Kaiserlichen nach Straßburg geflüchtet hatte. Im Frühjahr 1637 heirateten die beiden, kurz darauf wurde ihnen ein Söhnchen, das erste von insgesamt 14 Kindern, geboren. Im Oktober 1638 konnte Herzog Eberhard nach langwierigen Verhandlungen wieder in sein hochverschuldetes, ausgeblutetes Land zurückkehren,

Frankreich greift nach Mömpelgard

dessen Einwohnerzahl um mehr als drei Viertel (!) dezimiert war. Bis zum Kriegsende musste er sich mit nur der Hälfte seines Territoriums zufriedengeben, erst 1650 erlangte er das ganze Herzogtum in der Ausdehnung von 1618 zurück.

Der tugendhafte Bruder – Georg II. stemmt sich gegen französische Machtansprüche

Als wolle er die Verantwortungslosigkeit und Verschwendungssucht während der letzten Mömpelgarder Regierungsjahre seines recht rücksichtslos agierenden Bruders Leopold Friedrich wieder gutmachen, erwies sich Herzog Georg II. von Württemberg-Mömpelgard in der Nachfolge als besonders tugendhafter Herrscher.

Auch der 1626 in Mömpelgard geborene Georg hatte prägende Jugendjahre im Exil in Paris verbracht, schrieb und sprach deutsch, französisch und lateinisch, suchte den Umgang mit Gelehrten und war als Anhänger des Philosophen Descartes für philosophische und theologische Gedanken äußerst aufgeschlossen, ja, verfasste selbst theologische Abhandlungen. Manchen mag er mit seiner allzu plakativ an den Tag gelegten Frömmigkeit etwas erschreckt haben. Er soll täglich neben dem intensiven Bibelstudium noch zwölf Gebete gesprochen und zwölf Choräle gesungen und so manchen Pfarrer öffentlich kritisiert haben, wenn dieser »schlecht gepredigt« hatte. Doch war dies allemal billiger als der kostspielige Zeitvertreib mit Jagdvergnügungen und Mätressen, den sein Vorgänger pflegte, zumal sich Georg intensiv um den Wiederaufbau der Mömpelgarder Lande und die Sanierung des Staatshaushaltes kümmerte. Zerstörte Schulen und Pfarrerlehranstalten wurden wieder aufgebaut, mit der Eröffnung eines Akademischen Collegiums in Mömpelgard sogar die Grundlage einer kleinen eigenen Universität geschaffen.

Dass er durch die Liebesheirat mit der französischen Gräfin Anna Coligny, mit der er vor Regierungsantritt in Horburg lebte, eine nicht standesgemäße Mésalliance eingegangen war, belastete ihn selbst am meisten, zumal sich nicht nur persönliche Missverständnisse, sondern auch die religiösen Differenzen der beiden als unüberwindlich gestalteten. Dass Georg die überzeugte Calvinistin zum Übertritt zum Luthertum zwang, trug nicht gerade zur Befriedung der beiden bei. Dass Georg seine Frau trotz der religiösen Differenzen und ihrer sich immer stärker manifestierenden Geisteskrankheit aufrichtig liebte, zeigen seine Tagebuchaufzeichnungen.

Die erneute Destabilisierung des kleinen Landes, das sich gerade von den verheerenden Folgen des Dreißigjährigen Krieges zu erholen begonnen hatte, kam wieder von außen. Trotz seiner Neutralität wurde die Grafschaft während des Französisch-Niederländischen Kriegs von den Truppen Ludwigs XIV. besetzt und verwüstet. Georg musste samt seiner Familie für zwei Jahre in Basel Zuflucht suchen. Zwar erhielt er im Frieden von Nimwegen 1679 seine zerstörten Ländereien wieder zurück, doch bereits ein Jahr später forderte der französische König von ihm die Anerkennung der Oberhoheit über die Grafschaft Mömpelgard durch das französische Burgund. Als Georg diese mit Hinweis auf seinen dem Kaiser des Deutschen Reiches geschworenen Eid verweigerte, antwortete Ludwig XIV. abermals mit einer Invasion seiner Truppen.

Wieder floh die herzogliche Familie, zunächst nach Reichenweier, dann, auch von dort vertrieben, in ein achtzehn Jahre während Exil nach Schlesien, wo eine seiner Töchter mit dem Herzog von Württemberg-Oels verheiratet war.

Während sich Georg standhaft weigerte, die Ansprüche Frankreichs auf die linksrheinischen Gebiete anzuerkennen, tat dies das Herzogtum in Stuttgart auf Bitten des Mömpelgarder Magistrats, der wohl einfach Ruhe im Land haben wollte, egal unter welcher Herrschaft. Erst der Friede von Rijswijk, der den Pfälzischen Erbfolgekrieg beendete, beendete 1697 auch die französische Besatzung in Mömpelgard. Die vier Herrschaften, »les quatres seigneuries« Blamont, Clémont, Châtelot und Héricourt, hatten weiterhin französische Oberhoheit zu akzeptieren.

Georg II. war es nach einem Leben auf der Flucht und im Exil bis zu seinem Tod nur noch ein gutes Jahr vergönnt, in seinem Mömpelgard zu leben, für dessen Unabhängigkeit und Wohlergehen er so sehr gekämpft hatte.

Württembergische Mätressenwirtschaft – Unordnung im Hause Mömpelgard

Den genauen Gegenentwurf zum frommen Leben seines Vaters Georg II., dessen Leitlinie stets die Unabhängigkeit von Frankreich gewesen war und der dafür bereit war, viele Jahre seines Lebens im Exil zu opfern, lebte sein Sohn und Nachfolger Leopold Eberhard.

Das Wohl seines Landes ordnete er seinen persönlichen Interessen unter. Um an Geld für die beträchtlichen Ausgaben seiner großen »Familie« zu kommen, war ihm jedes

Ludwig XIV. besetzt die Franche-Comté, hier bei Besançon. Im Zuge dessen wird auch das neutrale Mömpelgard besetzt und verwüstet.

Mittel recht, um es zur Not auch auf widerrechtliche Weise seinen Untertanen abzunehmen. Leisteten diese Widerstand, versuchte er skrupellos, ihre gewohnten Freiheiten und ihre traditionell starke Stellung als Bürger Mömpelgards, durch aus unter Zuhilfenahme französischer Truppen, zu beseitigen. Der Absolutismus Königs Ludwigs XIV., die Prunksucht des französischen Hofes und die dort herrschende Mätressenwirtschaft waren ihm Vorbild.

Seine Kindheit verbrachte der 1670 in Mömpelgard geborene Leopold Eberhard in Schlesien, wo seine Eltern seit der Besetzung Mömpelgards durch Frankreich 1676 im Exil lebten. Schon Zeitgenossen wunderten sich, dass ausgerechnet der theologisch-literarisch gebildete Herzog Georg II. die Erziehung seines Sohnes nicht nur vernachlässigte, sondern sie praktisch gar nicht wahrnahm. Ein Thronfolger brauche nichts zu lernen, da die Vorsehung, die ihn zum Herrscheramt bestimmt habe, den fehlenden Unterricht schon ersetzen werde. Eine merkwürdige Einstellung, die man vielleicht einem etwas schrulligen Sonderling verzeihen mag, die in diesem Fall aber fatale Folgen haben sollte. Bis zum Alter von zwölf Jahren konnte Leopold Eberhard weder schreiben noch lesen – für ein württembergisches Kind selbst aus einfachen Verhältnissen sogar zur damaligen Zeit unüblich! Und anstatt ihn Deutsch oder Französisch zu lehren, was er zeitlebens nur mündlich »beherrschte«, ließ Georg seinen Sohn Arabisch lernen und den Koran lesen, was diesen zumindest als Jugendlicher sehr interessierte.

Von seinem Vater sind keine Begründungen zu dieser ungewöhnlichen Bildungsmaßnahme überliefert.

Zeitgenossen erklärten es sich so, dass es »mit dem Vater nicht richtig im Kopfe stand«. Auf jeden Fall zogen sie aus dessen Studium des Korans den Schluss, dass der junge Prinz »sich auf diesem Wege mit der Vielweiberei, die er später betrieb, anfreundete«. Mit Ausnahme einer Stippvisite beim Tübinger Collegium illustre, die er sehr schnell beendete, sei er »im ausschließlichen Umgang mit Stallbuben und Dirnen auf den Regentenberuf vorbereitet worden«. Dass Leopold Eberhard tatsächlich »seinen Geschmack für die Polygamie und

Frankreich greift nach Mömpelgard

seine vulgären Leidenschaften« im Koran entdeckt habe, wie
auch der Mömpelgarder Historiker Charles Duvernoy vermutete, ist eine Unterstellung. Vielmehr dürfte seine auch für
damalige Verhältnisse jegliches Maß übersteigende Mätressenwirtschaft eher einem ungeschliffenen soldatischen Alles-
oder-Nichts-Draufgängertum geschuldet gewesen sein.

Am Beginn stand eine nicht standesgemäße, heimliche
Heirat. In der Umgebung des schlesischen Hofstaates seiner
Schwester lernte er die 1676 geborene Tochter eines Bäckers
kennen, verführte sie oder wurde verführt und heiratete sie
im Jahr 1795 ohne Zustimmung seines Vaters in der Nähe
von Posen. Als er vier Jahre später nach dem Tod seines Vaters die Regentschaft in Mömpelgard übernehmen musste,
zog Anna Sabina Hedwiger mit ihm. Sie gebar ihm vier Kinder. 1701 wurde sie mit dem Titel »Comtesse de Sponeck«
ausgestattet, am Hof in Mömpelgard nannte man sie nur
»Madame Hedwiger«.

Längst jedoch hatte Leopold Eberhard ein Auge auf die
vier (!) schönen Schwestern des Mömpelgarder Schneiders
Curie geworfen, die allesamt als hübscher und »listiger« als
Anna Sabina geschildert wurden. Dem einstigen Soldaten gelang die Eroberung aller vier Schwestern, die er kurzerhand
alle miteinander in den Haushalt seiner Frau aufnahm.

»Sie waren von bemerkenswerter unterschiedlicher
Schönheit. Die älteste, Sebastienne, war blond, sehr groß,
aber graziös und schien das reizendste und beste Geschöpf zu

Gegenüberlie-
gende Seite:
Eberhard Ludwig
um 1710: Dem
Regenten war
klar, dass die
linksrheinischen
Gebiete nur noch
im Einvernehmen
mit Frankreich zu
halten waren.

sein. Henriette Hedwig, brünett, hitzig und leidenschaftlich, oft drohend eifersüchtig, schien umso gefährlicher, je mehr sie Herrin ihrer selbst war. Sie war sehr auf ihren eigenen Vorteil bedacht und erriet sehr schnell, was ihr nutzen könne. Elisabeth Charlotte, eine ganz zierliche Frau, außerordentlich charmant, fröhlich, leichtsinnig, lebte nur für ihr Vergnügen, von morgens bis abends hüpfte und tanzte sie umher und in ihrem Kopf hatte sie kein Quäntchen gesunden Verstands. Polyxene war sicher ein physisches Meisterwerk der Schöpfung. Sie allein vereinte in sich die Schönheit, den Charme und die Verführungskraft ihrer drei Schwestern – die Würde der einen, den Stolz der anderen, die Fröhlichkeit und Anmut der dritten. Sie war darüber hinaus entzückend geistreich, vielseitig gebildet und talentiert, sie gefiel immer.« So schildert die Elsässer Baronin Henriette Louise von Oberkirch, aufgewachsen am Mömpelgarder Hof, die Frauen, die zweifellos eine ebenso ungewöhnliche wie anstrengende Weiberherrschaft im Mömpelgarder Stadtschloss ausübten.

Zwei der Schwestern sollte Leopold in den folgenden Jahren ebenfalls ehelichen. Zu den vier Kindern seiner ersten Ehefrau Anna Sabina kamen von Henriette Hedwig sechs weitere Kinder hinzu, von Elisabeth Charlotte sieben.

Und man unterstelle dem Herzog ja nicht, er habe für seine fünf Frauen und die siebzehn Kinder nicht rührend gesorgt! Alle Kinder hat er für legitim erklärt, die Frauen wurden mit Adelstiteln – »von Sponeck«, »Baronin von l'Espérance«, »von Coligny« – bedacht und mit Ländereien beschenkt. Vier seiner Kinder, die Halbgeschwister waren, heirateten 1719 untereinander.

Das alles kostete Geld, viel Geld, und die Ländereien, Güter und Häuser mussten erst einmal jemandem abgenommen werden, ehe man sie verschenken konnte. Dass dies Unmut im Land schuf, das sich gerade wieder von den Folgen des Dreißigjährigen Krieges und den anschließenden französischen Besatzungszeiten zu erholen begonnen hatte, liegt auf der Hand.

Um an Geld zu kommen, traf Leopold Eberhard eine Reihe von als ungerecht empfundenen Anordnungen. So zog er erbenlose Besitztümer ein, nahm willkürlich Gebäude in Be-

Frankreich greift nach Mömpelgard

schlag und zog Einkommensquellen, die bisher dem Gemein-
derat zugestanden hatten, an sich. Bürgermeister und Rat von
Mömpelgard wehrten sich und verklagten ihren Herrn sogar
beim Reichskammergericht. Um die aufrührerische Bürgerschaft einzuschüchtern, schämte er sich nicht, französische
Truppen gegen seine eigenen Leute zu Hilfe zu rufen. Vier
Jahre dauerten diese Auseinandersetzungen, bis der deutsche
Kaiser eingriff und die Franzosen wieder abzogen. Die Skru-
pellosigkeit und Unbesorgtheit, mit denen »der schamloseste
Wüstling« vorging und mit denen er ganze Familien ins Elend
trieb, riefen Hass bei seinen Untertanen hervor. Es ist fast

schon erstaunlich, dass nur *ein* Betroffener, den der Herzog um sein Vermögen gebracht hatte, 1712 auf ihn ein Attentat verübte, das jedoch misslang. Der einst wohlhabende Bürger Thevenot, dem man all seinen Besitz entzogen hatte, wurde zu einer hohen Geldstrafe und zu zehn Jahren Exil verurteilt.

Leopold war mit seinen Mätressen zwar ein reicher Kindersegen beschert. Einen legitimen Thronfolger konnte er aber nicht vorweisen. Das sorgte nach seinem Tod 1723 noch jahrelang für ziemlichen Ärger, zumal Leopold 1719 durch ein Patent des französischen Königs Ludwig XV. die Anerkennung seiner Kinder als ehelich erreicht und die Erbfolge zugunsten seines ältesten Sohnes »Graf« Georg Leopold von Sponeck festgelegt hatte. Das widersprach explizit dem bereits 1715 von Leopold Eberhard unterzeichneten Wildbader Vertrag, in dem dessen Nachfahren von der Erbfolge in Mömpelgard ausgeschlossen wurden.

Nun griff die Stuttgarter Seite ein. Herzog Eberhard Ludwig entsandte seinen General Montigny und seinen Minister von Grävenitz, den Bruder seiner Mätresse Wilhelmine. Beiden gelang es mit Hilfe der Mömpelgarder Bürgerschaft und bewaffneten Bauern aus den umliegenden Ortschaften, die Sponecks samt Anhängern aus dem besetzten Schloss zu vertreiben.

Gerne folgten die Mömpelgarder dem Befehl des deutschen Kaisers Karl VI., dem in Ludwigsburg herrschenden Herzog Eberhard Ludwig, der die Grafschaft nun in Personalunion regierte, den Treueid zu schwören. Dass auf Dauer die linksrheinischen Besitzungen für Württemberg nur durch ein gutes Verhältnis zum mächtigen Nachbarn Frankreich zu halten sein würden, war aber auch Herzog Eberhard Ludwig klar. So wurde ein vorübergehender Kompromiss gefunden. Württemberg anerkannte die Oberhoheit Frankreichs über die linksrheinischen Nebengebiete an, um sie als französisches Lehen gleich wieder in Besitz nehmen zu können!

Herzog Leopold Eberhard aber ging in die Geschichte ein als »der Liederliche«.

Die Franzosen
im Kernland Württembergs

Die rechtsrheinische Katastrophe
und ihre Folgen

Es dürfte wohl kaum eine Ortschronik in Württemberg geben, die nicht von den Schreckensjahren des als Pfälzischer Erbfolgekrieg in die Geschichte eingegangenen »Neunjährigen Krieges« von 1688 bis 1697 berichtet. »1692 verbrannt mich der Franzos«, so heißt es kurz und knapp am Calwer Rathaus, und so wie Calw ereilte viele Städte und Dörfer im deutschen Südwesten das Schicksal völliger Zerstörung und Plünderung durch französische Truppen: Vaihingen an der Enz, Maulbronn, Nagold. Von Kloster und Schloss Hirsau im Schwarzwald stehen heute nur noch Ruinen, weltbekannt sind in der Kurpfalz die Ruinen des Heidelberger Schlosses, geblieben ist die Erinnerung an die Zerstörung Mannheims.

Wieder trifft es das aus gutem Grund über Jahrhunderte hinweg neutrale Württemberg schuldlos und mit voller Wucht. Die Außenpolitik König Ludwigs XIV. war allein auf Ausdehnung des französischen Reiches und die Festigung der Hegemonie Frankreichs in Europa angelegt. Die Franzosen hatten bereits durch die vorausgegangenen »Reunionskriege« die Franche-Comté in Besitz genommen, deren Hauptstadt Besançon eingenommen und vom bewährten Festungsbaumeister Vauban befestigen, somit den Ring des französischen Befestigungsgürtels mit 160 Festungen weiter ausbauen lassen. Die zehn reichsfreien Städte im Elsass waren aufgelöst und nicht-württembergische Teile des Elsass annektiert, mitten im Frieden wurde 1681 Straßburg besetzt.

Ludwigs politische und militärische Übermacht in Europa war erdrückend. Ganz Europa imitierte die französische Kultur, an den Fürstenhöfen sprach man französisch, französische Musik, französische Schlös-

Der »Mordbrenner Mélac« besitzt dort, wo er in Deutschland einst wütete, bis heute einen Ruf wie Donnerhall.

Die Franzosen im Kernland Württembergs

serarchitektur und Kunst beherrschten das höfische Leben, die Regierungsform des Absolutismus herrschte über die Untertanen Europas.

Der französische General Mélac – ein »Mordbrenner« verwüstet das Land

So hat auch die »Mélac-Zeit« damit begonnen, dass Ludwig XIV. im Sommer 1688 die Gunst der Stunde für einen weiteren französischen Vorteil zur Eindämmung der wiedererstarkenden Macht des Kaiserreichs Habsburg-Österreich nutzte. Dessen Streitkräfte waren durch die andauernden Türkenkriege im Südosten gebunden, die südwestdeutschen Territorien des deutschen Reiches deswegen ungeschützt.

Als die französischen Truppen ohne Kriegserklärung in die Pfalz, nach Baden und Württemberg einfielen, waren diese Länder dem Feind schutzlos preisgegeben. Württemberg hatte kurz zuvor Tausende württembergischer Männer als Söldner nach Venedig »verkauft«, die nun der Landesverteidigung fehlten. Über ein stehendes Heer verfügte das Herzogtum ohnehin nicht.

Um eine rechtliche Begründung seines Einfalls in die linksrheinische Kurpfalz und über den Rhein hinweg war der französische König nicht verlegen. Er beanspruchte Teile der Pfalz für seine Schwägerin, die Herzogin von Orléans und Tochter des verstorbenen pfälzischen Kurfürsten. Ihr und damit ihrem Ehemann und königlichen Bruder Philipp von Orléans stünden die Territorien als rechtmäßiges Erbe zu. Die Herzogin von Orléans ist in Deutschland als Liselotte von der Pfalz bekannt, und sie hatte mit den in Deutschland als Pfälzischer Erbfolgekrieg und in Frankreich als Orléans'scher Krieg in die Geschichte eingegangenen Grausamkeiten gar nichts zu tun. Auf ihr Erbe hatte sie längst verzichtet.

Damit die deutschen Grenzgebiete im Osten Frankreichs im Falle eines Krieges für die habsburgischen Reichstruppen erst gar nicht als Aufmarschgebiete in Frage hätten kommen können, sollten sie total zerstört werden: die Felder verwüstet, Städte und Dörfer niedergebrannt, das Vieh geraubt, sämtliche Nahrungsvorräte gestohlen, die Bevölkerung getötet oder dem sicheren Hungertod preisgegeben werden. Mit General Ezéchiel de Mélac hätte der französische Kriegsminister Louvois keinen besseren Erfüllungsgehilfen finden können, der bedingungslos bereit war, seine Strategie der verbrannten Erde durchzusetzen. Mélac gehorchte bedenkenlos und handelte skrupellos.

Plündernd, mordend, brandschatzend zogen seine Truppen von Dorf zu Dorf, von Stadt zu Stadt, noch vor seinen gefürchteten Soldaten trafen in den einzelnen Orten hohe Kontributionsforderungen ein, doch selbst die Erfüllung der Geldforderungen verschonten die Bewohner meist nicht vor der Zerstörung ihrer Häuser, Ställe und Scheunen. Seine »Fouragiere«, die Getreide und Vieh auf den Dörfern eintrieben, noch ehe die Soldaten kamen, wurden zum Schrecken der Zivilbevölkerung. Die Menschen fürchteten zu dieser Zeit »den Franzosen« wie den Leibhaftigen. Als nach einem Überfall auf die Ortschaft Beihingen die geflohenen Bewohner bei ihrer Rückkehr einige tote Franzosen vorfanden, bedurfte es der Gabe von »12 Kreuzern nebst 5 Maß Wein« für Freiwillige, die bereit waren, sie auf dem örtlichen Friedhof zu begraben.

In Heilbronn, das sich gezwungen sah, sich Mélac zu ergeben, und trotzdem hohe Kontributionen leisten musste, nahm er eines seiner ersten Hauptquartiere, von wo aus er seine gefürchteten Ausfälle in die Umgebung und sogar bis nach Ulm hin unternahm. Überall lief ihm sein Name als Schreckensruf voraus. »[...] als ein rechter tyrannischer Wüterich und Unmensch, hat alles so kahl wegbrennen lassen, dass nicht ein Schweinestall auf allen Dörfern stehen blieb«, so schrieb ein Zeitgenosse unter dem Pseudonym Themistius Aristonicus. Und er schilderte, wie Mélacs gnadenlose Grausamkeit selbst seine eigenen Soldaten befremdete: »Es sind viele unter dieses Obristen Leute gefunden worden, welche vor solches unmenschliches brennen selbst ein Abscheu gehabt und nicht haben brennen wollen, davon dieser Tyrann selbst ins Feier gestossen, theils auch gar erschossen [...].« Berüchtigt waren

Die Franzosen im Kernland Württembergs

auch Mélacs Hunde. »Alle zeit, wenn er spazieren geritten, hatte er eine große Anzahl grimmiger Hunde um sich herum und ließ eine besondere Freude von sich mercken, wenn selbige die Leute anfielen.«

Noch heute bezeichnet man im Schwäbischen einen böse oder bedrohlich wirkenden Hund, seltener auch einen bösartigen Menschen, als »Mélac«.

Im Winter 1688 erschien Mélac auch vor den Toren der freien Reichsstadt Esslingen. Die Esslinger öffneten ihm freiwillig die Tore ihrer Stadt, um sie vor dem Niederbrennen zu retten. Der General forderte von der wohlhabenden Stadt hohe Kontributionen in Form von Geldbeträgen und Naturalien und quartierte sich für mehrere Wochen in der Stadt ein. Für die Bevölkerung bedeutete dies eine ungeheure Belastung: 5150 Offiziere, 1500 Reiter samt Pferden und 2800 Infanteristen mussten untergebracht und verpflegt werden. Pro Haushalt hieß dies durchschnittlich, für zehn Soldaten zu

Der sogenannte Mélacturm bei Stuttgart-Obertürkheim erinnert an den französischen General und seine Schandtaten.

sorgen! Als besonders demütigend empfanden es die stolzen Reichstädter, dass sie alle ihre Waffen abgeben mussten und Teile ihrer starken Stadtmauer geschleift wurden.

Ob die zahlreichen literarischen Varianten, die von der mehr oder weniger historisch verbürgten Begebenheit einer Liebelei zwischen Mélac und einem »Esslinger Mädchen« erzählen, tröstlicher Vergangenheitsbewältigung dienten oder immer wieder neue Gründe für eine bis ins 20. Jahrhundert andauernde deutsch-französische »Erbfeindschaft« liefern sollten, sei dahingestellt.

Einer Sage zufolge soll der Franzosengeneral jedenfalls ein schönes Mädchen im Hause seines Quartiers, dem Wirtshaus »Zum Adler«, begehrt haben. Er drohte damit, die ganze Stadt niederzubrennen, sollte das Mädchen sich ihm nicht ergeben. Und tatsächlich soll »Die schöne Magd« sich daraufhin ihm geopfert haben, beim Rendezvous im heute als Mélacturm bekannten »Lustheußlin« auf dem Ailenberg in den Weinbergen. Einige wollten später von einem Dolch gewusst haben, den sie unter ihrem Mieder trug, um den Bösewicht im rechten Augenblick beim Schäferstündchen zu ermorden. Vielleicht hätte man eine etwas erfahrenere Esslinger Magd und nicht unbedingt ein Pfarrerstöchterlein schicken sollen. Ihre Verführungskünste jedenfalls reichten nicht, um den misstrauischen Franzosen zur Lösung seines Brustpanzers zu bewegen, und so misslang der Dolchstoß gründlich.

Tugendhafter kommt da schon die Variante daher, wonach der Mordbrenner Mélac von der Unschuld und Keuschheit des schönen Kindes so sehr gerührt gewesen sei, dass er beschämt mitsamt seinen Soldaten von dannen zog. In Theaterstücken und Gedichten, einer Novelle von Hermann Kurz und einer von Daniel Friedrich Schubart vertonten Ballade spuken der französische Wüstling und die deutsche Unschuld bis heute durch die Esslinger Sagenwelt.

Aus ihren blauen Augen bricht / Des deutschen Sinnes Reine. / [...] Gehemmt ist ihm das welsche Wort / Auf seiner schnellen Zungen, / Es zieht ihn rückwärts, treibt ihn fort / Hat ihn auf's Pferd geschwungen. So mag es wohl der Pfarrer und Dichter Gustav Schwab in seinem Gedicht »Das Eßlinger

Die Franzosen im Kernland Württembergs

Mädchen« gesehen haben, wobei er seinen stark franzosen-
feindlichen Unterton nicht verstecken konnte. Ob Verschonung des Opfers oder Mordversuch, in beiden Fällen war das
Ergebnis für Esslingen gleich: Die Franzosen zogen ab, die
Stadt war am Ende zwar verarmt, doch gerettet.

In den Esslinger Archiven findet sich unter dem Datum
vom 29. August 1689 ein am 27. August 1689 an den Esslinger Rat verfasstes Gesuch des Hochdorfer Pfarrers Jeremias
Haug. Danach solle der Wirt des »Goldenen Adlers« Hans
Michel Leonhardt Rutenberger zur Zahlung von Alimenten
verurteilt werden, weil dieser beim Einfall der Franzosen
Haugs 1667 geborene Tochter Anna Catharina nicht vor der
Vergewaltigung durch den bei ihm einquartierten französischen General Mélac geschützt habe. Er, der Vater, habe
dem Wirt seine Tochter anvertraut, weil er sie vor den in
den Dörfern marodierenden französischen Soldaten in der
vermeintlich geschützten Reichsstadt in Sicherheit bringen
wollte. Anstatt sie zu verstecken, habe er sie Mélac als Magd
sogar bedienen lassen, worauf sie »von Herrn general Melac
mit gewalt defloriert worden« war. Die Verhandlungen über
den Fall zogen sich über Monate hin, Annas Mélac-Kind Joseph starb im August 1691, im selben Jahr wurde der Adlerwirt Witwer. Im Juli 1694 heiratete er Anna Catharina, die
damit das Esslinger Bürgerrecht erhielt, und schon im Oktober desselben Jahres kam ein gemeinsamer Sohn zur Welt.
Als der Adlerwirt 1700 starb, heiratete sie wiederum einen
Wirt, der aus Straßburg stammte.

Dass sie zu Lebzeiten als Retterin der Stadt Esslingen besonders geehrt worden wäre, ist nicht bekannt. Und ob der kleine
Joseph tatsächlich ein Franzosenkind war oder doch ein Bub
vom Adlerwirt, darüber kann man nur spekulieren.

Über Mélacs Herkunft ist wenig bekannt. Um 1630 wurde
er als Ezéchiel du Mas, comte de Mélac in der Gironde geboren und ging schon in jungen Jahren zum Militär; sein Zu-
hause waren die Kriegsschauplätze der französischen Armee,
und derer gab es viele. Mélac wurde schnell bekannt für sein
äußerst brutales Vorgehen bei seinen militärischen Aufträgen
und hatte sich bald einen Namen als gnadenloser Krieger ge-

Zerstörungen in Südwestdeutsch- land am Beispiel des Kaisheimer Hofs in Heilbronn 1688 durch die Truppen Mélacs.

macht. Im Alter von 58 Jahren heiratete er die Tochter seines Marschalls Jacques-Henri de Duras. Ihm war er während des Pfälzischen Erbfolgekrieges unterstellt.

Es fällt schwer, sich ihn gerade in jenen Wochen und Monaten des Jahres 1688, in denen er seine schlimmsten Grausamkeiten als Kriegsherr beging, als Ehemann vorzustellen. Schon drei Jahre später, 1691, wurde er Witwer. Als Privatmann soll sich Mélac während seiner Zeit als Kommandant der Festung Landau in der unerwarteten Rolle eines Garten- und Blumenliebhabers und Tierfreundes gezeigt haben. »Während der Ruhezeiten zwischen Belagerungen widmete er sich lustvoll dem Gartenbau.«

Während kaum eine Ortschronik im südwestdeutschen Raum ohne Schilderung mélacscher Untaten auskommt, finden sich in französischen Geschichtsdarstellungen zwar ein Marschall Louvois und ein Marschall Lorges, nicht jedoch ein Mélac als Kommandeur des Vernichtungskrieges. In den

Die Franzosen im Kernland Württembergs

gängigen französischen Nachschlagewerken fehlt das Stichwort »Mélac«. Für die französische Armee bedeutete er kein Ruhmesblatt, und so ist es kein Wunder, dass er in Frankreich rasch vergessen wurde.

Er selbst mag es noch verspürt haben, wie gering er im eigenen Land geschätzt wurde. Hatte der König für ihn doch nicht die erwünschte Beförderung in einen höheren militärischen Rang bereit, sondern die Verabschiedung aus dem aktiven Dienst mit einer zugegebenermaßen recht ansehnlichen Pension. Es heißt, er sei verbittert in Paris verstorben, im Mai 1704, umgeben von einem kleinen Häuflein ergebener Diener.

Merkwürdig ist die Tatsache, dass die Akte »Mélac« im französischen Militärarchiv in Vincennes »verloren gegangen« ist und das Familienarchiv Mélacs als verschollen gilt. Einflussreiche Personen am französischen Hof nahmen damals vermutlich von einem kleinen, unbedeutenden Erfüllungsgehilfen ihrer Interessen wie Mélac gar keine Notiz. Er war wohl nur einer von vielen, die zu Zwecken der Erfüllung ungeheurer Machtgier als Handlanger missbraucht wurden. Einmal taucht er in den Annalen von Versailles auf: als »heldenhafter Verteidiger der Festung Landau«, welcher der Belagerung durch den »Türkenlouis« Markgraf von Baden-Baden drei Monate standhielt.

Im Gedächtnis der Menschen in Württemberg brannte sich das Unvorstellbare, grauenvoll Erlebte in das kollektive Gedächtnis ganzer Generationen ein. Schlimmer noch: Der General des Sonnenkönigs, sein »Mann fürs Grobe«, wurde nicht nur zum Inbegriff des Bösen schlechthin, sondern wurde zum Paten einer deutsch-französischen Erbfeindschaft stilisiert.

Bis in die Zeiten zweier Weltkriege im 20. Jahrhundert gehörte der »Mordbrenner« zum Kanon der antifranzösischen Propaganda. Selbst in einem von der frommen Calwer Verlagsanstalt im 19. Jahrhundert veröffentlichten Geschichtsbuch steht eine Mahnung zu lesen über die »blinden Deutschen, die von diesen Mordbrennern ihre sogenannte Bildung holten, das heißt französische Leichtfertigkeit und Aufklärung«.

Le Wurtemberg –
Französische Offiziere erkunden die württembergische Seele

Schreckensereignisse wie die Franzoseneinfälle, Personen wie der dämonisierte Mélac prägen nicht nur die Erinnerung Einzelner, sondern werden in besonderer Weise durch das Weitererzählen von Generation zu Generation verarbeitet und so Teil des kollektiven Gedächtnisses einer gesellschaftlichen Gruppe oder eines ganzen Volkes. Sie können, wie im Falle Frankreich/Deutschland, Feindbilder prägen und zu politischen Zwecken wie etwa einer konstruierten Erbfeindschaft missbraucht werden, ja, Kriege »rechtfertigen«.

Französische Besatzungsoffiziere in den ersten Nachkriegsjahren nach dem Zweiten Weltkrieg zeigten sich verwundert über die extremen Ressentiments der Bevölkerung Württembergs gegenüber Frankreich. Da es sich um gebildete Menschen handelte, im Zivilberuf Lehrer oder Hochschulprofessoren, die unter anderem auch mit der Wiedereröffnung der Tübinger Universität und dem Wiederaufbau des Schulwesens im Land beauftragt waren, beschlossen sie diesem ihnen extrem erscheinenden negativen Frankreichbild auf den Grund zu gehen und stießen dabei sehr schnell auf den Namen Mélac.

Sie forschten in württembergischen Schulbüchern, Kirchen- und Ortschroniken nach, ließen sämtliche Archive durchforsten und fanden unzählige Dokumente über die »schreckliche Franzosenzeit« und den »Mordbrenner Mélac«. Nicht oft dürfte es geschehen sein, dass Besatzungsoffiziere irgendwo auf der Welt den Versuch unternahmen, sich aus authentischen historischen Überlieferungen des besetzten Landes das Bild zu rekonstruieren, welches die Men-

Französisches Militär 1946 in Tübingen: Das starke Ressentiment der württembergischen Bevölkerung gründete zum Teil noch in den Überlieferungen aus der Mélac-Zeit.

schen von ihren Besatzern in ihren Herzen tragen. »Le Wurtemberg« hieß das Werk, das daraus in den ersten Nachkriegsjahren zum besseren Verständnis von dem Land entstand, das besiegt und nun zu befrieden war. Das Buch umfasste neben Kapiteln zur Geschichte, Geographie, Wirtschaft und Landwirtschaft, Kunst und Literatur in Württemberg auch ein Kapitel, das der Mélac-Zeit gewidmet war. Der Verfasser, der Historiker Jean Noutary, wies darin seine französischen Leser darauf hin, dass der Name Mélac seit dem Pfälzischen Erbfolgekrieg in Südwestdeutschland ein Synonym für »den Franzosen« gewesen sei und dieser General Ludwigs XIV. in Südwestdeutschland den Ruf eines grausamen Zerstörers besitze. In Kinderbüchern,

so hatte der Wissenschaftler herausgefunden, sei Mélac als reißender Wolf dargestellt, als ein Untier, durch dessen Anrufung man Kinder ängstige.

Das Wirken dieser Männer, die es als Besatzungsoffiziere nach Württemberg verschlagen hatte und die nun versuchten, dieses Land zu verstehen, hat das negative Bild »vom Franzosen« vor allem in gebildeten Kreisen nachhaltig korrigiert. Seit jenen Nachkriegsjahren hat sich der auf den gefürchteten Mordbrenner Mélac gemünzte alte Fluch der Württemberger in sein Gegenteil verkehrt und könnte heute dem unseligen Phänomen der einstigen deutsch-französischen Erbfeindschaft gelten: »So brenn' nun in der Höll' mit Leib, Seel', Haut und Haar.«

Widerstand –
die mutigen Weiber von Schorndorf

Es gab auch Widerstand gegen den allmächtig erscheinenden Unmenschen. Und dies ausgerechnet auf Initiative einer Frau. Barbara Künkelin rettete an der Spitze der Schorndorfer Frauen im Dezember 1688 ihre Stadt vor der Übergabe an General Mélac.

In der nahe gelegenen Hauptstadt Stuttgart herrschte im Angesicht der Bedrohung durch die französischen Truppen Panik. Der Administrator war mit dem noch minderjährigen Eberhard Ludwig geflohen, die Herzoginmutter Magdalene Sibylla versuchte, weiteres Blutvergießen im Land zu vermeiden, und erfüllte weitestgehend die Forderungen der Franzosen. Dazu gehörte auch die Übergabe der Stadt und Landesfestung Schorndorf. Der dortige Kommandant Krummhaar jedoch weigerte sich und stellte sich den französischen Truppen mit seiner gut gerüsteten und hoch motivierten 200-Mann-Garnison und fast dreihundert bewaffneten Schorndorfer Bürgern den Eroberern entgegen.

Da überbrachte eine Delegation aus Stuttgart den Kapitulationsbefehl. Befehlsverweigerung hätte für den Festungskommandanten den sicheren Tod bedeutet, woraufhin Barbara Künkelin alle Frauen der Stadt aufrief, sich mit Rechen, Mistgabeln, Sicheln, Messern zu bewaffnen. Mit dem Ruf »Tod den Verrätern« setzten die Frauen kurzerhand die Stuttgarter Unterhändler zwei Tage und drei Nächte lang im Rathaus gefangen. Diese Zeit brauchte ein zu Hilfe gerufener kaiserlicher Truppenverband, um herbeizueilen und sich den Franzosen entgegenzustellen. Mélac musste seine Belagerung Schorndorfs aufgeben. Er floh Hals über Kopf. Eine solche Gegenwehr war er nicht gewohnt!

Anna Barbara Künkelin trug zum Zeitpunkt des Widerstands noch den Namen ihres ersten Ehemannes, des Metzgers, Lammwirts und Schorndorfer Bürgermeisters Johann Heinrich Walch. Ihn hatte die 1651 in Leutkirch als Tochter des Apothekers Jakob Heinrich Agricola geborene Barbara im Alter von 28 Jahren geheiratet, und er brachte vier ältere

Die Franzosen im Kernland Württembergs

und vier jüngere Kinder aus seinen zwei früheren Ehen mit. Ihre eigene Beziehung mit dem um 25 Jahre älteren, vermögenden Walch blieb kinderlos. Schon wenige Monate nach dessen Tod heiratete sie 1689 den Schorndorfer Kaufmann Johann Jakob Künkelin, den Amtsnachfolger Walchs. Möglicherweise hatten sich die beiden während der kritischen Besatzungszeit durch Mélacs Truppen im Dezember 1688 kennen und schätzen gelernt? An ihrem 1691 geborenen Söhnchen durften sie sich nur fünf Monate lang erfreuen, dann starb das Kind.

Von Barbara Künkelin sind keine weiteren »Heldentaten« mehr bekannt geworden, aber auch keine offiziellen Ehrerbietungen noch zu ihren Lebzeiten etwa seitens ihrer Mitbewohner, geschweige denn ihres Landesherrn. Sie führte wohl das Leben einer dankbar geachteten Bürgersfrau und starb, in

Die »Weiber von Schorndorf« stürmen das Rathaus. Gemälde von Carl von Häberlin aus dem Jahr 1867.

ihren letzten Lebensjahren erblindet, 1741 hochbetagt im Alter von 90 Jahren in ihrem stattlichen, heute noch erhaltenen Wohnhaus am Schorndorfer Marktplatz.

Kurz vor ihrem Tod hatte sie eine Stiftung gegründet, die Söhnen von Schorndorfern oder in Schorndorf lebenden Bürgern ein Stipendium für ein Theologiestudium an der Universität Tübingen ermöglichen sollte. Einer der prominentesten Stipendiaten war der Philosoph Friedrich Wilhelm Schelling, dessen Vater von 1791 bis 1801 als Dekan in Schorndorf wirkte.

Der Erste, der diese mutige Frau wieder ins Gedächtnis rief, ja, sie dadurch vielleicht vor dem Vergessen bewahrte, war ausgerechnet der französische Diplomat und zeitweilige Außenminister von Frankreich, der aus Schorndorf gebürtige Karl Friedrich Reinhard mit seiner 1782 im Schwäbischen Musenalmanach veröffentlichten Ballade »Die Weiber von Schorndorf«. Die mutige Tat der Schorndorfer Frauen zur Rettung ihrer Stadt fand zahlreiche weitere literarische Verarbeitungen, etwa 1881 in Paul Heyses Novelle »Die Weiber von Schorndorf« und in diversen mehr oder weniger gelungenen Theaterstücken.

Ein wichtiges Ereignis in Schorndorf ist bis heute die Verleihung des vom Schorndorfer Ehrenbürger Fritz Abele gestifteten und von der gleichnamigen Stiftung verliehenen »Barbara-Künkelin-Preises«, der an couragierte Frauen verliehen wird für ihre Bereitschaft zu sozialer Verantwortung und für ihren persönlichen Mut, nein zu sagen, Missstände aufzudecken und unbequeme Wahrheiten kundzutun.

Die Waldenser erreichen Württemberg

Zehn Jahre nach diesen traumatischen Ereignissen war das Negativbild, das die Menschen von Frankreich und »den Franzosen« in sich trugen, noch sehr lebendig. Allein französische Sprachlaute zu hören, löste bei vielen Panik aus. Da kamen wieder »Welsche« an, wieder in ganzen Gruppen. Diesmal zwar müde und hungrig, abgerissen und arm, mit Frauen und Kindern, ein paar abgemagerten Ziegen, doch wiederum verlangend, nach Nahrung, Land und einem Dach über dem Kopf. Und mit der Erlaubnis des württembergischen Landesherrn, sich dieses zu nehmen, zu bebauen und zu besiedeln, in Gebieten Württembergs, die seit dem Dreißigjährigen Krieg brachlagen und nahezu entvölkert waren. In einem Land, wo nach Mélacs Überfällen 37 Ortschaften in Schutt und Asche lagen und 1900 Gebäude niedergebrannt waren. Dass der Pfälzer Erbfolgekrieg letztlich mit der Rückgabe aller »Reunionen« und Eroberungen Frankreichs an Deutschland endete, sieht man einmal von Straßburg ab, das französisch blieb, war den einfachen Bewohnern Württembergs, die nicht wussten, wie und womit sie ihre zerstörten Dörfer und Weinberge wieder aufbauen sollten, egal.

Nun kamen wieder Französischsprachige, genauer Menschen, die einen südfranzösischen Dialekt sprachen: okzitanisch-provenzalischen Patois sprechende Waldenser. Es waren reformierte Glaubensflüchtlinge, die vor den Verfolgungen des französischen Königs Ludwig XIV. geflohen waren. Dieser hatte das Toleranzedikt von Nantes aufgehoben, das im Jahr 1598 calvinistischen Protestanten Religionsfreiheit im französischen Reich gewährte und damit die unseligen Hugenottenkriege und einen jahrzehntelangen religiösen Bürgerkrieg beendet hatte. Nun wurde wieder die katholische Konfession als allein gültige propagiert. Andersgläubige wurden verfolgt, ermordet oder vertrieben.

Als Kritiker der mächtigen katholischen Kirche wurden die Waldenser verfolgt, seitdem der Lyoner Kaufmann Petrus Valdes diese Glaubensgemeinschaft im 12. Jahrhundert ins Leben gerufen hatte. Dieser vermögende junge Mann hatte um 1170 beschlossen, Reichtum, Familie und Heim aufzugeben, um Wanderprediger zu werden. Angeblich konnte er kein Latein und ließ sich deshalb Teile der Bibel in seine französische Muttersprache übersetzen, in der er auch predigte und enormen Zulauf in weiten Kreisen der Bevölkerung Lyons hatte. Die Geistlichkeit mitsamt dem Papst, bisher im alleinigen Besitz von Gottes Wort und dessen Auslegung, geriet in Aufregung und verbot die muttersprachliche Laienpre-

Das Massaker von 1655: Was den Waldensern angetan wurde, zeigt unverblümt diese Darstellung einer aufgespießten Frau.

digt. Valdes und seine Anhänger mussten Lyon verlassen und zogen sich nach Südfrankreich zurück. Ihre Wanderprediger zogen als Händler getarnt durchs Land, gewannen bald viele Anhänger, »valdenses«, von Spanien bis Italien.

Das Wort Gottes in der Volkssprache zu predigen, Jahrhunderte vor Jan Hus und Martin Luther, das war geradezu revolutionär. Die Gleichberechtigung der Frauen und damit ihre Beteiligung an kirchlichen Diensten ebenso. Die Waldenser lehnten wichtige Machtinstrumente der offiziellen Kirche ab wie den Glauben an das Fegefeuer, den Ablasshandel, die Todesstrafe, den Eid auf weltliche Herrscher und die Heiligenverehrung. Wenngleich die Waldenser sehr zurückgezogen in

Die Franzosen im Kernland Württembergs

ländlicher Bescheidenheit wie zum Beispiel in den Bergen des provenzalischen Luberon, in Savoyen und im Piemont lebten, sahen sie sich über Jahrhunderte hinweg der Verfolgung durch die Inquisition ausgesetzt und fielen immer wieder grausamen Massakern zum Opfer. Wobei die weltlichen Fürsten als bereitwillige Handlanger der Kirche dienten. Berüchtigt wurde Baron d'Oppède, dessen marodierende Truppen im Jahr 1545 unter den friedfertigen Waldensern der Provence ein Blutbad anrichteten, dem zweitausend Männer, Frauen und Kinder zum Opfer fielen. Proteste selbst aus dem damaligen Ausland rief das Massaker am Ostermontag des Jahres 1655 hervor, das die Soldaten des Herzogs von Savoyen unter der waldensischen Bevölkerung im Piemont anrichteten. Sechstausend Menschen, vom Säugling bis zum Greis, wurden am frühen Morgen des Festtages in ihren Häusern, wo sie den Soldaten sogar arglos einige Zeit lang Unterkunft gewährt hatten, überfallen, einfach abgeschlachtet, erhängt, aufgespießt, gekreuzigt oder in Stücke gehackt. Für die Überlebenden, die sich in Gruppen unter der Führung ihrer Prediger auf der Flucht zusammenschlossen, begann eine jahrzehntelange Odyssee.

Erster Zufluchtsort war die reformierte Schweiz, doch diese litt selbst unter einer Hungersnot und war von der Aufnahme der Flüchtlinge überfordert. Sie schickte Gesandte an verschiedene deutsche Fürstenhöfe und bat um Hilfe und Unterbringung der Waldenser. Der württembergische Herzog Eberhard Ludwig zeigte sich bereit zur Aufnahme eines Teils der Glaubensflüchtlinge. Im April 1699 trafen 1800 ausgehungerte, völlig mittellose Waldenser auf dem Marktplatz von Dürrmenz bei Mühlacker ein, angeführt von ihrem Pfarrer Henri Arnaud.

Als Ansiedlungsgebiete wurden ihnen die württembergischen Oberämter Calw und Maulbronn und deren angrenzende Gebiete zugewiesen. Hier gründeten die Waldenser in den Jahren 1699 und 1700 ihre Kolonien, die wegen ihrer zum Teil fremden, französisch klingenden Namen auch heute oft noch Erstaunen hervorrufen: Corres, Dürrmenz mit dem angegliederten Welschdorf, Großvillars, Kleinvillars, Neuhengstett, Nordhausen, Perouse, Pinache, Sengach und Serres, oft benannt nach den Ortsnamen ihrer Heimat. Weitere kleine Dörfer liegen im heutigen Baden. Schönenberg hieß einst »Les Muriers« nach den Maulbeerbäumen, die sie dort anpflanzten. Die Hoffnung des Pfarrers Arnaud, die Seidenraupenzucht, welche die Waldenser aus ih-

Henri Arnaud: 1699 führte der Pfarrer 1800 Waldenser nach Dürrmenz bei Mühlacker.

NESCIT LABI VIRTUS

AD UTRUMQUE PARATUS

Venerandus ac strenuus HENRICUS ARNAUD, Valdensium Pedemontanorum Pastor, nec non militum Præfectus.

Quem Pietas mirata fuit dum dogmata pandit,
Quem timuit sævus, dum tulit arma, furor.
ARNAUDI effigies thoraco togaque decora
Hæc est. Secla parem nulla tulere Ducem.

Zie hier een' dubb'len Held, een Boanerg in 't preeken,
Een' bliksem in den stryd, in Leer nog Moed bezweeken.
Dat vry Verbeeldingskracht u al haar hulp verleen'!
Hoe groot ge ARNAUD ook schat, nog schat gy hem te kleen.

N. v. Frankendaal del. et fec. 1765.

Die Franzosen im Kernland Württembergs

rer südfranzösischen Heimat kannten, auch in Württemberg einführen zu können, scheiterte allerdings. Die Maulbeerbäumchen überlebten das rauere Klima, nicht jedoch die Seidenraupen. Im heutigen Schönenberg hatte Arnaud ein Haus für sich und seine Familie gebaut, in dem sich heute ein Waldensermuseum befindet.

Auch ihre französischen Familiennamen sind bis heute geblieben: Roux, Granget, Gille, Jourdan, Piston, Vinçon, Conte und andere mehr.

Ihre von den herzoglichen Landvermessern auf dem Reißbrett abgesteckten Siedlungen sind Straßendörfer. Die Häuser weisen die für die Siedlungen in ihrer einstigen Heimat typischen Giebelfronten auf.

Es sollten insgesamt dreitausend Waldenser nach Württemberg kommen, wenige, verglichen mit Brandenburg oder Preußen, wo 18 000 bis letztlich 20 000 Glaubensflüchtlinge Aufnahme fanden. Dennoch bedeutete die Eingliederung dieser ethnischen und religiösen Minderheit im selbst alles andere als wohlhabenden kleinen Württemberg eine enorme Herausforderung. Die Fremden mussten zunächst mit Nahrung, Baumaterial für Behausungen, Ackerland und Saatgut versorgt werden, das die Obrigkeit erst einmal von den einheimischen Nachbarn einforderte. Darüber hinaus erhielten sie Aufnahmeprivilegien wie Steuerfreiheit für zehn, zum Teil sogar fünfzehn Jahre, Befreiung von Frondiensten und Glaubensfreiheit. Den Ärmsten unter ihnen wurde offiziell das zweimalige Betteln pro Woche in einer der nächstgelegenen größeren Ortschaften erlaubt.

Dass dies zu Spannungen mit der einheimischen Bevölkerung führte, ist verständlich. Immer wieder kam es zu Übergriffen, ja, teilweise gewaltsamen Auseinandersetzungen. Beide Seiten mussten sich in den Anfangsjahren schon allein durch die Sprachbarriere hilflos vorkommen.

Nicht einmal »richtig« französisch sprachen die Neuen, sondern einen unverständlichen provenzalisch-okzitanischen Dialekt. Die Waldenser hatten ihre eigenen schlichten Kirchen, schmucklos, ohne Altar und Kreuz, in denen sie ihre Gottesdienste in ihrem französischen Dialekt abhielten.

Und ihre Pfarrer wurden nicht von der Landeskirche kontrolliert. In ihren Schulen wurde von eigenen Schulmeistern auf Französisch unterrichtet, nicht nach dem sonst in ganz Württemberg vorgeschriebenen Unterrichtsplan, ohne die sonst im ganzen Land gebräuchliche regelmäßige Kontrolle durch die Schulbehörde bzw. die Kirchenaufsicht. Sie hatten sogar eine eigene, wenn auch beschränkte Gerichtsbarkeit und vollständige kommunale Selbstverwaltung! Das rief nicht nur bei den einfachen einheimischen Leuten Skepsis und Misstrauen hervor. Und es handelte sich letztlich auch um eine sehr fragwürdige »Freiheit«, die ihnen staatlicherseits gewährt wurde, denn es machte ihnen eine Integration in die sie umgebende einheimische Bevölkerung nahezu unmöglich.

Bei allen Vorbehalten galten die Waldenser aber bald als »fleißig, rührig und sparsam«, wie es das Oberamt Calw nach Stuttgart zu berichten wusste.

Die bescheidene Landwirtschaft, die sie betrieben, ernährte sie und ließ das karge, entbehrungsreiche Leben zu Beginn bald vergessen. Die Autonomie, welche die Waldenser genossen, hielt sie vom Austausch mit »denen da draußen« ab, sie nahmen nicht oder nur wenig von ihrer neuen Heimat auf, und so entwickelten sie sich nicht weiter. Man heiratete untereinander, man blieb unter sich, und man begnügte sich. Und eine »Willkommenskultur« seitens der alteingesessenen Nachbarn war unbekannt und undenkbar.

Die geringe Minimalbildung ihrer waldensischen Nachbarn, die sich im Wesentlichen auf Bibelkunde, Sittenlehre und mündliches Tradieren von Wissen beschränkte, erstaunte die längst an eine gute Schulbildung gewöhnten Württemberger. Ohnehin machte sich mit den Jahren bei der Obrigkeit und auch beim Herzog eine gewisse Enttäuschung breit. Trugen die Waldenser zum Wachsen des Wohlstandes bei? Hatten sie Neues gebracht? Ja, sie hatten versucht, die vielversprechende Seidenraupenzucht aus dem Süden einzuführen. Doch nur die neu gepflanzten Maulbeerbäume gediehen, die Seidenraupen jedoch überlebten das raue Klima der neuen Heimat nicht. Die Kartoffel als Nutzpflanze allerdings durften sie als Innovation für die Landwirtschaft in ihrer

Die Franzosen im Kernland Württembergs

neuen Heimat für sich deklamieren. In Württemberg muss sie manchen längst bekannt gewesen sein, wuchs sie doch bereits hundert Jahre zuvor im Botanischen Garten von Mömpelgard. Doch ernährte sie damals noch nicht die Bevölkerung.

Der Herzog hatte insgeheim von den Waldensern einen wirtschaftlichen Aufschwung erhofft, ähnlich wie ihn die Hugenotten in ihren Aufnahmeländern gebracht hatten. Mit der Errichtung von Manufakturen für Luxusgüter wie Seide, Spitzen, Feinwirkstrümpfen, eleganten Hüten, Lederstiefeletten, Glacéhandschuhen, feinen Schreibpapieren, Goldschmiedekunst, mit Handel und technischen Erfindungen. Doch die Waldenser waren einfache Bauern! Jahrhundertelang ging es ihnen ums nackte Überleben, der Preis für die freie Ausübung ihres Glaubens war ein zurückgezogenes Leben in weltabgeschiedenen Bergdörfern im provenzalischen Luberon und in den Westalpen zwischen Savoyen und dem Piemont. Die Hugenotten hingegen gehörten einer Elite an, sie waren Adelige, Gelehrte, hochqualifizierte Handwerker, Kaufleute und besaßen meist eine überdurchschnittliche Bildung. Sie assimilierten sich in ihren jeweiligen Gastländern sehr schnell, gelangten zu Wohlstand, ja, wurden in wenigen Generationen gar zu tragenden Säulen ihrer »neuen« Gesellschaft.

Ganz anders die bäuerlichen Waldenser, deren Ideal von Anfang an ein Leben in freiwilliger Armut war. Durch die herzogliche Zuweisung von eigenen, in sich »abgeschlossenen« Kolonien mit eigenen Schulen, eigener Sprache mussten sie fast zwangsläufig eine Parallelgesellschaft entwickeln.

Ihre Dörfer blieben bettelarm. »Die württembergischen Waldenser stehen auf sehr niedriger Kultur. Unwissenheit herrscht in hohem Grade, daran ist nicht Unfähigkeit schuld, sie haben Kopfs genug, schuld ist hauptsächlich der schlechte Schulunterricht und die Sprache!« Im Jahr 1796 erschien ein »Kurzer Abriss der Geschichte der wirtembergischen Wal-

Das Stadtwappen von Neuhengstett im Landkreis Calw: Der goldene Leuchter mit einer brennenden Kerze, den 7 Sterne umringen, sowie das Motto »Lux lucet in tenebris« (Das Licht leuchtet in der Dunkelheit) weisen auf die Waldenser hin.

denser«, herausgegeben von einem Pfarrer Andreas Keller aus dem Kanton Zürich, der früher Pfarrer in der württembergischen Waldenser-Kolonie Neuhengstett gewesen war. Er schilderte die Rückständigkeit, die mangelnde Bildung, das von den nicht-waldensischen Gemeinden völlig abgeschiedene Leben und meinte, die »anarchischen Zustände« in den verarmten Waldensersiedlungen seien das Resultat ihres unkontrollierten Schulwesens und der Beibehaltung der französischen Sprache. Dieses Buch löste in Württemberg heftige Diskussionen aus, die dazu führten, dass im Jahr 1823 das Ende der privilegierten Eigenständigkeit der Waldenser verkündet wurde, die in den Augen der württembergischen Verwaltung nur Rückständigkeit bedeutete. Es kam zur Aufhebung all ihrer Privilegien und zur Eingliederung in die evangelische Landeskirche und in das württembergische Schulwesen. Dies bedeutete, dass die Kirchensynode und die Schulbehörde nun die waldensischen Pfarrer und den Schulunterricht kontrollieren konnten. Die Unterrichtspläne und der Schulstoff wurden den im Land gültigen angeglichen.

Obwohl die Zwangseingliederung derer »mit exotischem Sprachhabitus« in die württembergische Landeskirche bei den Waldensern auf Widerspruch stieß, sind keine Ausschreitungen bekannt geworden. Vielleicht gingen die Alten in eine Art innere Emigration, und die Jüngeren begriffen die neuen Verhältnisse als eine Chance, der Armut zu entkommen.

Das Verbot des Gebrauchs der französischen Sprache in Kirche und Schule traf die Waldenser am härtesten. Viele weigerten sich standhaft, die deutsche Sprache zu erlernen, mit der Begründung, bei der Auferstehung würde sie dann der liebe Gott nicht verstehen, denn der spreche ja kein Deutsch. »Le bon dieu ne parle pas l'allemand.«

Mömpelgards letztes Aufblühen

*Mit der Revolution enden
400 Jahre württembergische Geschichte
jenseits des Rheins*

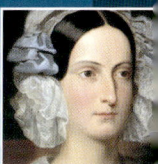

Das 18. Jahrhundert vor der Französischen Revolution wird gemeinhin als das glücklichste für Mömpelgard gepriesen. Es herrschten mit einer hochgebildeten, dem aufklärerischen Gedankengut und der Humanität verpflichteten herzoglichen Familie Einvernehmen, bescheidener Wohlstand und eine gewisse Weltoffenheit. Dies gilt jedoch nicht für die Jahrzehnte zwischen etwa 1750 und 1770.

Wieder einmal mussten die linksrheinischen Gebiete erleben, dass sie von ihren Württemberger Herren nach Bedarf als Manövriermasse eingesetzt wurden und in Stuttgart nach ihrem Wohl und Wehe niemand fragte. Noch Herzog Eberhard Ludwig hatte sich geweigert, nach dem Tod des 1723 ohne legitimen männlichen Nachfolger verstorbenen Leopold Eberhard die französische Oberhoheit anzuerkennen. Er ließ sich dafür, höchstpersönlich samt Hofstaat und Mätresse angereist, in Mömpelgard huldigen und setzte seinen Minister Wilhelm von Grävenitz für zehn Jahre als Gouverneur ein (in denen dieser sich tüchtig zu bereichern wusste). Mit Herzog Carl Eugen, der von 1744 an Württemberg regierte, sollte sich die Beziehung zu Frankreich gründlich ändern.

Soldaten für Frankreich – Schulden bei Voltaire

Herzog Carl Eugen, 1728 geboren und bereits mit neun Jahren Erbe der württembergischen Stammlande samt linksrheinischer Gebiete, verspürte keine Skrupel, mit den linksrheinischen Besitzungen beim französischen König zu handeln. Frankreich machte sich zum Mitfinanzier von Carl Eugens sagenhaft aufwändiger Hofhaltung, seiner kostspieligen Bau- und Theaterleidenschaft.

Im Subsidienvertrag von 1748 stellt er den Franzosen gegen die unerhört hohe Geldsumme von 600 000 Gulden sechstausend württembergische Rekruten für den Kriegsfall zur Verfügung. Das war eine für das kleine Land fast nicht aufzubringende Anzahl, bedenkt man, dass das württembergische Kontingent für die Reichstruppe »nur« zweitausend Soldaten betrug und

Mömpelgards letztes Aufblühen

Württemberg damals nur ungefähr 425 000 Einwohner hatte. Darüber hinaus anerkannte Carl Eugen die Oberhoheit Frankreichs über die burgundischen Lehen und die »quatre seigneuries«, die vier Herrschaften Blamont, Héricourt, Clémont, Châtelot. Das bedeutete auch, dass diesen Gebieten die Ausübung der katholischen Religion wieder erlaubt war.

Nicht genug, in seiner nicht enden wollenden Geldnot war er sich nicht zu gut, selbst von einem Philosophen Geld zu leihen! Als Sicherheit verpfändete er dem berühmten Literaten und Philosophen Voltaire linksrheinische Besitzungen, deren Verwaltungen von der Stuttgarter Regierung und

Herzog Carl Eugen von Württemberg, Portrait von Pompeo Batoni aus dem Jahr 1753.

dem Landtag, der Landschaft, unabhängig waren, die herzogliche Verfügungsgewalt über sie also auch nicht genehmigungspflichtig. Die Angaben über die Höhe der Geldsumme schwanken zwischen 200 000 und 300 000 Gulden, auf jeden Fall war sie ungewöhnlich hoch.

Der alte Voltaire: Württemberg hatte Schulden bei dem berühmten Philosophen.

Der 1694 geborene Voltaire, der damals für einige Zeit im Elsass lebte, in Straßburg, Colmar und zeitweise auch in Reichenweier, war nicht nur ein berühmter Philosoph der Aufklärung und ein populärer Dichter, der mit den mächtigsten Herrschergestalten Europas wie dem preußischen König Friedrich dem Großen und der russischen Zarin Katharina der Großen in regem Briefkontakt stand, er war auch ein gewiefter Geschäftsmann. Von seinem Kredit an den württembergischen Herzog erhoffte er sich eine lebenslange sichere und hohe Jahresrente. Bei Vereinbarung des Kreditvertrags erschien der damals sechzigjährige Voltaire den Beauftragten des Herzogs mit seiner fahlen Gesichtsfarbe wie ein gebrechlicher alter Mann, dessen Lebenserwartung sie als nicht mehr hoch einschätzten. Der schlaue Philosoph spekulierte mit deren Fehleinschätzung seiner körperlichen Konstitution, die übrigens recht robust war, und holte eine hohe Leibrente für sich heraus.

Carl Eugen verpflichtete sich zur jährlichen Zahlung von zwölf Prozent der Darlehenssumme, die er zum Ärger Voltaires allerdings immer öfter zu bezahlen »vergaß«. Fast ein Vierteljahrhundert lang mahnte Voltaire die Summe an, dazu die Zinsen aus den nicht bezahlten Jahresrenten. Er richtete die Mahnbriefe an die »Verwalter der Herrschaften von Reichenweier und Horburg«. Für den Fall, dass der Herzog seine Schulden nicht zahlen könne oder wolle, sollte man ihm das Mömpelgarder Residenzschloss übereignen. Die Landtagsverwaltung in Stuttgart wehrte sich heftig dagegen.

Mömpelgards letztes Aufblühen

Ein Anwalt aus Colmar wurde 1764 von Voltaire beauftragt, Besitzungen des württembergischen Herzogs im Elsass, vorwiegend lukrative Weinberge, pfänden zu lassen. Und noch zwölf Jahre nach Voltaires Tod 1778 bemühte sich seine Nichte und Erbin, die Schulden des württembergischen Herzogs einzutreiben, vergeblich. Nach ihrem Tod waren die Zahlungsverpflichtungen Carl Eugens erloschen.

Wissenschaftlicher Austausch – der Naturforscher Georges Cuvier

»Der andere große Württemberger«, das war für Goethe neben seinem Kollegen Friedrich Schiller der Naturforscher Jean Léopold Nicolas Frédéric Cuvier, genannt Georges. Tatsächlich ist der in Frankreich auch heute noch berühmte Wissenschaftler und Bildungsreformer, dessen Namen Gustave Eiffel unter 72 hervorragenden männlichen Personen in Anerkennung ihrer Verdienste um Wissenschaft und Technik an der Nordwestseite des Eiffelturms in goldenen Lettern eingravieren ließ und den wohl selbst gebildete Franzosen für einen Landsmann halten, ein Württemberger Kind. Im August 1769 in eine alteingesessene Familie der Grafschaft im württembergischen Mömpelgard geboren, studierte er prägende Jahre auf der Hohen Carlsschule, der 1781 zur Universität erhobenen Militärakademie des Herzogs Carl Eugen in Stuttgart.

Diese Eliteschule hatte Carl Eugen, ganz im Sinne des französischen Philosophen Jean-Jacques Rousseau und der Aufklärung, im Jahr 1770 ursprünglich als ein Militärwaisenhaus konzipiert. Die Einrichtung sollte arme und verwaiste Soldatenkinder »zu rechtschaffenen Bürgern und Soldaten formieren«. An Fragen von Bildung und Erziehung war Carl Eugen ebenso stark interessiert wie sein Bruder Friedrich Eugen. Bei seinen von ihm so geliebten Besuchen in Mömpelgard war dies häufig Gesprächsthema.

Vermutlich hatte Herzog Carl Eugen für seine Schule ein französisches Vorbild, die »école militaire« Ludwigs XV., 1751 auf Anregung der königlichen Mätresse Madame Pompadour gegründet zur Ausbildung von Söhnen verarmter Adelsfamilien zu Offizieren. Später wurde die Militärschule auch für bürgerliche Zöglinge zugänglich, als deren berühmtester Napoleon Bonaparte 1784 daraus hervorging. König Ludwig XV. sollte die stellvertretende Vaterschaft für die verwaisten Zöglinge übernehmen, eine Idee, der auch Herzog Carl Eugen für seine »Militärische Pflanzschule« nacheiferte. Er kümmerte sich regelmäßig um seine Schüler, kontrollierte täglich ihre Körperpflege ebenso wie ihre schulischen Fortschritte, erkundigte sich nach dem Befinden der Kranken, examinierte sie höchstpersönlich, feierte Feste mit ihnen und verfolgte ihren künftigen Lebensweg.

Auch eine »école de demoiselles« gab es in Stuttgart, so wie in Paris das Damenstift Saint-Cyr bei Versailles, das »Maison Royale de Saint-Louis«, in dem bis zu dreihundert verarmte Adelstöchter aufgenommen werden konnten. Es sollte eine Alternative darstellen zum Kloster, der für solche Mädchen ehemals einzigen Perspektive, und ihnen eine freiere und umfangreichere Erziehung als die klösterliche bieten. Das »Maison Royale« bestand schon länger, es ging ebenfalls auf die Initiative einer Mätresse zurück, der Madame Maintenon, Favoritin von König Ludwig XIV.; die ersten »demoiselles de St. Cyr« wurden 1686 aufgenommen.

In der Stuttgarter »école de demoiselles«, die zunächst in der ehemaligen Ausbildungsstätte für Tänzerinnen und Sängerinnen in der Ludwigsburger Marstallstraße gegenüber dem Palais Grävenitz untergebracht war, wurden nur 25 Mädchen, Töchter verarmter Offiziers- und Beamtenfamilien, aufgenommen. Franziska von Hohenheim, damalige Mätresse des Herzogs und dessen spätere Ehefrau, kümmerte sich als Patronin um die Mädchen der Ausbildungsstätte, die ihnen eine bemerkenswerte Allgemeinbildung bot.

Carl Eugen entwickelte aus dem Militärwaisenhaus 1773 eine Militärakademie, die 1775 mit der Verlagerung von ihrem Gründungsort bei Schloss Solitude nach Stuttgart prominentere Geltung erlangte. Als Universität mit ihrem modernen Fächerkanon und der praxisbezogenen Ausbildung

Mömpelgards letztes Aufblühen

durch die besten Pädagogen und Wissenschaftler galt sie damals als die modernste Bildungsstätte Europas, zu der zahlreiche Studenten auch aus dem Ausland strömten. Auch in den linksrheinischen Gebieten Württembergs waren die Studienplätze begehrt.

Ohne ein herzogliches Stipendium hätte der junge Georges Cuvier aus Mömpelgard trotz auffallender Begabung und besten Zeugnissen nach der Schule kein Studium aufnehmen können. Die Cuviers gehörten zwar zu den alteingesessenen mömpelgardischen Familien, lebten jedoch in bescheidenen Verhältnissen. Sie stellten über die Jahrhunderte Geistliche, Amts- oder Stadtschreiber. Cuviers Vater versuchte sein Glück als Soldat in einem Schweizerregiment, das im Sold des französischen Königs stand. Obwohl zum Offizier befördert und mit dem französischen Militärverdienstorden ausgezeichnet, erhielt er vom König nur unregelmäßig Lohn,

Georges Cuvier studierte an der Hohen Carlsschule in Stuttgart.

und selbst nach vierzig Dienstjahren traf die ihm zustehende knappe Pension nur selten ein.

Dennoch war er entschlossen, seinen beiden Söhnen eine gute Ausbildung zu ermöglichen. Der erstgeborene Georges, der mit vier Jahren schon lesen konnte, zeigte sehr früh eine enorme Wissbegierde und entwickelte ein großes Zeichentalent, das er auch in der Wiedergabe von Pflanzen und Tieren anwendete. Mit Eifer kopierte und kolorierte er Zeichnungen aus den damals beliebten naturgeschichtlichen Büchern, die von Tieren und Pflanzen handelten. Der Vierzehnjährige sog das Wissen seiner Zeit aus allen erreichbaren Büchern in sich auf und übertraf bald einige seiner eigenen Lehrer am Mömpelgarder Gymnasium. Die Eltern konnten sich zu Recht Hoffnung auf einen der beiden jährlichen Freiplätze am Tübinger Stift für ihren Sohn bei Schulabschluss machen.

Doch als wollte der Schuldirektor dem hochbegabten Schüler, der sich zwar durch hervorragende Schulnoten, nicht jedoch immer durch braves Wohlverhalten ausgezeichnet hatte, eines auswischen, setzte er den jungen Georges weder auf Platz eins noch auf Platz zwei, sondern an die dritte Stelle! Das hätte das Aus für eine wissenschaftliche Karriere des vielversprechenden jungen Mannes bedeutet, wäre da nicht seine mutige Mutter eingeschritten. Sie nutzte die Bekanntschaft mit der Familie des herzoglichen Hofbeamten Parrot und ließ diesen um eine Audienz bei der allseits beliebten Ehefrau des Statthalters Friedrich Eugen, Sophie Dorothea, bitten. Diese machte ihren Schwager Carl Eugen auf den jungen begabten Mann und die prekäre finanzielle Situation seiner Familie aufmerksam. Als Carl Eugen die Weihnachtsfeiertage bei seinem Bruder und dessen ihm lieb gewordenen Familie verbrachte, rief er Georges zu sich, examinierte ihn höchstpersönlich und war vom Wissen des pfiffigen Jungen so beeindruckt, dass er ihn mit dem ersehnten Stipendium und einem Studienplatz in seiner Hohen Carlsschule versah. Mit Sicherheit war der naturwissenschaftlich begabte junge Mann dort besser aufgehoben als im Tübinger Stift.

Zu Beginn seines Studiums in Stuttgart im Mai 1784 musste Georges erst einmal Deutsch lernen, das er bis dahin erstaunlicherweise trotz Gymnasium in Mömpelgard weder sprechen noch lesen oder gar schreiben konnte. Diese Hürde überwand er so schnell, dass er dafür sogar noch in seinem Aufnahmejahr mit einer silbernen Medaille ausgezeichnet wurde. Der vielfältige Lehrstoff, die vielen interessanten Kommilitonen, mit denen er bald einen naturhistorischen Verein und eine kleine Lesegesellschaft gründete, und die durchweg hervorragenden Professoren müssen für den wissensdurstigen jungen Mann das pure Glück bedeutet haben. Die unendliche Welt der Wissenschaft öffnete sich ihm, und er scheint die Zucht und Disziplin, den strengen Tagesrhythmus und das Heimweh, die vielen anderen Carlsschülern wie etwa Friedrich Schiller so unerträglich erschien, ganz vergessen zu haben. Zu seinen Lehrern zählten der Vater des Dichters Gustav Schwab und der mit Schiller freundschaftlich verbundene Jakob Friedrich Abel, ein Vertreter der Aufklärungsphilosophie und Verehrer von Leibniz und Kant. Cuvier übersetzte Vorlesungen Abels ins Französische, was dieser ihm mit einem Buchgeschenk belohnte: das für die Naturwissenschaften grundlegende Werk des schwedischen Arztes und Naturforschers Carl von Linné »Systema naturae«, in dem Linné erstmals in einer biologischen Systematik Einteilungen in Klassen, Ordnungen, Gattungen, Arten vorgenommen hatte. Auch seine Zuordnung der Meereswale zu den Säugetieren und die Feststellung von Gemeinsamkeiten zwischen Menschen, Schimpansen und Orang-Utan beeindruckten Cuvier.

Unter seinen Mitschülern stand ihm sein Mömpelgarder Landsmann Parrot sehr nahe, der später ein bekannter Physiker und Mathematiker sowie Mitgründer der Universität im estländischen Dorpat (auf Estnisch: Tartu) wurde, sowie der ältere Carl Friedrich Kielmeyer aus Bebenhausen. Letzterer vermittelte ihm wichtige Kenntnisse in Pflanzen- und Insektenkunde und brachte ihm das Sezieren und Präparieren von Tieren bei. Cuvier befreundete sich auch mit Söhnen der alteingesessenen württembergischen Ehrbarkeit wie dem Erforscher des Galvanismus, Carl Christian Jäger, oder dem späteren Tübinger Arzt Johann Heinrich Ferdinand von Autenrieth, dem Begründer des Tübinger Universitätsklinikums, Psychiater von Hölderlin und Leibarzt von König Wilhelm I.

Diese Freundschaften sollten ihr Leben lang anhalten, über alle Grenzen und Entfernungen hinweg hielten die Naturwissenschaftler Kontakt und berichteten sich brieflich über ihre jeweiligen wissenschaftlichen Erkenntnisse.

Cuvier hatte sich erstaunlicherweise auf das Studium der Kameralistik spezialisiert, doch dazu gehörten neben Finanzwissenschaften und Rechnungswesen auch die Fächer Land- und Forstwirtschaft, Technik, Mathematik und Physik, Naturgeschichte, Bergbau, Mineralogie und Chemie. Das alles war ihm gerade genug. Er schloss sein Studium 1788 mit Bestnoten und mit einem akademischen Orden ausgezeichnet ab.

Es ergab sich, dass Cuvier die Hauslehrerstelle bei einer protestantischen Adelsfamilie in der Normandie übernehmen konnte, die sein Freund Parrot zuvor innegehabt hatte.

Diese Stelle bei der kultivierten Familie des Grafen d'Héricy bedeutete für Cuvier einen ausgesprochen glücklichen Start ins Berufsleben. Er hatte den Sohn des Hauses zu unterrichten und die Dame des Hauses in Botanik und in der deutschen

> **Die Kontakte, die Cuvier in der Hohen Carlsschule knüpfte, hielten zum Teil ein Leben lang.**

Mömpelgards letztes Aufblühen

Sprache zu unterweisen. Das Schloss bei Caen besaß einen wundervollen Blumengarten mit allerlei exotischen Pflanzen, ein Paradies für den Pflanzen- und Insektenforscher Cuvier. Und auf dem Fischmarkt von Caen fanden sich genug Fische und Meerestiere, die er zeichnete, sezierte und zum Teil präparierte. Die insgesamt 118 Arten, die er erfasste, bildeten die Grundlage für seine »Naturgeschichte der Fische«.

Schnell fand er in Caen Anschluss an wissenschaftlich interessierte Kreise, die ihm Kontakte nach Paris verschafften, die sehr bald dazu führten, dass er einen Ruf ans Pariser Naturkundemuseum als Professor für vergleichende Anatomie erhielt. »Kommen Sie nach Paris, spielen Sie hier bei uns eine Rolle als zweiter Linné, seien Sie der andere ›Gesetzgeber der Naturgeschichte‹«, so rief ihn der bereits etablierte Wissenschaftskollege und spätere Freund Geoffroy Saint-Hilaire. Doch der vorsichtige Württemberger meinte daraufhin ganz trocken, er müsse sich erst einmal mit den Bedingungen in Paris vertraut machen. Der Prinz von Monaco, Freund seines bisherigen Arbeitgebers Graf d'Héricy, in dessen Pariser Haus er zusammen mit seinem Schüler Achilles zunächst freundliche Aufnahme fand, erleichterte ihm gewiss die Entscheidung. Von nun an widmete er sein Leben der Wissenschaft, Frankreich, Paris, wurde zur Heimat für den einstigen Württemberger aus Mömpelgard.

Sein Arbeitgeber war ab 1795 der französische Staat, der ihn fünf Jahre später mit einer Professur am »Collège de France« und dann mit einer Professur für vergleichende Anatomie am Botanischen Garten von Paris betraute.

Die vergleichende Anatomie macht er zu einer eigenen Forschungsdisziplin. Fossilien galten als seine Leidenschaft, und so wurde er »ganz nebenbei« zum wissenschaftlichen Begründer der Paläontologie. Große Popularität auch in breiten Kreisen der Pariser Bevölkerung erreichte er, als er Knochenfunde am Montmartre untersuchte und sie im Hinblick auf die Anfänge organischen Lebens und die Entstehungsgeschichte der Tierwelt auswertete.

Einem solch vielseitigen, großen Wissenschaftler mag man gerne auch einen kleinen Irrtum verzeihen: Seine »Katastro-

phentheorie« lässt sich nicht halten, die er nach geologischen und archäologischen Untersuchungen im Pariser Becken aufstellte und die besagt, dass Arten und Lebewesen durch abwechselnde Fluten von Meeres- und Süßwasser vernichtet worden und darauf immer wieder ganz neue Arten entstanden seien. Spätestens die Evolutionstheorie hat sie widerlegt.

Das streng rationale, faktenbezogene Denken, das Cuvier auf der Hohen Carlsschule in Stuttgart gelernt hatte, bewahrte ihn stets vor wissenschaftlichen Spekulationen, auch wenn sie um die Jahrhundertwende mit dem Aufkommen der Romantik und der Naturphilosophie in Mode kamen. Goethe bemängelte an ihm, er besitze »fast keine Philosophie«, er erziehe »sehr unterrichtete Schüler, doch keine tiefen«.

Unter Napoleon machte Cuvier in der französischen Verwaltung Karriere.

Um solche Spitzfindigkeiten scherte sich der neue Stern am damaligen politischen Horizont, Napoleon Bonaparte, wenig. Geschmeichelt davon, dass er als Erster Konsul dem erlauchten Kreis der Mitglieder der französischen Akademie der Wissenschaften angehörte, versäumte Napoleon keine Gelegenheit, an deren Sitzungen teilzunehmen. Schnell wurde er auf den Sekretär der Akademie, Georges Cuvier, aufmerksam und erkannte mit untrüglichem Gespür dessen zweite große Begabung, sein Organisationstalent und seine Kenntnisse als Verwaltungsfachmann, die er bei der nach den Revolutionswirren dringend anstehenden Reorganisation des Unterrichtswesens in Frankreich einzusetzen gedachte. Kurzerhand ernannte er Cuvier 1802 zum »Generalinspekteur für den öffentlichen Unterricht«, was nicht weniger als die verantwortliche Zuständigkeit für das staatliche Erziehungswesen bedeutete.

Mit dem ihm eigenen Fleiß und Eifer packte Cuvier auch diese große Aufgabe an. Aus dem Land kommend, in dem

Mömpelgards letztes Aufblühen

schon seit dem 16. Jahrhundert die allgemeine Schulpflicht herrschte, reformierte er das Schulwesen, aber auch die Hochschulausbildung. Er führte die wissenschaftliche Ausbildung der Lehrerschaft und den Nachweis ihrer Qualifikation durch eine Staatsprüfung ein, einen neuen Fächerkanon für die höheren Schulen, der lebendige Sprachen, Geschichte und Naturkunde zur Pflicht machte. Er plante auch eine Höhere Verwaltungsakademie, deren Fächerkombination derjenigen der kameralwissenschaftlichen Fakultät auf der Hohen Carlsschule entsprach. Ob und inwiefern die heutigen französischen Eliteschulen auch auf die Idee und Zielsetzung einer staatlichen Elitebildung der Hohen Carlsschule zurückzuführen sind, wäre sicherlich eine Untersuchung wert.

Dass der 1811 zum »Chevalier de la Légion d'Honneur«, zum Ritter der Ehrenlegion ausgezeichnete Cuvier auch noch Zeit für ein Privatleben gefunden haben könnte, ist schwer vorstellbar. Dennoch stellte er sich auch noch der Verantwortung als Ehemann und Familienvater. Mit fünfunddreißig Jahren heiratete er die um vier Jahre ältere Witwe des Generalpächters Duvaucel, der das Recht auf Steuer- und Zollerhebungen ausgeübt hatte, dem Robespièrre'schen Terror zum Opfer gefallen war und unter der Guillotine starb. Die vier Kinder, die er hinterließ, soll Cuvier wie seine eigenen behandelt haben. Von den vier leiblichen Kindern, die er mit seiner Frau Anne Marie hatte, erreichte nur das Töchterchen Clémentine das Erwachsenenalter. Sie wurde die Freundin der beiden Töchter des württembergischen Prinzen Paul, des Sohnes von König Friedrich und Bruders des späteren Königs Wilhelm I., die häufig im Hause der Cuviers verkehrten. Die lehrreichen Sonntagsspaziergänge, die Vater Cuvier mit den Mädchen im Botanischen Garten von Paris unternahm, waren legendär. Ganz offensichtlich hatte er seine Begeisterung für die Naturwissenschaften, aber auch die Fähigkeit, in streng wissenschaftlichen Kategorien zu denken, auf die Mädchen übertragen.

Jedenfalls hat eines der Mädchen, Prinzessin Charlotte von Württemberg, sich in ihrer späteren Position als russische Großfürstin Helena Pavlovna daran ganz offensichtlich

erinnert. Die Witwe des Großfürsten Michail sollte am Petersburger Hof gegen alle konservativen Widerstände zur Beschützerin der modernen Naturwissenschaften, insbesondere der Medizin werden. Als der renommierte Chirurg Pirogov nach der Publikation seines bahnbrechenden Werkes »Hygiene, bessere Krankenpflege und Prophylaxe« öffentlich als »Scharlatan und Raisoneur« beschimpft wurde, ergriff sie vor aller Augen und Ohren seine Partei. Sie verhalf ihm, der erstmals Äthernarkosen zur Schmerzstillung bei Operationen angewandt und den Gipsverband bei Knochenbrüchen eingeführt hatte, zur Veröffentlichung eines prachtvollen anatomischen Atlasses. Darin beschrieb er erstmals auch das von ihm entwickelte Verfahren der Gefrierdurchschnitte. Helena Pavlovna alias Charlotte von Württemberg mag sich dabei an glückliche Jugendjahre in Paris erinnert haben, in der Familie des Begründers der vergleichenden Anatomie.

Clémentine Cuvier starb 1828, gerade einmal zweiundzwanzig Jahre alt, kurz vor ihrer geplanten Hochzeit an einer Epidemie. Noch im selben Jahr verlor Cuvier auch seine geliebte Frau. Diese Schicksalsschläge hat Georges Cuvier nie verwunden. Beide, Frau und Tochter, hatten es verstanden, aus seinem Haus einen gastfreundlichen Salon für geistreiche Menschen aus ganz Europa zu machen, in dem eine warmherzige, heitere Atmosphäre und tolerante Offenheit herrschten.

Cuvier selbst wurde Opfer der großen Choleraepidemie 1832. Auf dem Friedhof von Père-Lachaise fand er seine letzte Ruhe.

Friedrich Eugen und seine Familie – geliebt und trotzdem vertrieben

Im Schatten der regelmäßig auftretenden französisch-württembergischen und katholisch-protestantischen Querelen hatte sich Mömpelgard wider Erwarten ganz gut entwickelt. Die für Handel und Wirtschaft günstige Verkehrslage, die alten Privilegien, ihre Bürgerrechte und eine von der fürstlichen Obrigkeit relativ unabhängige Selbstverwaltung der Bürger hatte seinen Bewohnern eine bescheidene Wohlhabenheit und Ruhe beschert.

Führend waren ungefähr fünfzig Kaufmannsfamilien, dazu Manufakturbesitzer und spezialisierte Handwerker, die den Handel mit Eisenwaren und Werkzeugen, Uhren, Textilien und Lederwaren bestimmten. Partner und Kunden fanden sich hauptsächlich in der benachbarten Schweiz und im Elsass. Landwirtschaft und Viehzucht gediehen, und auch der Weinbau warf Gewinn ab, wenngleich der Wein die zwar schön klingende Bezeichnung »Fleur d'Epine«, also »Dornenblüte« trug, aber nicht unbedingt ein vollmundig-rundes Geschmackserlebnis war.

Doch die Bewohner des Landes hatten lange keinen Landesherrn mehr vor Ort gesehen. Ein solcher hätte sich tunlichst nicht nur um die Belange des Landes kümmern sollen und mit seinem Hofstaat, dem Bedarf an Luxusgütern und hochwertigen Nahrungsmitteln die örtliche Wirtschaft beleben helfen. Er hätte es auch ausländischen Truppen erschweren müssen, die stets »zwischendrin« liegende Grafschaft als Truppendurchzugsland zu missbrauchen. Wie etwa zwischen 1734 und 1736, als französische Truppen die württembergischen Territorien im Streit mit Habsburg wieder einmal besetzten.

Seit dem Tod des Mömpelgarder Grafen Leopold Eberhard 1723 war das Land von Württemberg aus regiert worden. Erst 1769 sollte endlich wieder ein Landesherr mit seiner Familie im Schloss von Mömpelgard einziehen. Friedrich Eugen, der 1732 in Stuttgart geborene jüngste Bruder des regierenden Herzogs Carl Eugen, hatte lange Jahre in preußischen Militärdiensten gestanden und als Chef des Dragonerregiments Alt-Württemberg mit seiner Familie im Schloss von Treptow in Pommern residiert. Die Ehe mit der Nichte des preußischen Königs Friedrich II., Friederike Sophie Dorothea von Brandenburg-Schwedt, war eine Liebesheirat und sollte mit zwölf Kindern gesegnet sein, von denen eines im frühen Kindheitsalter allerdings verstarb. Im Siebenjährigen Krieg, in dem er sich hohe Auszeichnungen erkämpfte, zog sich Friedrich Eugen solch starke Verwundungen zu, dass er schließlich im Frühjahr 1769 den Dienst quittieren musste. Als neuen Wohnsitz wählte er Mömpelgard.

In seiner Jugend hatte er zusammen mit seinem älteren Bruder Ludwig Eugen, dem mittleren der drei nach dem berühmten österreichischen Feldherrn Prinz Eugen von Savoyen benannten württembergischen »Eugen-Brüder«, prägende Jahre der Ausbildung und Erziehung in Südfrankreich und in Angers, der Hauptstadt des Anjou, vor allem aber in Paris verbracht. Das Musik- und Theaterleben der Stadt faszinierte die jungen Leute, aber auch der prächtige Hof in Versailles. Während Ludwig sich für den französischen Militärdienst entschied, zog Friedrich den Dienst für Preußen vor.

Vertraut mit der französischen Sprache und Kultur ebenso wie mit der protestantisch-preußischen Mentalität, schien Friedrich Eugen seinem ältesten Bruder und regierenden Herzog von Württemberg, Carl Eugen, geeignet, die Statthalterschaft von

Mömpelgard und den dazugehörigen elsässischen und burgundischen Herrschaften zu übernehmen. Eine
»convention« vom März 1786
stattete ihn mit einem »pou-
voir absolu« aus, der es ihm
erlaubte, das Land eigenständig zu regieren und über dessen Einkünfte zu verfügen.

Die Entscheidung war
klug, denn Friedrich Eugen,
der mit seiner gewohnt tatkräftigen Art als kriegserfah-
rener Kommandeur nicht nur
Verteidigungsmaßnahmen für die
gesamte Grafschaft organisierte, ver-
besserte insbesondere das Justiz- und Finanzwesen, ordnete die Verwaltung und nahm
sich zusammen mit seiner Ehefrau der Armenfürsorge an. Die
wachsende Familie fühlte sich wohl in ihrer neuen Heimat und
tat alles dafür, dass es auch ihren Untertanen so ergehen möge.

»Die Freude der Einwohner war eine ungeheuchelte, über-
aus herzliche, der Empfang ein glänzender; auf silbernem
Teller übergab der Gemeinderat der Herzogin 3000 Livres in
Gold, in einer seidenen, mit den Stadtfarben geschmückten
Börse. Zur Freude trat bald die Liebe: Ein edleres, leutseli-
geres Fürstenpaar hatte das Ländchen noch nicht gesehen.
Mit Recht hat man die nun folgende Periode bis zur Fran-
zösischen Revolution ›Mömpelgards schöne Tage‹ genannt«.

Da der kinderreiche Friedrich Eugen in früheren Jahren
mit einer sehr geringen Apanage ausgestattet war und ihm die
Einkünfte aus seinen preußischen Militärdiensten noch nie
für ein »standesgemäßes« Leben ausgereicht hatten, war die
Familie an einen bescheidenen Lebensstil gewohnt. Dessen
»Luxus« bestand in Dingen, die nichts oder wenig kosteten:
lesen, musizieren, philosophieren und diskutieren, dem Spaß
an harmlosen Gesellschaftsspielen und der Freude an den
Schönheiten der Natur. Das machte sie als Herrscherfamilie

**Herzog Friedrich
Eugen: In seiner
Jugend hatte er
prägende Jahre
in Frankreich
verbracht.**

für ihre Untertanen greifbar, und bald hatte man sie nicht nur schätzen, sondern auch lieben gelernt.

»Die Ruhe und der Friede, die an diesem Fleckchen Erde herrschten«, beschreibt Baronin von Oberkirch, die aus dem Elsass stammende Hofdame und mit der Zeit engste Vertraute der Familie, fast wie eine biedermeierlich-bürgerliche Idylle: »Ein vertrauter Zirkel, bestehend aus dem Hofstaat, einigen Einwohnern der Stadt, Nachbarn und Freunden, Besuchern, bildeten mit dem fürstlichen Paare eine reizende Gesellschaft. Wenn nicht alle gleich geistreich waren, so waren doch alle dem Hause ergeben. Der Salon bietet des Abends einen wohltuenden Anblick. Die Kinder gruppieren sich um die Mutter, die jüngeren sind eifrig mit ihren Nummern beschäftigt, denn man spielt Lotto, das Modespiel der Zeit, und die Prinzessin hat mit ihren Damen etwa eine Lotterie für die Armen der Stadt veranstaltet. Der Herzog spielt eine Partie Schach. Dazwischen werden Tagesfragen erörtert, auch die Schwächen der Einzelnen – und jeder hat solche – mit heiterer Laune und harmlosem Witz angegriffen und verteidigt. Im Übrigen las man viel. Auf den Putztischchen der Damen lagen Folianten, man studierte Lavater und Plutarch, horchte gespannt auf das neue Evangelium vom thierischen Magnetismus, das Mesmer und seine Anhänger allenthalben predigten, verfolgte die Entdeckungen der Naturforscher Schritt für Schritt. Kaum hatten die Brüder Montgolfier ihre die Gesellschaft förmlich aufregende Entdeckung gemacht, so lässt man kleine Luftballons steigen. Schriftstellerbesuche empfängt man besonders gern. Der herrschende Geist aber, wenigstens bei den jüngeren Mitgliedern der Gesellschaft, heißt Jean Jacques Rousseau.«

Die Werke des Naturphilosophen Jean-Jacques Rousseau waren »Pflichtlektüre«, und die Kinder wurden nach den für damalige Verhältnisse freiheitlichen Prinzipien Rousseaus erzogen. Die drei ältesten Söhne studierten in der Obhut ihres Erziehers in Lausanne. Baronin von Oberkirch schilderte in ihren aufschlussreichen tagebuchartigen Memoiren den einflussreichen Erzieher so: »Friedrich von Maucler war der geborene Fürstenerzieher: von engem Gewissen und wei-

Mömpelgards letztes Aufblühen

tem Herzen, feinfühlig, gewandt, aufopferungsvoll, treu und weise, ein seltener Mensch.«

Noch bevor sein Bruder die offizielle Statthalterschaft über die Grafschaft an Herzog Friedrich Eugen übertragen hatte, ließ sich das Fürstenpaar unweit von Mömpelgard entfernt in der kleinen Ortschaft Étupes eine kleine Sommerresidenz errichten: die Schloss- und Gartenanlagen von Étupes, ein Ort der Ruhe und Kontemplation wie der Gastfreundschaft, den später so viele glückliche Erinnerungen weihen sollten.

»Von allen Seiten des Schlösschens sah man herrliche Gärten, und in den Gärten standen zerstreut eine Menge jener kleinen Gebäude, welche die englische Gartenkunst liebte. Ein wundervoller Laubengang, den Tempel der Flora vorstellend, mit dem Bild der Göttin im Hintergrund, zog vor allem die Blicke auf sich. Ging man weiter, so stieß man auf eine

Die Atmosphäre im Schloss Étupes zog illustre Gäste aus ganz Europa an.

Mömpelgards letztes Aufblühen

einfache Köhlerhütte, deren Inneres mit kostbaren Möbeln aus Paris ausgestattet war. Die Sennhütte oder das Schweizerhaus enthielt u. a. von Raffael und seinen Schülern bemalte Fayencevasen. Auf einem schwer zu ersteigenden Hügel befand sich eine Einsiedelei in wilder Umgebung.«

Von einer künstlichen Grotte, Springbrunnen und chinesischen Brücken ist die Rede, von Vogelhäusern mit seltenen Tieren, Gewächshäusern und einer großen Orangerie, deren Räume als Theater genutzt werden konnten. »Cher château d'Étupes! Le plus doux de mes souvenirs!« So preist Baronin von Oberkirch die kleine Sommerresidenz der Familie als »die süßeste all ihrer Erinnerungen«.

So wie Franziska von Hohenheim mit ihrem Geliebten und späteren Ehemann Carl Eugen ihre Freizeit in ihren allseits bestaunten, 1776 erbauten Gartenanlagen von Schloss Hohenheim, dem »Dörfle«, ihre Freizeit verbrachte, kannte man es schon länger in Étupes. Gleich nach der Übersiedelung begann Friedrich Eugen nicht nur mit dem Ausbau und der Erneuerung des Mömpelgarder Schlosses als Wohnsitz, sondern verwirklichte bereits im Jahr 1770 seine Pläne für eine reizvolle Sommerresidenz. Übrigens hauptsächlich mit Geld aus dem Vermögen seiner Gemahlin. Und mit deren liebendem Einverständnis.

Die friedlich-heitere Atmosphäre am Hof von Mömpelgard-Étupes, die Aufgeschlossenheit gegenüber den Ideen der Aufklärung, das Interesse für Literatur und Philosophie zogen Gäste aus ganz Europa an, gekrönte Häupter wie Menschen aus bildungsbürgerlichen Kreisen.

Die gedeihlichen, friedvollen Jahre unter der Regierung Friedrich Eugens sollten für die linksrheinischen Gebiete die letzten unter württembergischer Herrschaft sein. Sie fanden ein jähes Ende nur wenige Jahre nach der Französischen Revolution. Auch in der Grafschaft kam es zu Unruhen und Plünderungen, die Saline Saulnot wurde verwüstet, vereinzelt wurden Freiheitsbäume aufgestellt. Den eilig zusammengerufenen Bürgerwehren und der kleinen militärischen Einheit Friedrich Eugens gelang es nur vorübergehend, wieder Ruhe und Ordnung herzustellen. Verhandlungen, die Herzog Carl Eugen im Frühjahr 1791 in Paris führte, verliefen ergebnislos, und als sich französische Revolutionseinheiten zum Schrecken nicht nur der Mömpelgarder den Rheinlinien und der Grafschaft näherten, erkannte Friedrich die Aussichtslosigkeit, sich den hochmotivierten Revolutionsgarden entgegenzustellen. Militärischer Widerstand hätte ein Blutbad in seinem kleinen Land zur Folge gehabt, und so verließ er nach einer Kriegserklärung der französischen Regierung im April

1792 mit seiner Familie sein geliebtes Mömpelgard.

Ohne Blutvergießen, unspektakulär und ohne viel Aufhebens endete die vierhundertjährige Herrschaft des Hauses Württemberg in Mömpelgard.

Im Oktober 1792 zogen die neuen Herren in Mömpelgard ein, nicht ohne hie und da Klöster und Kirchen wie Saint-Maimboeuf mit der Grablege des Hauses Württemberg-Mömpelgard in der Stadt Mömpelgard zu schänden und zu verwüsten. Der Vertreter der französischen Revolutionsregierung, Bernard de Saintes, verfügte die sofortige Gültigkeit der französischen Gesetze. Die Stadt Mömpelgard verlor ihre alten Rechte, die sie so stolz seit dem 13. Jahrhundert aufrecht und sogar während der Herrschaft der Württemberger erfolgreich verteidigt hatte. Der Magistrat wurde zur Herausgabe der Schlüssel der Stadt gezwungen. Bei der Übergabe sagte Bernard de Saintes in feierlichem Ton: »Je vous apporte la liberté!« – »Ich bringe euch die Freiheit!« Die ebenso mutige wie rasche Antwort des Vertreters der Bürgerschaft Jakob Friedrich Ferrard lautete: »Sie täuschen sich. Wir kennen sie seit langem, und so vollständig wie nur irgend möglich. Sie gehörte zu den Wohltaten unserer Fürsten, und wir können sie dafür nur preisen.« De Saintes soll mit seinen Kanonen gedroht haben.

Im Pariser Frieden von 1796 verzichtete Herzog Friedrich Eugen endgültig auf die linksrheinischen Gebiete.

»Je vous apporte la liberté!« (»Ich bringe euch die Freiheit«), glaubte der Revolutionär Bernard de Saintes, als er in Mömpelgard das Zepter übernahm.

Peugeot, Sarazin, Daimler – Mömpelgard und Württemberg als Keimzellen der Automobilgeschichte

Die Dreiecksbeziehung Frankreich, Mömpelgard, Württemberg sollte sehr viel später auf nichtpolitischer Ebene noch bedeutende Resultate zeitigen. Die Anfänge des größten und ältesten Autobauers Frankreichs liegen bei einer hugenottischen Familie in der Grafschaft Mömpelgard, deren Spuren sich bis ins 15. Jahrhundert und in den kleinen Ort Vandoncourt, ungefähr zehn Kilometer vom heutigen Montbéliard entfernt, zurückverfolgen lassen.

Dort verdiente eine Familie namens Peugeot ihren Lebensunterhalt zunächst mit der Pechherstellung. Viel später, im 18. Jahrhundert, betrieben die Peugeots eine Getreidemühle. Eines der zehn Kinder der Familie, Jean-Pierre, besaß eine Gerberei und eine Färberei, zwei seiner Söhne gründeten im Jahr 1810 in Hérimoncourt eine Eisengießerei im südlichen Zipfel der Grafschaft, die »Peugeot-frères et Compagnie«. Die Metallverarbeitung entwickelte sich damals zu einer rasch wachsenden und gewinnbringenden Branche. Werkzeuge wie Ackergeräte, Sägeblätter, aber auch Uhrfedern, Korsettstäbe und Schirmgestänge fanden reißenden Absatz.

Schon Mitte des 19. Jahrhunderts verwendeten die Peugeots für ihre Waren Symbole zur Kennzeichnung und als Qualitätsmerkmal ihrer Waren: Halbmond, Stern (!) und Löwe tauchten als frühe Firmenlogos auf, bis sich der Löwe als Zeichen für Qualität und Härte des in den Peugeot-Manufakturen geschmiedeten Stahls durchsetzte. Schon 1850 wurde der je nach Mode variierende und bis heute gebräuchliche Löwe als Markenzeichen der Firma Peugeot eingetragen. In der zweiten Hälfte des 19. Jahrhunderts kamen Nähmaschinen, Kaffeemühlen und die bis heute bekannten Peugeot-Pfeffermühlen zur Produktpalette hinzu.

Man hätte sich mit dem Erfolg, der dem Unternehmen damit beschieden war, zufriedengeben können. Doch einer aus der Familie scherte aus. Der 1849 geborene Armand Peugeot verlegte sich auf die Produktion von Fahrrädern. Bereits 1888, drei Jahre nach Gründung dieser Sparte des Unternehmens, wurden 19 000 Fahrräder im Jahr hergestellt!

Bald hatte der Ingenieur die Idee, Dreiräder mit Pedalantrieb herzustellen und sie mit einem Motor zu versehen: 1889 fuhren die ersten Dreiräder mit Serpollet-Dampfmotor. Ein Jahr später, Armand hatte im Jahr zuvor mit Gottlieb Daimler, dem Erfinder eines leichten, schnelllaufenden Ver-

Beim ersten Automobilrennen der Welt von Paris nach Rouen belegen 1894 Fahrzeuge mit in Lizenz gefertigten Daimler-Motoren die ersten vier Plätze. Hier der Peugeot von Albert Lemaître.

brennungsmotors, in Stuttgart persönliche Bekanntschaft geschlossen, stattete dieser seine Dreiräder mit einem Motor aus Cannstatt aus: Der Vertrag wurde 1890 besiegelt, und innerhalb von fünf Jahren wurden bei Peugeot 250 Wagen mit Daimler-Motoren hergestellt. Die Karosserie wurde von Peugeot entworfen und gebaut.

Es begann ein schier unaufhaltbarer Aufstieg: Zum Firmensitz in Audincourt bei Mömpelgard kam ein weiteres Automobilwerk in Lille hinzu, seit 1912 befindet sich das heutige Pkw-Stammwerk in Sochaux vor den Toren Montbéliards.

1897 kam es zum Bruch mit Daimler, denn mit der Forderung aus Stuttgart, dass die Lieferung in die Schweiz, nach Italien und ins Elsass Monopol Daimlers bleiben sollte, zeigte sich Armand Peugeot nicht einverstanden. Dem genialen Konstrukteur gelang es, sich mit der Entwicklung eines eigenen Motors von den in Lizenz gefertigten Daimler-Motoren unabhängig zu machen und durch den Bau von modernen Motorhauben und Karosserien Abschied vom »Kutschenwagen-Look« zu nehmen. Während sich Armand zunehmend dem Rennsport und dem Bau luxuriöser Automobile zuwandte, fertigte sein Vetter Eugène weiterhin Motorräder und kleine, volkstümliche Autos. Mit großem Erfolg.

Später sollte es noch einmal zu einer kleinen Auseinandersetzung mit einer württembergischen Automobilfirma kommen. Peugeot gab seinen Autotypen keine Namen, sondern nummerierte sie durch, immer mit einer Null in der Mitte. So kam es 1967 zu einem Namensstreit mit Porsche, als dieser einen »901er« auf den Markt brachte. Peugeot obsiegte, und Porsche nannte seinen Sportwagen »911«.

Auch wenn das erste französische Automobilunternehmen, das 1976 mit Citroën fusionierte, von selbst verursachten und von außen hereinbrechenden Krisen ebenso wenig verschont geblieben ist wie andere große Automobilfirmen auch, so hält die Familie bis heute in der achten Generation Anteile und Stimmrechte.

Oft wurde nach dem Erfolgsrezept der traditionsreichen Unternehmerfamilie gefragt, zumal sie sich keineswegs durch maximal gewinnorientiertes kapitalistisches Gebaren hervortat. Die Peugeots betrachteten sich und ihre Arbeiter zwar als eine patriarchalisch geführte »Familie«, bemühten sich deshalb aber auch um das Wohlergehen ihrer Arbeiter und deren Familien. Fleiß, Bescheidenheit, absolute Diskretion, hieß das protestantisch geprägte Ethos der Hugenottenfamilie. Bereits im Jahr 1871 führten sie den Zehn-Stunden-Arbeitstag ein, unerhört für damalige Verhältnisse, als Arbeitszeiten anderswo so gut wie noch gar nicht geregelt waren. Eine Hilfskasse für Bedürftige, gegründet schon 1850, eine Einkaufsgenossenschaft, eine Rentenkasse 1876, Witwenrente, ja sogar ein eigenes Arbeiterspital gehörten zum Unternehmen.

Ob der Protestantismus mit seinem speziellen Arbeitsethos zum Gedeihen der Firma beigetragen hat oder die lange zurückreichende, ebenfalls protestantische Bildungstradition in der einst württembergischen Grafschaft, in der bereits seit 1559 die allgemeine Schulpflicht herrschte, in Frankreich dagegen erst seit 1882, sei dahingestellt. Auf jeden Fall verfügte das Land weit eher als die umliegenden katholisch-französischen Gebiete über schreib- und lesekundige, verhältnismäßig gut ausgebildete und durch Schule und Kirchenordnung an Disziplin gewöhnte Menschen.

Scherzhaft und liebevoll wird Peugeot auch heute noch manchmal zu den »schwäbischen Automarken« gerechnet. Die Grande Nation wird es verkraften …

Gottlieb Daimlers Beziehungen zu Frankreich beschränkten sich bei weitem nicht nur auf die Familie Peugeot. Bereits in jungen Jahren war der 1834 geborene Daimler mit einem Stipendium erstmals nach Paris gereist. Seine hervorragenden Kenntnisse der französischen Sprache sollte er später noch vielfach zum Einsatz bringen.

Einer seiner wichtigsten Kontakte jenseits des Rheins bestand ohne Zweifel zu einer tatkräftigen französischen Witwe mit Hang zur Technik. Bei Louise Sarazin handelte es sich um den damals sehr seltenen Fall einer Frau, die in der Automobilbranche mitmischte. Sie verhalf damit dem württembergischen Autobauer Gottlieb Daimler zu außerordentlichem Erfolg in Frankreich.

Ihr Ehemann Edouard Sarazin, ein mit Gottlieb Daimler befreundeter Pariser Anwalt, der bis dato damit beauftragt war, Daimlers Patente im Ausland zu schützen, hätte nach den Vorstellungen Daimlers auch die Lizenzgeschäfte der Daimler-Motoren-Gesellschaft für Frankreich übernehmen sollen. Im Jahr 1887 hatte der Franzose zu diesem Zweck bereits die auf Holzbearbeitungsmaschinen und Gasmotoren spezialisierte Firma Panhard & Levassor mit dem Bau von Daimler-Verbrennungsmotoren für Frankreich bauftragt. Kurz darauf verstarb Edouard Sarazin jedoch mit erst 47 Jahren an einem Nierenleiden. Noch auf dem Totenbett legte er sein gerade erst begonnenes Vorhaben, von dem er sich so viel erhofft

Der Vertrag zwischen Gottlieb Daimler und Louise Sarazin läutete die Anfänge der französischen Automobilindustrie mit ein.

hatte, in die Hände seiner Frau: »Ich empfehle dir in deinem Interesse und zum Wohle unserer Kinder, die geschäftliche Verbindung mit Daimler weiterhin zu pflegen; seine Sache ist unbedingt vertrauenswürdig und sie wird eine Zukunft haben, deren Größe wir uns heute noch nicht vorstellen können.«

Kurz nach Sarazins Tod meldete sich Émile Levassor bei der Witwe mit der Frage, ob er denn nun die Daimler-Motoren bauen solle oder nicht. Louise hatte sich inzwischen in einem Brief an Gottlieb Daimler nach Cannstatt gewandt, in dem sie ihm anbot, die bisherigen Geschäfte ihres Mannes bezüglich der Lizenzvertretung in Frankreich zu übernehmen, und zwar so lange, bis ein neuer Vertreter gefunden wäre. Sie sei von Anfang an durch ihren Mann in alle Details der Geschäfte eingeweiht worden und kenne sich aus. Gottlieb Daimler, betroffen vom Tod seines französischen Freundes, versicherte ihr, er wolle die Lizenzrechte bei ihr belassen.

1888 reiste die Witwe Sarazin nach Cannstatt in Daimlers Werkstatt und war begeistert. Mit untrüglichem Gespür hatte sie die Zukunftsträchtigkeit der innovativen Produkte des schwäbischen Ingenieurs erfasst und nahm gleich einen seiner Motoren im »Handgepäck« nach Paris mit, um im selben Jahr noch einmal nach Cannstatt zu reisen, diesmal mit dem Ingenieur Levassor im Schlepptau.

Dieser sollte von nun an Daimlers Motoren in Paris bauen. Daimler sollte zwölf Prozent des Kaufpreises von jedem Motor erhalten. Louise erhielt die Lizenzrechte für alle Daimler-Produkte in Frankreich und Belgien.

Am 5. Februar 1889 schlossen Gottlieb Daimler und Louise Sarazin den Vertrag ab. Neben der zeitlich mehr oder weniger parallel laufenden Entwicklung der Peugeot-Automobile in Montbéliard bedeuteten auch die Vereinbarungen Daimlers mit Sarazin und Sarazins mit Levassor die Anfänge der französischen Automobilindustrie. Ein weiterer Vertrag besiegelte die Sympathie und Zuneigung der Louise Sarazin und des Ingenieurs Levassor, die sich während der gemeinsamen Arbeit angebahnt und zu Liebe ausgeweitet hatte: 1890 heirateten die beiden Pioniere.

Auf der Weltausstellung in Paris 1889 wurden die ersten Fahrzeuge ausgestellt und stießen auf großes Interesse. Beim ersten Autorennen der Welt 1894 zwischen Paris und Rouen kamen von insgesamt einundzwanzig Teilnehmern fünfzehn ans Ziel, davon waren neun mit Panhard-Motoren nach Daimler-Lizenz ausgestattet.

Levassor, selbst ein leidenschaftlicher Rennfahrer, hatte die Schnelligkeit der Daimler-Automobile als wichtigen Faktor für Werbung und Marketing begriffen und unterstützte den Wettbewerb in Schnelligkeit bei den damals als sensationell empfundenen Autorennen. Seine Rennbegeisterung sollte ihm allerdings auch zum persönlichen Verhängnis werden. Beim großen Langstreckenrennen 1896 Paris–Marseille–Paris saß er selbst am Steuer, wurde bei einem Unfall aus dem Wagen geschleudert und schwer verletzt. Im Jahr darauf starb er an den Folgen seiner Verletzungen. Witwe Louise musste die Geschäfte wieder einmal alleine weiterführen.

Kurz vor Torschluss – Mömpelgard macht noch einmal europäische Heiratspolitik

Es mutet schon eigenartig an: Ausgerechnet am Ende ihrer linksrheinischen Herrschaft erreicht die Heiratspolitik der Württemberger in Mömpelgard ihren Höhepunkt nach 1397, als zwischen dem Württemberger Grafensohn Eberhard IV. und der Mömpelgarder Erbtochter Henriette die Ehe geschlossen wurde.

Auch wenn Friedrich Eugen ein vergleichsweise unbedeutender Fürst war und in äußerst bescheidenen Verhältnissen lebte, so gehörten er und seine Ehefrau, die preußische Prinzessin, doch dem europäischen Hochadel an und ihre Kinder waren für standesgemäße Eheschließungen geradezu prädestiniert. Waren sie, wie im Falle der drei Töchter Friedrich Eugens, auch noch klug und schön, so konnte man sie mit Gold aufwiegen.

Auf die älteste Tochter Sophie Dorothea wurde Zarin Katharina die Große vom Bruder des Preußenkönigs, Prinz Heinrich, aufmerksam gemacht. Eine Verbindung der Tochter der Nichte Friedrichs II. mit ihrem Sohn und Thronfolger Paul würde der Friedenssicherung zwischen Russland und Preußen dienen. Die erste, arrangierte Begegnung der beiden jungen Leute fiel überraschend positiv aus und endete in ihrer Verlobung im Juni 1776. »Entzückend schön und wohlgebildet« sei ihre Schwiegertochter, so schwärmte Zarin Katharina von der siebzehnjährigen Württembergerin. Bei der schon im Herbst 1776 in Sankt Petersburg folgenden Hochzeit trat Sophie Dorothea zum russisch-orthodoxen Glauben über und erhielt den Namen Maria Feodorovna. Bei der Geburt ihres ersten von insgesamt zehn Kindern, des späteren Zaren Alexander I., schenkte Katharina dem jungen Paar ein Landgut nahe ihrer Sommerresidenz Zarskoje Selo. In Pavlovsk, so nannten sie es, entstand ein kleines, sehr geschmackvolles Schloss mit einer Gartenanlage, die, so sagt man, mit allen merkwürdigen Bauten dem »Dörfle« der Franziska von Hohenheim nachgebildet sei, nur dreißig Mal größer. Sophie Dorothea alias Maria Feodorovna jedoch trug in ihrer Seele

Mömpelgards letztes Aufblühen

die Erinnerungen einer glücklichen Kindheit in Étupes, und wie Mömpelgard-Étupes wurde auch Pavlovsk in Russland zum Anziehungspunkt eines erlesenen Kreises feiner, hochgebildeter Menschen, von Künstlern, Gelehrten, Dichtern und Denkern.

Maria Feodorovna, die schon als Kind an der Seite ihrer Mutter Arme und Bedürftige im kleinen Mömpelgard aufsuchen und deren Not zu lindern versuchen musste, packte als Zarin im großen Russland die Herausforderungen zur Schaffung einer Sozial- und Bildungspolitik an und erwarb sich mit ihrem sozialen Engagement, der Errichtung von Schulen, Waisenhäusern und Spitälern Hochachtung in der russischen Gesellschaft und Liebe beim russischen Volk. Dessen Sprache zu lernen war ihr selbstverständlich, auch wenn am Zarenhof hauptsächlich französisch gesprochen wurde.

Die zweite Tochter Friedrich Eugens, die 1767 geborene Elisabeth, wurde vom österreichischen Kaiser Joseph II. höchstpersönlich bei einem Besuch 1781 in Mömpelgard als Ehefrau für seinen Neffen, Erzherzog Franz-Joseph von Österreich-Toskana, ausgewählt. Noch ehe ihr Gemahl Kaiser Franz II. wurde, starb die junge Erzherzogin 1790 im Kindbett.

Um die nachhaltigen Beziehungen des Hauses Württemberg nach Frankreich, die vom letzten württembergischen Fürstenpaar aus Mömpelgard ausgingen, darzustellen, ist aber ein kurzer Sprung in die nachfolgende Generation notwendig: Durch die Heirat Alexander Friedrich Wilhelms, eines Enkels des württembergischen Herzogs Friedrich Eugen, mit Marie Christine von Orléans, der 1813 geborenen Tochter des französischen Herzogs Louis-Philippe von Orléans und Valois, wurden verwandtschaftliche Beziehungen Württembergs mit dem letzten der französischen Könige geknüpft. Louis-Philippe I. ging als »roi citoyen«, als »Bürgerkönig« der Julimonarchie von 1830 bis 1847, in die französische Geschichte ein.

Marie Christine, die durch diese Heirat von einer französischen Königstochter zur württembergischen Herzogin geworden war, zeichnete sich durch bemerkenswerte künstlerische Mehrfachbegabungen aus. Sie verfasste Lyrik- und

Herzogin Marie Christine von Württemberg schuf die Statue der betenden Jeanne d'Arc 1837. Das Original, von dem zahlreiche Abgüsse in Frankreich existieren, steht im Schloss Versailles.

Prosawerke und behauptete sich in Paris in einer Branche, die für Frauen sehr schwer zu erobern war: der Bildhauerei. Sie unterhielt ein Atelier im Palais de Tuileries und wurde vor allem mit Skulpturen der Jeanne d'Arc bekannt. Vor dem Rathaus in Orléans steht die von ihr geschaffene Statue »Betende Jeanne d'Arc«. Sehr jung verstarb Marie Christine von Orléans im Alter von nur 25 Jahren an einer Lungenkrankheit.

Auch der älteste Sohn des kinderreichen Mömpelgarder Fürstenpaares, Friedrich, sollte als späterer erster König von Württemberg noch eifrig Heiratspolitik mit Frankreich betreiben. Von ihm wird an anderer Stelle die Rede sein.

Mömpelgards letztes Aufblühen

Französische Revolution und württembergische Revolutionäre

Die französische Leitkultur zeitigt »unerwünschte« Folgen

Wie oben beschrieben, hatte Graf Georg I. von Württemberg-Mömpelgard mit seinem Testament eine erstaunliche und äußerst nachhaltige Investition in die Bildung seines kleinen Landes getätigt. In einem Zusatz zu seinem 1555 verfassten Testament verfügte er 1557 eine Stiftung, die es jährlich zehn Stipendiaten aus den linksrheinischen Gebieten, sechs aus Mömpelgard und vier aus Reichenweier, ermöglichen sollte, im Evangelischen Stift in Tübingen ein Studium zu absolvieren. Er stattete das Stiftungsvermögen mit 10 000 fl. aus, die jedes Jahr fünf Prozent, also 500 fl., Ertrag bringen sollten und für die Aufnahme der Studenten in das Stift, das Studium, Kost und Logis bestimmt waren. Die Abkürzung »fl.« bedeutete »Florin«, also Florentiner Gulden, die Bezeichnung für eine Goldmünze als Währungseinheit. Für einen Gulden musste ein Meister zwei Tage lang, ein Tagelöhner drei Tage lang je dreizehneinhalb Stunden arbeiten.

Graf Georg erhoffte sich von seiner Stiftung einerseits gut ausgebildete evangelische Pfarrer für sein Land und damit die Festigung des noch neuen protestantischen Glaubens, andererseits die Heranbildung einer, wenn auch bescheidenen, so doch obrigkeitstreuen Bildungselite.

Mömpelgarder Ungehorsam und »Freiheitsschwindel« am Tübinger Stift

Ob Graf Georg I. einen Transfer der französisch geprägten Mömpelgarder Kultur nach Tübingen und in die nahe gelegene Hauptstadt Stuttgart und zurück tatsächlich im Sinn hatte, ist fraglich. De facto war dieser Kulturaustausch eine natürliche Folge. Und in der zweiten Hälfte des 18. Jahrhunderts dürfte die »Einfuhr« revolutionären Gedankenguts ins brave Evangelische Tübinger Stift mit Sicherheit nicht im Sinne der Obrigkeit gewesen sein.

Der Andrang von Kandidaten für die Aufnahme ins Tübinger Stift erwies sich zu Beginn als recht schwach und

Französische Revolution und württembergische Revolutionäre

beschränkte sich auf einen relativ kleinen Kreis von Bürgersöhnen aus der Oberschicht, der vom Regentschaftsrat in Mömpelgard ausgewählt wurde – und wohl nicht immer nur nach Leistungskriterien.

Nicht zu unterschätzen ist die Sprachbarriere, denn in den Schulen der Mömpelgarder Grafschaft wurde keineswegs wie zu erwarten zweisprachig gelehrt. Der Unterricht wurde auf Französisch erteilt, Deutsch wie eine Fremdsprache gelernt. Auch die Kirchensprache in den sonntäglichen Gottesdiensten war Französisch. Einzig am gräflich-herzoglichen Hof und in der Hofgesellschaft wurde deutsch gesprochen. Manche also, vor allem in der Stadt Mömpelgard, waren auch zweisprachig.

Die mangelnde Vorbildung der Kandidaten für ein Stipendium am Tübinger Stift, die häufig von der Stiftslei-

> **Die Mömpelgarder Studenten hatten am Tübinger Stift nicht den besten Ruf.**

tung und der Aufsicht führenden Kirchenbehörde beklagt wurde – »seicht und schwach«, »halb studiert« –, lag jedoch hauptsächlich daran, dass es an Möglichkeiten zu weiterführender Schulbildung fehlte. Während im Herzogtum Württemberg dezentral in fast allen größeren und kleineren Städten Lateinschulen für die weitere Schulbildung nach den Grundschuljahren zur Verfügung standen, gab es in Mömpelgard nur das Gymnasium. Und dieses war zeitweise nur mit einem einzigen Lehrer ausgestattet! Die Lateinschulen in Württemberg bereiteten zum Besuch auf die begehrten Seminare in Maulbronn, Blaubeuren, Schöntal oder Bebenhausen vor, die dann als »Kaderschmiede« und Sprungbrett zum Studium am theologischen Seminar der Universität Tübingen dienten.

Kein Wunder, dass die Mömpelgarder Stipendiaten oft von Tübingen aus erst einmal nach Stuttgart auf das Gymnasium geschickt werden mussten, um die Wissenslücken zu füllen. Man gab sich redlich Mühe mit ihnen, und die üblicherweise auf zwei bis drei Jahre Dauer angelegten Stipendien konnten durchaus auch einmal verlängert werden. Und wenn sich ein Stipendiat auch beim besten Willen nicht mit der Theologie und der Aussicht auf den späteren Pfarrberuf anfreunden konnte, waren die Verantwortlichen großzügig. Es kam durchaus vor, dass ein Wechsel zur Medizin oder Jurisprudenz ermöglicht wurde.

Das wäre sicherlich auch im Sinne des Stifters Graf Georg gewesen, dem es als Landesherr nicht ausschließlich auf die Versorgung seines Landes mit genügend protestantischen Pfarrern angekommen sein dürfte, sondern auch mit akademisch gebildeten Vertretern anderer gefragter Berufsgruppen.

Wenig Verständnis zeigte die Seminarleitung allerdings für die mangelnde Disziplin, mit der die Mömpelgarder Stipendiaten oft negativ auffielen. Trunkenheit, Ungehorsam, ständige Streitereien, Krawall, mangelnder Respekt den Repetitoren gegenüber waren die immer wiederkehrenden Vorwürfe seitens der Stiftsleitung. Dazu kamen Faulheit, »Blasphemie« und Fluchen, Beleidigungen, unentschuldigtes Fehlen bei den Seminaren, Trödeleien.

Natürlich kamen ähnliche Verstöße auch bei den Studenten aus den rechtsrheinischen Gebieten vor, doch viel seltener. Wahrscheinlich waren diese schon seit ihren Zeiten auf den Lateinschulen und den Klosterseminaren so sehr an Disziplin und Wohlverhalten gewöhnt, dass sie sich viel leichter der streng reglementierten Ordnung des Internatslebens im Stift unterwerfen konnten. Die Mömpelgarder Sprösslinge waren gerade zum ersten Mal der elterlichen Aufsicht entronnen, und ihre Eskapaden sind zweifellos nicht »dem gallischen Temperament« zuzuschreiben, wie der damalige Internatsleiter »magister domus« vermutete. Wenngleich gewisse Verhaltensweisen der Mömpelgarder Studenten dem gängigen Klischee »vom Franzosen« entsprachen.

Anstelle der für alle vorgeschriebenen einheitlich dunklen Internatskleidung mit schwarzem, kurzem »Mäntelin« fand es der Mömpelgarder Léonard Debard zum Beispiel offensichtlich besonders schick, fröhlich farbige Strümpfe zu tragen, »Strumpff von allerlei Farb«, die er trotz mehrfachen Verweisen nicht ablegen wollte. Die Stiftsleitung erließ daraufhin eine Vorschrift, die künftig alle »Alamodereien« verbot. Debard wurde zu einer öffentlichen Buße im Stift verurteilt; das war ihm der Spaß wohl wert. Schlimmer empfanden es die Studenten, wenn ihnen wegen Ungehorsams der Tafelwein, ein Liter pro Tag, entzogen wurde; Kerkerhaft, der »Karzer«, war schon wieder eine originelle Unterbrechung des Alltags.

Fiel also der Mömpelgarder Ungehorsam bei den bereits freiheitlich gestimmten württembergischen Mitstudenten auf fruchtbaren Boden? Offensichtlich galt jedenfalls der Einfluss der »Franzosen« bald als recht gefährlich, denn anstatt sie durch gemeinsames Wohnen in Zimmern zusammen mit den anderen Studenten zu integrieren, was zweifellos die Sprachschwierigkeiten in kürzester Zeit verringert hätte, wurden sie getrennt von den anderen in einem eigenen Wohntrakt untergebracht. Ja, sogar der Zugang vom Stiftsgebäude zum Neckarufer soll für die »Franzosen« ein eigenes Tor gehabt haben.

Als weitaus gefährlicher als die undisziplinierten Mömpelgarder erwiesen sich aber zuletzt doch jene französischen Importe, die ganz leise daherkamen und sich beunruhigend in Geist und Herz der Tübinger Stiftler einnisteten. »Unsere jungen Leute«, warnte der besorgte Stiftsleiter im Angesicht der Entwicklungen in Frankreich, »sind von dem Freiheitsschwindel angesteckt«.

»Aus Herzens- und Nahrungsnot« – Friedrich Hölderlins Schicksalsreise nach Bordeaux

Gegenüberliegende Seite: Die Stiftler Hegel, Schelling und Hölderlin waren dabei, als auch in Tübingen 1793 ein sogenannter Freiheitsbaum aufgestellt wurde. Das Bild zeigt jenen aus Mainz.

Tatsächlich schwärmten nach 1789 die Tübinger Studenten rasch für die Freiheitsideale der Französischen Revolution. Als besonders begeisterte Revolutionsanhänger erwiesen sich die drei bald so berühmten Dichter und Philosophen Hegel, Schelling und Hölderlin, die sich im Tübinger Stift nicht nur dasselbe Zimmer teilten, sondern mehr noch ihre politischen Überzeugungen von Freiheit, Gleichheit und Brüderlichkeit, gepaart mit ihrer gemeinsamen Abneigung gegen das despotische Regime des zu dieser Zeit noch herrschenden Herzogs Carl Eugen.

Sie nahmen an den »Revolutionsfeiern« in Tübingen teil, die ihren Höhepunkt 1793 in der Aufstellung eines Freiheitsbaumes auf einer Wiese vor den Toren der Stadt fanden. Von Hegel sagt man, er habe sich noch in späteren Jahren als älterer Herr alljährlich am 14. Juli, dem Jahrestag der Französischen Revolution, eine besonders gute Flasche Wein genehmigt.

Auch in der Professorenschaft der Universität rumorte es. So versorgte der beliebte Repetent am Stift, Carl Philipp Conz, die Studenten regelmäßig mit Informationen aus erster Hand über die Ereignisse in Frankreich, die er aus den Briefen und Zeitungsartikeln seines Freundes Karl Friedrich Reinhard – von dem noch ausführlich die Rede sein wird – direkt aus dem nahe gelegenen Straßburg und aus Paris erhielt.

Von dem 1770 in Lauffen geborenen Hölderlin ist bekannt, dass er während seiner Tübinger Zeit am Stift intensiven Kontakt mit den Studenten aus Mömpelgard hatte, die allein schon wegen ihrer familiären Bindungen als gut informierte Quelle zu den Geschehnissen in Frankreich dienten.

Eng verbunden fühlte sich Hölderlin dem Mömpelgarder Georges Frédéric Fallot, dessen Wahlspruch »Mort ou Liberté«, »Tod oder Freiheit«, den Stiftlern nachhaltig imponierte. Dem Jurastudenten Leo von Seckendorf, der später viele von Hölderlins Gedichten in dem von ihm herausgegebenen »Musenalmanach« veröffentlichte, schrieb Fallot ins Stammbuch: »La meilleure leçon, que j'ai à te donner, c'est de ne plus être aristocrate«, »Der beste Rat, den ich dir zu geben habe, ist, kein Aristokrat mehr zu sein«. Und er fügte neben seinem Namen »bon patriot« hinzu, »ein guter Patriot«. Sein Landsmann Georges Louis Bernard signierte seinen Eintrag mit dem Zusatz »ami de la liberté«, »Freiheitsfreund«.

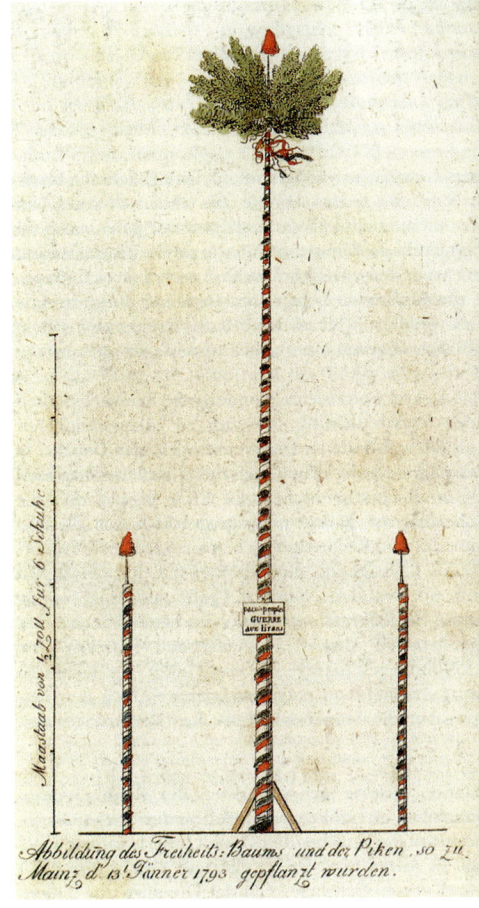

Abbildung des Freiheits-Baums und der Piken, so zu Mainz d. 13 Jänner 1793 gepflanzt wurden.

Dass Friedrich Hölderlin einmal das Land seiner Freiheitsträume bereisen wollte, liegt nahe. Der Grund für seine Frankreichreise 1801/1802 jedoch war ein recht banaler: »die Herzens- und Nahrungsnot«, die ihn nach drei abgebrochenen oder gekündigten Stellen als Privatlehrer und einer ersten gescheiterten Schriftstellerexistenz veranlasste, ein gut dotiertes Stellenangebot als Hauslehrer bei einer deutsch-französischen Familie in Bordeaux anzunehmen. So konnte er auch seiner Mutter, die ihn in den Pfarrdienst drängen wollte, entkommen und den Schmerz über die unerfüllbare Liebe zur Gattin seines früheren Dienstherrn, Susette Gontard, seiner Diotima, vergessen.

Anfang Dezember trat er seine achtwöchige Reise zu Fuß und per Kutsche über den Schwarzwald nach Straßburg, Belfort und Lyon und durch die Auvergne nach Bordeaux an.

Französische Revolution und württembergische Revolutionäre

Der wegen Passschwierigkeiten unfreiwillig verlängerte zweiwöchige Aufenthalt in Straßburg war ihm sicherlich nicht ganz unwillkommen, galt die attraktive und wohlhabende Stadt mit ihrer berühmten protestantischen Universität doch seit jeher als Brückenkopf für Ideen- und Informationstransfer zwischen Deutschland, Frankreich und der Schweiz. Zum damaligen Zeitpunkt waren sechzig Studenten aus Württemberg und neunzig aus Baden an der Universität immatrikuliert.

Schmerzlich muss für ihn die Erinnerung an seinen ehemaligen Freund und Förderer Gotthold Friedrich Stäudlin und dessen tragisches Ende gewesen sein. Er gilt als Entdecker von Hölderlins literarischem Talent und hatte auch Gedichte von ihm veröffentlicht. Beruflich, vor allem finanziell war Stäudlin gescheitert und vor seinen Gläubigern nach Straßburg geflohen. Im Jahr 1796 ertränkte sich der Verzweifelte im Alter von 38 Jahren in der Ill.

Fragt sich, ob Hölderlin denn über genügend französische Sprachkenntnisse verfügte. In den württembergischen Lateinschulen, Seminaren und am Stift wurde auf die alten Sprachen Griechisch, Lateinisch, Hebräisch Wert gelegt. Dennoch wurde zumindest am Stuttgarter Gymnasium und in Maulbronn auch Französisch gelehrt, war es doch immer noch die Sprache, die an allen Höfen Europas und auch in vornehmen bürgerlichen Familien gesprochen wurde. In Hölderlins Maulbronner Zeugnis ist vermerkt: »französ: mittelmäsig.« Aber auch die Umgangssprache der Frankfurter Bankiersfamilie Gontard, die hugenottischen Ursprungs war und bei der Hölderlin drei Jahre lang als Hauslehrer (und Geliebter der Hausherrin) gewirkt hatte, war Französisch. Von ihrem Besuch bei den Gontards schrieb die französische Schriftstellerin Madame de Staël, man esse vorzüglich, spreche allgemein französisch und alle Welt heiße Gontard.

Hölderlins Ankunft Ende Januar 1802 in Bordeaux war eine glückliche. Die Familie seines neuen Dienstherrn, des Weinhändlers und Hamburger Konsuls Daniel Christoph Meyer, bereitete ihm einen sehr freundlichen Empfang. An seine Mutter schrieb er: »Mir gehet es so wohl, als ich nur

wünschen darf.« Die Familie bewohnte ein Palais mitten in der Stadt nahe der Oper in den eleganten Allées de Tourny. Hölderlin war überwältigt vom Anblick des Meeres, von der schönen, reichen Hafenstadt mit ihrem bunten Gemisch von Menschen aus aller Welt. »Chaluppen eilten geschäftig zwischen den Schiffen hindurch, Fischerkähne, ankommende Marktschiffe, Nachen von allen Formen vermehrten das bunte, lustige Gewimmel.«

So etwa zeigte sich Bordeaux Hölderlin, als er die Stadt im Jahr 1802 erreichte.

Bordeaux war damals nach Paris und Lyon die drittgrößte Stadt Frankreichs. Im 17. und 18. Jahrhundert war sie zum führenden Handelsplatz Europas aufgestiegen und hatte ihren wirtschaftlichen Aufstieg im Kolonialhandel erlebt, zu dem auch der lukrative Sklavenhandel zählte. Auch Konsul Meyer, der als Generalkonsul auch die Interessen der Kaufmannschaft seiner Heimatstadt Hamburg vertrat, hatte sich an der Ausrüstung von Schiffen beteiligt, die Güter aus Europa nach Afrika brachten, um sie dort gegen Sklaven einzutauschen. Die Sklaven wurden anschließend auf die französischen Karibikinseln verfrachtet, wo sie auf Plantagen

Französische Revolution und württembergische Revolutionäre 179

arbeiten mussten. Zudem wurden die Kolonisten in der Karibik mit allerlei Luxuswaren, Lebensmitteln, Leinwand und anderen Stoffen versorgt. Im Gegenzug luden die Schiffe dort für Frankreich Zucker, Kaffee, Gewürze und Indigo zum Färben von Textilien ein. Das war zwar ein risikoreiches Geschäft, doch man konnte damit auch unvorstellbar reich werden. Bordeaux erstrahlte in diesem Glanz der Wohlhabenheit.

Meyer hatte im Jahr 1779 eine Französin geheiratet. Marie Henriette brachte aus ihrer ersten Ehe zwei Kinder mit und dann noch ein Mädchen und einen Jungen zur Welt. Als Hofmeister hatte Hölderlin zwar die Kinder der Familie zu unterrichten, doch blieb ihm genügend Zeit zum Schreiben, die Stadt zu erkunden und die Auswirkungen der Revolution und des jakobinischen Terrors mit seinen eigenen Revolutionsidealen zu vergleichen.

Viele aus der politischen und wirtschaftlichen Elite der Stadt hatten ihr Leben verloren, Koalitionskriege und die Kontinentalsperre hatten den Handel und die Wirtschaftskraft der Stadt wesentlich geschwächt. Wie Hölderlin diese Beobachtungen einschätzte, wissen wir nicht. Er schrieb während seines ganzen Bordeaux-Aufenthaltes nur vier belanglose Briefe.

Warum er trotz der zumindest äußerlich für ihn guten Bedingungen seinen Dienst nach nur wenigen Monaten quittierte, ist ein Rätsel. Waren es die beunruhigenden Nachrichten, die ihn über seine geliebte, schwer erkrankte Susette aus Frankfurt erreichten? Wollte er sie nochmals sehen? Er hätte dafür sicherlich Urlaub von seinem Dienstherrn bekommen. Hölderlins Diotima starb am 22. Juni 1802 an den Röteln.

Seitens seines Dienstherrn sind weder Beschwerden noch Streit noch eine Kündigung bekannt. Tatsache ist, dass Hölderlin unerwartet plötzlich nach Paris aufbrach, wo er, anstatt, wie man vermutet hätte, Gedenkstätten der Revolution aufzusuchen, die dortige Antikensammlung besichtigte. Danach reiste er nach Straßburg, wo er am 7. Juni 1802 ein Ausreisevisum erhielt und sofort zu seiner Familie nach Nürtingen weiterreiste.

Diese war entsetzt über den verwirrten, ja verwahrlosten Zustand, in dem er sich befand: »leichenbleich, abgemagert, von hohlem, wildem Auge, gekleidet wie ein Bettler.« Selbst alte Freunde erkannten ihn kaum wieder. Die französische Lebensart, die schöne und interessante Stadt Bordeaux, die freundliche Familie Meyer – das alles hätte für den jungen Dichter zu einer wundervollen Erfahrung und zu einem Sprungbrett in ein gelingendes Leben werden können.

Nun war die »Schicksalsreise« zum Auftakt für seine beginnende Krankheit der geistigen Zerrüttung geworden, die ihn fast vierzig Jahre lang im Tübinger Turm umfangen sollte. Den sich ihm in Bordeaux eröffnenden Blick auf das weite Meer hatte er mit dem Ausguck auf den Neckar getauscht.

Es ist ein französischer Hölderlin-Experte, Pierre Bertaux, der für Hölderlins Krankheit eine Erklärung lieferte: Der ursprünglich so begeistert-revolutionär gesinnte Hölderlin habe sich, von den politischen Entwicklungen in Frankreich wie in Deutschland zutiefst enttäuscht, in eine weltabgewandte Gedankenwelt hineingeflüchtet, um so der Wirklichkeit zu entkommen. Für Bertaux' Hölderlinforschung sind die Geschehnisse um die Französische Revolution maßgeblich, um den deutschen Dichter in seinem Wesen verstehen zu können.

Citoyen français – Friedrich Schiller wird französischer Ehrenbürger

Nicht nur im Tübinger Stift gärte es. Auch auf der Hohen Carlsschule, der Militärakademie des Herzogs Carl Eugen, wuchs die Sehnsucht nach Freiheit und politischer Veränderung, bei Studenten wie Dozenten. Sie waren der Willkür ihres Herzogs durch dessen häufige persönliche Präsenz viel

Schillers Flucht
aus Stuttgart
1782: Der revolu-
tionär gesinnte
Dichter erhielt
zehn Jahre später
die französische
Ehrenbürger-
würde.

unmittelbarer ausgesetzt als ihre Kommilitonen in Tübingen. Zum Sinnbild für Empörung gegen Tyrannei und für ihren Freiheitswillen wurde Schillers Drama »Die Räuber«, das er bereits während seiner Studienzeit auf der Hohen Carlsschule verfasst und in Auszügen seinen dortigen Vertrauten vorgelesen hatte.

Ab 1785 wurden »Die Räuber« auch auf Frankreichs Theaterbühnen gespielt. Sie wurden zum Inbegriff für den Kampf gegen alle Formen von Abhängigkeit.

Schiller hatte die Französische Revolution 1789 anfänglich begrüßt, wie viele Intellektuelle deutete er den Ausbruch der Revolution als politische Inkarnation der Aufklärung. Er verurteilte jedoch die Hinrichtung des Königs 1793 und den jakobinischen Terror. An seinen Freund Körner schrieb er im Februar: »Ich kann seit vierzehn Tagen keine französischen Zeitungen mehr lesen, so ekeln diese elenden Schindersknechte mich an.« Wie sehr er im revolutionären Frankreich verehrt wurde, war ihm wohl selbst nicht bewusst.

Im August 1792 beschloss die französische Nationalversammlung die Verleihung der Ehrenbürgerwürde an den deutschen Dichter Friedrich Schiller. Auch andere, die sich um Freiheit und Humanismus verdient gemacht hatten, wurde geehrt, wie Klopstock und Washington. Schiller wurde auf Vorschlag des elsässischen Abgeordneten im Nationalkonvent Philippe Jaques Rühl aus Straßburg in die Liste der zu Ehrenden aufgenommen. Die Urkunde, ausgestellt auf »Le sieur Gillé, publiciste Allemand«, ist von Danton unterschrieben.

Die Übermittlung der Urkunde an Monsieur Gillé erwies sich als schwierig. Erst Anfang 1798 hielt er sie in Händen. Er vermachte sie der Weimarer Bibliothek, ließ sich jedoch eine Kopie erstellen, »für den Fall, dass eines meiner Kinder sich in Frankreich niederlassen und dieses Bürgerrecht reklamieren wollte«. Die Urkunde verlieh ihm die volle französische Staatsbürgerschaft, die auf alle seine Nachkommen übertragbar war.

Tatsächlich sollte dieses Recht einem seiner Urenkel einmal gute Dienste erweisen. Der 1865 geborene Offizier und Schriftsteller Alexander von Gleichen-Rußwurm, dessen Großmutter die jüngste Tochter Friedrich Schillers war, lebte in der Villa Menschikow in Baden-Baden oberhalb der Lichtentaler Allee, und als nach dem Zweiten Weltkrieg die französische Besatzungsmacht 1945 die Villa requirieren wollte, zeigte er die Urkunde und wies sich damit als französischer Staatsbürger aus. Der greise Mann durfte bleiben.

Kunst, Architektur und revolutionäre Gedanken aus Frankreich

In ganz Europa galten im 17. und 18. Jahrhundert der französische König, Paris und das Versailler Hofleben als das große Vorbild für die übrigen Fürsten und ihren Regierungsstil. Das Modell des französischen Absolutismus unter dem Sonnenkönig Ludwig XIV. wurde zur prägenden europäischen Herrschaftsform. Schlösser und Gärten mussten in französischem Baustil errichtet und mit prunkvollen Festivitäten bespielt werden, um dem Repräsentationsbedürfnis ihrer kleinen und großen Fürsten zu entsprechen und ihren Ländern im europäischen Kräftespiel der Mächte Geltung zu verschaffen. Frauen und Männer bei Hofe kleideten sich nach französischer Mode, man sprach französisch, feierte Feste wie in Versailles, unterhielt kostspielige Mätressen, gab Theater- und Opernaufführungen nach französischem Muster, kurz, man pflegte in allem und jedem den französischen Lebensstil. Und war bereit, hierfür viel Geld auszugeben, das man meist gar nicht hatte.

Herzog Carl Eugen unterschied sich hierin nur wenig von seinen europäischen Fürstenkollegen. Vielleicht verwirklichte er das französische Ideal intensiver, zumindest fühlte sich der weitgereiste und kritische Casanova nach seinem für ihn selbst übrigens gar nicht glücklich verlaufenen Besuch in Stuttgart und in Ludwigsburg bemüßigt zu verkünden, der württembergische Hof sei der glänzendste in ganz Europa. Dabei dürfte er durchaus auch vom Ludwigsburger Schloss als dem »schwäbischen Versailles« des früheren Herzogs Eberhard Ludwig beeindruckt gewesen sein.

Auf jeden Fall setzte Carl Eugen das französische Vorbild konsequent und nachhaltig um. Er berief namhafte und erfolgreiche Künstler und Handwerker aus Frankreich an den württembergischen Hof und setzte sie auch als Lehrer an seiner Hohen Carlsschule ein, um später mit eigenen Kräften seinen Hof à la française gestalten zu können.

Einer der berühmtesten unter ihnen war Philippe de la Guêpière, der 1752 beim Bau des Neuen Schlosses in Stuttgart die Nachfolge des Baumeisters Leopoldo Retti anzutreten hatte und die ihn nicht recht ausfüllte. Doch dann bekam er den Auftrag, den Umbau des Neuen Lusthauses zum Opernhaus weiterzuführen, und es wurde daraus eines der schönsten und größten Theater Europas. Das kleine, auch als »Seeschloss« bezeichnete Lustschloss Monrepos in Ludwigsburg wurde in den Jahren 1760 bis 1764 zu einem Hauptwerk und zu einem persönlichen künstlerischen Höhepunkt de la Guêpières. Auch am Bau von Schloss Solitude wirkte er noch mit, kehrte jedoch 1767 wieder in seine Heimat nach Paris zurück, wo er 1773 verstarb.

Ganz offensichtlich kam es dem württembergischen Herzog also darauf an, das Knowhow der Franzosen in sein Land zu holen. Dabei war er mit Auslandsstipendien für die begabten unter seinen Schülern nicht geizig. So stattete er zum Beispiel die später zu Ruhm gelangten Bildhauer Johann Heinrich Dannecker und Philipp Jakob Scheffauer mit einem Stipendium für einen zweijährigen Aufenthalt in Paris aus, wo sie im Atelier des namhaften Bildhauers Augustin Pajou Aufnahme fanden. Auch der zu deren Freundeskreis gehörende Maler und Carlsschüler Philipp Friedrich Hetsch bildete sich mit einem herzoglichen Stipendium für zwei Jahre in Paris weiter und fand dort seinen Schwerpunkt in der Landschaftsmalerei.

Was die jungen Leute in Paris gelernt hatten, sollte ihrem Land nach dem Willen des Herzogs später wieder zugutekommen – freilich nur, solange es sich dabei nicht um revolutionäres Gedankengut handelte. Und tatsächlich bewährte sich Hetsch als Hofmaler Herzog Carl Eugens, lehrte

Philippe de la Guêpière trat beim Bau des Neuen Schlosses in Stuttgart die Nachfolge des Baumeisters Leopoldo Retti an. Auch den Umbau des Neuen Lusthauses zum Operntheater (rechts im Bild) führte er weiter.

als Professor für Malkunst an der Stuttgarter Kunstakademie und wurde später Direktor der königlichen Galerie. Hofbildhauer Dannecker, wie Hetsch 1758 in Stuttgart geboren, machte mit seinem berühmten Atelier am Schlossplatz die Residenzstadt zum Anziehungspunkt für Künstler und Intellektuelle aus ganz Europa. Zuvor war aber auch er vorübergehend der Revolution verfallen: Im später sogenannten »Maskenball der Revolutionäre« hatten Dannecker, der künftige Maler Joseph Anton Koch und der Publizist Georg Kerner zu den Verschwörern gehört, die im März 1791 auf einem Maskenball im Neuen Lusthaus in Stuttgart Zettel mit revolutionären Parolen unters Publikum brachten und damit einen Skandal auslösten.

1806, Dannecker war längst wieder »zahm« geworden, fertigte er im Auftrag von Kronprinz Wilhelm Antikenabgüsse aus der begehrten Antikensammlung im Pariser Louvre an, wobei ihm seine Kontakte aus seiner Pariser Studienzeit gewiss sehr nützlich waren. Scheffauer, zwei Jahre später als seine Künstlerkollegen in Stuttgart geboren, gab sein Wissen als Professor an der Hohen Carlsschule weiter.

Direktimporte aus Frankreich versprachen Herzog Carl Eugen natürlich schnelleren Erfolg, vielleicht weniger nachhaltig und auf den ersten Blick kostspieliger, doch rasch sichtbar in Schlossneubauten, Opernhäusern, Tanz- und Theateraufführungen. So berief Carl Eugen im Jahr 1749 den vielversprechenden Maler Nicolas Guibal aus Paris an den württembergischen Hof. Zunächst sollte der 1725 in Lunéville geborene Guibal repräsentative Hoffeste arrangieren und Theaterdekorationen à la française schaffen, dann das große Deckengemälde im Treppenhaus des Stuttgarter Neuen Schlosses, zwei allegorische Deckengemälde im neu errichteten Schloss Solitude, die Innenausstattung im Seeschlösschen Monrepos und die Deckengestaltung in den Räumen der Hohen Carlsschule. Man konnte als Franzose schnell Karriere machen am Hof des württembergischen Herzogs, vor allem viel Geld verdienen. Das man sogar ausbezahlt bekam, wenn man, wie Nicolas Guibal, auch Aufträge von konkurrierenden Höfen wie aus Schwetzingen und Mannheim

erhielt. Zweitausend Gulden jährlich gestand Herzog Carl Eugen seinem Hofmaler »Peintre du Duc de Wurtemberg« als Sold zu. Der als Sohn eines Bildhauers geborene Guibal wurde sesshaft in Stuttgart, wo er auch an der Hohen Carlsschule unterrichtete, und heiratete 1759 eine Juliana Greber, mit der er fünf Kinder hatte.

Doch Carl Eugens Franzosen importierten eben auch andere Güter, die gerade an den Hochschulen reißenden Absatz fanden: Die Begriffe Freiheit, Gleichheit, Brüderlichkeit als Ideengut der künftigen Französischen Revolution waren im

Der französische Tänzer und Choreograph Jean-Georges Noverre erneuerte das Ballett am Stuttgarter Hof.

Gepäck der Franzosen mit eingereist. Als Freimaurer vertrat Guibal den Gedanken der Toleranz, einen Wert, der den französischen Revolutionären später allzu oft abhandenkommen sollte. In Stuttgart war er Mitglied der Loge »Zu den 3 Cedern« und gestaltete deren Logenhaus mit Fresken und einem mit freimaurerischen Emblemen geschmückten Deckengemälde aus.

Ende der 70er-Jahre erkrankte Guibal schwer. Häufig wiederkehrende Krampfanfälle quälten ihn, vermutlich litt er an einer fortschreitenden Vergiftung durch schwermetallhaltige Farben. Am 3. November 1784 starb er und wurde in der einzigen katholischen Gemeinde im protestantischen Stuttgart, in Hofen am Neckar, beigesetzt.

Die Liste der großen Namen aus Frankreich, die zu den Gestaltern des kulturellen Lebens am Hofe Carl Eugens gehören, wäre unvollständig ohne den 1727 in Paris geborenen Jean-Georges Noverre, der zu den bedeutendsten Tänzern und Choreographen des 18. Jahrhunderts gehörte. Er hatte sich bereits in Paris, Lyon, Straßburg, London und Berlin einen Namen gemacht, als ihn Carl Eugen im Jahr 1760 nach Stuttgart holte. Was Noverre auf der Bühne zeigte, war neu für das Publikum: Ganz im Geiste der Aufklärung wandte er sich gegen die barocke Prachtentfaltung und Erstarrung der Tanzfiguren des höfischen Balletts, gegen Reifröcke, Perücken und Masken der Tänzerinnen und Tänzer auf der Bühne. In seinem Fach war er ein Revolutionär, der die aufkommende neue Zeit in seine Kunst übertrug. Natürlichkeit und persönliche Ausstrahlung sollten seine Figuren glaubwürdig machen, ja, er führte sogar die ersten dramatischen Handlungsballette ein. Mit großem Erfolg. Mit dem französischen Choreographen, dessen theoretische Untermauerung seiner Kunst in seinen von Lessing ins Deutsche übersetzten »Briefen über die Tanzkunst« 1760 Ausdruck fand, wurde Stuttgart zur Avantgarde der Tanzkunst.

Eine württembergische Karriere in Frankreich

Karl Friedrich Reinhard, französischer Botschafter und Außenminister

Von einem vorbildlichen Europäer würde man heute sprechen, wenn es um den Diplomaten Karl Friedrich Reinhard geht, und man würde seine Existenz *zwischen* den Kulturen Frankreichs und Deutschlands, sein politisches Wirken zwischen Orient und Okzident als ein gelungenes Leben bezeichnen.

Zu seinen Lebzeiten war dies ganz anders. Der protestantische Theologe aus Württemberg, der in revolutionären und nachrevolutionären Zeiten in Diensten des französischen Staatsmanns Abbé Sieyès und des berühmten Diplomaten und Klerikers Charles-Maurice de Talleyrand stand, musste sich zeitlebens des Vorwurfs eines Abtrünnigen erwehren.

Sein Lebensweg begann in scheinbar vorgezeichneten Bahnen. Am 2. Oktober 1761 als ältester Sohn des zweiten Stadtpfarrers von Schorndorf in das Milieu eines protestantischen Pfarrhaushalts hineingeboren – auch seine Mutter stammte als Tochter des Schorndorfer Dekans aus einem Pfarrhaus –, besuchte er nach der Lateinschule in seiner Geburtsstadt die Klosterschulen Denkendorf und Maulbronn. Das Tübinger Stift folgte. Dort studierte er zwar mit Erfolg und einem guten Examen Theologie, doch ohne große Begeisterung. Dem geistig überaus wachen Studenten genügten die üblichen Anregungen der Vorbereitung zum Pfarrberuf nicht, und so begann er ein Studium der Literatur und der alten und neuen Sprachen, mit besonderer Liebe zum Französischen. Bei seinen Kommilitonen brachte ihm das bald den liebevoll-spöttischen Kosenamen »Monsieur Reinhard« ein.

Eine württembergische Karriere in Frankreich

Als ungewöhnlich galt seine Entscheidung, Orientalistik zu studieren. Das Arabische, vor allem der Ausdrucksreichtum dieser Sprache, fesselte ihn in einem solchen Maße, dass er sogar begann, arabische Poesie ins Deutsche zu übertragen, und er mit einer Schrift über arabische Dichtkunst 1780 seinen Magister in Orientalistik erwarb. Dass sich seine Begabung für sprachliche Darstellung und seine enorme Sprach- und Denkdisziplin einmal in seiner übrigens auf Französisch verfassten diplomatischen Korrespondenz bewähren würde, hatte in seiner Jugendzeit natürlich noch niemand zu denken gewagt. Die Zuverlässigkeit und Präzision seiner diplomatischen Arbeit wurde nicht nur von Napoleon geschätzt, sondern galt in der damaligen diplomatischen Welt als geradezu legendär.

Reinhard übersetzte den lateinischen Elegiker Tibull aus der Zeit des römischen Kaisers Augustus ins Deutsche und publizierte Gedichte im »Schwäbischen Musenalmanach für das Jahr 1782«, über die Friedrich Schiller schrieb, sie verrieten »die zärtlichste Empfindung und den liebenswürdigen Charakter ihres Verfassers«.

Über eine Publikation Reinhards im »Schwäbischen Museum« von 1785 allerdings erregte sich nicht nur die Öffentlichkeit, sondern vor allem das Stuttgarter Konsistorium, das als Aufsichtsbehörde über die berufliche Zukunft des inzwischen als Vikar in Balingen tätigen Autors befinden sollte. Dis Schrift war eine anklagende Abrechnung mit dem Tübinger Stift, die alles andere als freundlich gedacht war und dem Urheber seine Berufschancen als Theologe in

Jugendbildnis Karl Friedrich Reinhards: Wegen seiner Vorliebe für das Französische nannten ihn seine Kommilitonen »Monsieur Reinhard«.

Diensten der württembergischen Landeskirche gründlich zu verderben drohte.

Da beantragte Reinhard im Frühjahr 1786 die Genehmigung, eine Hauslehrerstelle im Ausland annehmen zu dürfen. Ein Studienkollege aus Tübingen namens Carl Christian Weber aus dem württembergischen Dürrmenz, der sich nach einer Hauslehrertätigkeit in Bordeaux als Bankier niederließ, vermittelte ihm ab dem Sommer 1787 in der südwestfranzösischen Hafen- und Handelsstadt eine Stelle in der bürgerlichen Familie Teulon. Dass sich ein Bruder Reinhards später dort als Kaufmann niederlassen sollte, zeugt von einer geglückten Integration in die gesellschaftlichen Kreise von Bordeaux. Dennoch schrieb Karl Friedrich Reinhard in einem Artikel für das »Journal de Bordeaux« 1791, er habe beim Verlassen der Kanzel und seiner württembergischen Heimat seinen »Freunden geschworen, immer ein Deutscher zu bleiben«.

In Bordeaux erlebte Reinhard den Ausbruch der Französischen Revolution. Und er sympathisierte nicht nur mit den revolutionären Ideen, sondern mischte sich aktiv in jenen Kreisen ein, die sie verbreiteten und auch bald verwirklichten. 1789 trat er der »Gesellschaft der Freunde der Verfassung« bei, einer Vorläuferin der Girondisten, und übernahm bereits 1791 eine Zeit lang den Vorsitz in deren Versammlungen. Durch »Mäßigung im Ausdruck seiner Gedanken« unterschied er sich offensichtlich von manchem revolutionären Hitzkopf.

Reinhard berichtete aus erster Hand von den gesellschaftlichen Umwälzungen in Frankreich an deutsche Zeitschriften, und trotz seiner Sympathie für die revolutionären Kreise bemühte er sich um eine ausgewogene und gründliche Darstellung der Geschehnisse. Bereits während der journalistischen Tätigkeit des jungen Hauslehrers zeigte sich seine später so bewunderte Kunst der ausgewogenen diplomatischen Berichterstattung.

Im Sommer 1791 reiste er zusammen mit seinem Schüler nach Paris und kam dort in Kontakt mit Abbé Sieyès, dem Verfasser der einflussreichen Flugschrift »Qu'est-ce que le Tiers-

État?«, »Was ist der Dritte Stand?«, aus dem Revolutionsjahr 1789. Der junge Intellektuelle aus Württemberg beeindruckte den Abbé mit seinen profunden philosophischen Kenntnissen, und er ließ sich von ihm Teile aus den Schriften des Aufklärers Immanuel Kant ins Französische übersetzen.

Ob der Hauslehrer aus Württemberg für seine anspruchsvollen Übersetzerdienste ein Honorar erhielt, ist nicht bekannt. Schwerwiegender und für sein junges Leben richtungsweisend dürfte das erstaunliche Angebot des Abbé gewesen sein, ihn, den deutschen Girondisten, in den diplomatischen Dienst Frankreichs aufzunehmen. Was diesen nicht nur gefreut, sondern auch in innere Not gebracht haben muss. »Die Annahme Ihres Angebotes, Monsieur, bedeutet den Verzicht« auf mein Heimatland«, so antwortete er in einem Brief vom 31. März 1792. Doch gleich begründete er seine Zusage: »Frankreichs Sache war die meine, weil es die Sache der Freiheit war.«

Den Dienst an der »Sache der Freiheit« trat er bald darauf bei seiner ersten Auslandsmission als Gesandtschaftssekretär nach London an, ein Jahr später bemühte er sich in Neapel um Neutralität des süditalienischen Königreichs gegenüber dem neuen revolutionären Frankreich, erhielt jedoch eine Abfuhr und musste sogar fliehen. Die Furcht vor dem Einfluss revolutionärer Ideen und französischen Machtansprüchen war bei den alten Regimen groß.

»Daheim« in Paris lauerten neue Gefahren auf ihn. Robespierres Schreckensherrschaft wütete und drohte alle zu verschlingen. Ein Freund der Familie Reinhard namens Autenrieth berichtete von seinem Aufenthalt in Paris den Eltern Reinhards, dass dessen Bruder Eberhard, der damals ebenfalls in Paris lebte und ein Handelsunternehmen betrieb, gesund und wohlgemut sei: Er spiele »trefflich den Sansculotten«, verhalte sich sehr vorsichtig und werde »sicher durch die Gefahr« der politischen Wirren in Frankreich gehen. Von Karl Friedrich allerdings wusste er weniger ermutigende Dinge zu berichten. »Sein Betragen ist ernst und vorsichtig«, seine Stelle als leitender Beamter im Außenministerium »ist sehr schlüpfrig«.

Die Hinrichtung
Robespierres am
28. Juli 1794 kam
für Reinhard im
letzten Moment:
Zwei Tage zuvor
war er noch
als »Gemäßig-
ter« verhaftet
worden.

Tatsächlich drohte auch er zum Opfer des Robespierre'schen Terrorregimes zu werden, als er, aus dem eigenen
Ministerium heraus als »Gemäßigter« denunziert, am 26. Juli
1794 vom Sicherheitsausschuss mit einem Haftbefehl belegt
wurde. Doch noch am selben Tag wurde Robespierre gestürzt, Reinhard entging in letzter Minute dem sicheren Tod
unter der Guillotine. Reinhards mitangeklagter Kollege vermerkte: »Es war uns vergönnt, an dem unermesslichen Jubel
teilzunehmen, der Paris erfüllte, als der Sturz des Ungeheuers
bekannt wurde.«

Ein Jahr später wurde Karl Friedrich Reinhard als Vertreter der Französischen Republik und »bevollmächtigter
Minister bei den deutschen Hansestädten« nach Hamburg
entsandt. Die Stadt sollte für sein persönliches Schicksal
wichtig werden: Er lernte seine große Liebe und spätere Ehefrau Christine Reimarus kennen. Die laut Goethe »höchst
gebildete Frau« war die Tochter des angesehenen Arztes und
Naturforschers Johann Albert Reimarus, in dessen Haus sich

die geistige Elite Hamburgs zu treffen pflegte. Klopstock, Fritz Jacobi und Wilhelm von Humboldt gehörten zum Freundeskreis der Familie. Die Eheschließung 1796 galt als »Hochzeit des Jahres« und Symbol des Bandes zwischen der republikanischen Stadtrepublik und des revolutionären Frankreich. Für Christine Reimarus begann ein Leben voller Strapazen im goldenen Käfig der französischen Diplomatie zwischen Paris, Florenz, der Republik Helvetien, Russland und Moldavien. »Könnte man nur der Politik entkommen, diesem wahren Gift der Existenz«, klagte sie einmal. Vier Kinder brachte sie zur Welt, nur zwei überlebten. Sie selbst »segelte im Windschatten des Gatten und verwelkte dabei«. Die als blitzgescheit geltende Christine verstarb 1815 im Alter von nur 44 Jahren.

Georg Kerner – Reinhards württembergischer Sekretär im Dienste Frankreichs

Als Sekretär und Vertrauter begleitete Reinhard sein württembergischer Landsmann, der oben bereits erwähnte Georg Kerner. 1770 in Ludwigsburg geboren, war er der ältere Bruder des Dichters und Arztes Justinus Kerner. Georg Kerner engagierte sich bereits als Medizinstudent auf der Hohen Carlsschule in Stuttgart für die Ideen der Französischen Revolution, reiste ins Mekka aller deutscher Revolutionsfreunde nach Straßburg und von dort zu Fuß nach Paris, wo er »die dünnen Suppen« und die karge Dachkammer beiseiteschob, um »ein Vaterland in Frankreich zu finden«.

Rasch knüpfte er Kontakte zu den führenden Köpfen der Revolution, aber auch zu seinem Landsmann Karl Friedrich Reinhard und wurde bald vom begeisterten Anhänger der Französischen Revolution zu ihrem kritischen Chronisten. Inzwischen hatte er 1793 eine Stelle als Arzt im schwedischen Hospital von Paris gefunden und verkehrte in Kreisen von Künstlern und Intellektuellen aus Württemberg, zu denen auch die Ludwigsburger Malerin Ludovike Simanowiz

Eine württembergische Karriere in Frankreich

gehörte. Simanowiz wurde 1759 als Tochter des Regiments-
feldschers Jeremias Friedrich Reichenbach wie Reinhard in
Schorndorf geboren. Die erfolgreiche Porträtmalerin, die
ihren ersten Unterricht von Nicolas Guibal in Ludwigsburg
erhalten hatte, schuf unter anderem eines der berühmtesten
und schönsten Bildnisse Friedrich Schillers. In den 60er-
Jahren des 18. Jahrhunderts lebten die beiden Familien Reichenbach und Schiller in unmittelbarer Nachbarschaft in der
Mömpelgardstraße in Ludwigsburg, und Friedrich Schiller
gehörte zu ihren Kinder- und Jugendfreunden.

Zur Vervollkommnung ihrer Malkünste reiste sie 1787 mit
ihrem Verlobten Franz Johann Simanowiz, einem Offizier
des Herzogs Carl Eugen, nach Paris. Dort bekam sie Privat-
unterricht bei dem damals führenden Maler Antoine Ves-
tier. Ein Jahr später erhielt sie einen Ruf nach Mömpelgard,
wo sie die kinderreiche herzogliche Familie um Friedrich
Eugen porträtierte.

Nach ihrer Heirat mit Franz Johann Simanowiz 1791 zog es
sie erneut nach Paris, wo sie ihre künstlerischen Fähigkeiten
weiter vervollkommnen wollte. Unversehens geriet sie in den
Strudel der Revolutionswirren. Ihre Jugendfreundin Helene
Balletti, Tochter eines Solotänzers und Ballettmeisters aus
Ludwigsburg, war inzwischen in Paris eine gefeierte Sängerin
und lebte mit ihrem französischen Ehemann Graf von Lacoste, einem eifrigen Anhänger der Revolution, im gleichnamigen Palais unweit der Tuilerien. Dort kam dann Ludovike
auch während ihres Pariser Aufenthaltes unter und erlebte
1792 den Sturm auf die Tuilerien und die Gefangennahme
der königlichen Familie. Im Salon des Ehepaares Lacoste verkehrten Künstler und Gelehrte, der Finanzminister Jacques
Necker und seine Tochter Madame de Staël sowie der junge
Napoleon Bonaparte.

In den folgenden jakobinischen Terrorzeiten musste Lacoste mit seiner Frau Helene untertauchen, die im Palais zu-
rückgebliebene Ludovike Simanowiz wurde Verhören unter-
zogen und musste ihren Pass abgeben. Freunde verhalfen ihr
zur Flucht zunächst in die Normandie, dann nach Straßburg,
wo sie einen neuen Pass erhielt und danach 1793 ernüchtert in

Gegenüberlie-
gende Seite: Die
Ludwigsburger
Malerin Ludovike
Simanowiz
erlebte 1792 die
Gefangennahme
des französischen
Königspaares in
Paris.

Eine württembergische Karriere in Frankreich

ihre Heimat nach Ludwigsburg zurückkehrte.
»Wie schön und groß kam mir die Revolution anfangs vor, und wie oft entlockte
mir die Bewunderung Thränen. Ich war
eine warme Demokratin aus voller
Seele, allein ich bin es nicht mehr«,
so schrieb sie damals, und sie berichtete, wie sie »aus Neugier einige Male
dem Jakobinerklubb« beiwohnte, »ich
glaubte unter Wütherichen zu sein.
Vom Umbringen spricht man wie
vom Ohrfeigen«.

So mag es vielen ihrer Landsleute
ergangen sein, nicht zuletzt auch Georg
Kerner, der gerne und regelmäßig im Palais Lacoste verkehrte. Die Malerin schrieb
über Kerner voll Zuneigung und Achtung
für seine aufrechte und tapfere Haltung, wie er
Gleichgesinnte im Gefängnis besuchte und sich dabei selbst
in Gefahr begab und oft äußerte, er glaube selbst, dass er einmal guillotiniert werde. Gräfin Lacoste-Balletti pflegte ihren
Landsleuten Kerner und Reinhard mit Vorliebe Neckarwein
zu kredenzen, was von diesen sehr geschätzt wurde.

Sein Landsmann Reinhard hatte ihm auch, als Kerner sich
öffentlich zu den Girondisten bekannte und deshalb nach der
Ermordung Dantons im April 1794 um sein Leben fürchten
musste, zur Flucht in die Schweiz verholfen. Kerner diente
Reinhard auch bei dessen missglückter Mission in Florenz
im Jahr 1798. Er sollte später nach Hamburg zurückkehren,
wo er 1803 zum Armenarzt »für die Baracken« nach Sankt
Pauli berufen wurde und sich mit demselben Eifer wie einst
für die Freiheitsideale der Französischen Revolution nun für
Armenfürsorge, Entbindungshäuser und Pockenschutzimp-
fung einsetzte.

1812 infizierte er sich im Verlauf einer Epidemie »am
Fleckfieber«, vermutlich Flecktyphus, und starb. Unter gro-
ßer Anteilnahme der Bevölkerung wurde er auf dem Friedhof
Sankt Petri beigesetzt. Trotz aller Belastungen als Armenarzt

Eine württembergische Karriere in Frankreich

hatte er es nicht lassen können, sich weiterhin als Publizist für die Ideale von Freiheit, Gleichheit und Brüderlichkeit einzusetzen, aber auch gegen seiner Meinung nach falsche Entwicklungen »seiner« einst so bewunderten Französischen Republik. So kam es, dass selbst sein einstiger Vorgesetzter und Vertrauter Karl Friedrich Reinhard in seiner Funktion als Bevollmächtigter der französischen Republik dem Verleger Kerner die Herausgabe seines politischen Journals »Nordstern« in Hamburg verbieten musste.

Sein Leben resümierte Georg Kerner einmal so: »Ich wollte der Bekämpfung der geistigen Gebrechen der Menschheit mein Leben weihen, es gelang mir nicht. Nun kehre ich zur Bestimmung meiner Jugend zurück, zur Bekämpfung der körperlichen Gebrechen der Menschen.«

Talleyrands Nachfolger im Amt – Reinhard wird französischer Außenminister

Derweil war Reinhard zunächst ins Außenministerium nach Paris berufen, danach 1798/99 zum Gesandten am toskanischen Hof in Florenz ernannt worden. Hier scheinen allerdings die kriegsgesinnten politischen Kräfte stärker als das diplomatische Geschick des ehemaligen Schorndorfer Pfarrerssohns und Vikars gewesen zu sein.

Die französische Revolutionsarmee hatte die Toskana besetzt, die toskanischen Truppen entwaffnet und Reinhard als Regierungskommissar an die Spitze der Zivilverwaltung gesetzt. Bei den vorprogrammierten Konflikten zwischen der Besatzungsmacht und den Interessen der Zivilbevölkerung mutet es fast ein wenig hilflos an, wenn Reinhard an seinen Außenminister Talleyrand schreibt, er wolle nach Kräften dafür sorgen, dass sich das toskanische Volk nicht nach der alten, abgesetzten und verjagten Regierung des habsburgischen Großherzogs Ferdinand III. zurücksehnen werde.

Sein Bemühen um eine nach französischem Vorbild organisierte Verwaltung unter Mitwirkung von republikanisch gesinnten Toskanern bei gleichzeitiger Berücksichtigung französischer Ansprüche etwa nach Versorgung und Verpflegung der Besatzungsarmee musste misslingen, auch wenn ihm noch Jahre später bescheinigt wurde, er habe »einen Sinn für Ordnung, Versöhnung und Gerechtigkeit gezeigt«. Er selbst samt seiner kleinen Familie wurden sogar bedroht und mussten auf einem amerikanischen Schiff nach Toulon fliehen. Auf der Überfahrt starb sein einjähriges Söhnchen Charles.

Dass Reinhard nun die Interessen der Französischen Republik in der Schweiz vertreten sollte, schien der Familie eine kurze Atempause zu verschaffen. Doch dann erschien es dem »Wendehals« Talleyrand – er hatte in sechs verschiedenen Regimen sechs Mal führende Funktionen innegehabt – 1799 ratsam, sich aus dem öffentlichen politischen Leben vorübergehend zurückzuziehen. Als »Platzhalter« setzte er den nicht korrumpierbaren, zuverlässigen und persönlich nicht ehrgeizigen Reinhard ein. Er berief ihn als seinen Nachfolger im Amt als Frankreichs Außenminister. »Alle diplomatischen Beziehungen der Republik zu den anderen Mächten werden durch seine Ernennung nur gewinnen. Niemand streitet ihm eine vollkommene Ehrenhaftigkeit ab«, so urteilte der damalige schwedische Gesandte in Paris, Karl Gustav Brinckmann. Und ein preußischer Geheimagent vermerkte, Reinhard sei »arbeitsamer und ehrlicher als Talleyrand«.

Dieser war an einem starken, erfolgreichen Nachfolger nicht wirklich interessiert und tat in seiner listenreichen, intriganten Art alles, um dem integren Reinhard das Leben schwerzumachen. So lange,

Eine württembergische Karriere in Frankreich

bis dieser sein Rücktrittsgesuch einreichte. Dass dies mitten in den Staatsstreich vom 18. Brumaire des Generals Bonaparte fiel, machte die Situation für den ahnungslosen, allen Intrigen abholden Reinhard nicht einfach. Nach anfänglicher Ablehnung des Rücktrittsgesuchs von Reinhard durch die neue Regierung gelangte Talleyrand schließlich doch wieder in Amt und Würden. Reinhards Ministeramt endete unter großem Bedauern vieler Beteiligter am 21. November 1799. Christine Reinhard schrieb an ihre Mutter nach Hamburg, noch nie hätten sie ihr »Gepäck so leichten Herzens zusammengepackt – trotz aller traurigen Gesichter, die uns umgaben«.

Es folgten verschiedene Zwischenstationen, unter anderem in der Schweiz, beim Deutschen Bundestag in Frankfurt, in Russland und in Kassel am Hof des Königs Jérôme von Westphalen, dem jüngsten Bruder von Napoleon. Dieser war mit Katharina, der Tochter des württembergischen Königs Friedrich I., verheiratet. Für Reinhard waren diese Dienste insofern persönlich belastend, als er mehr und mehr spürte, dass er als französischer Diplomat unter Napoleon längst nicht mehr einer großen Freiheitsidee diente, sondern einem zwar fähigen, doch machtgierigen Emporkömmling.

Auf eigenen Wunsch wurde Reinhard zum Abschluss seiner Karriere zum Gesandten in Dresden ernannt. Hier konnte er sich wieder den geistigen Interessen seiner Jugend widmen und am deutschen Kulturleben teilnehmen. Eine enge Freundschaft verband ihn mit Schiller und insbesondere mit Goethe, mit dem er bis zu dessen Tod einen regen Briefwechsel pflegte, den Reinhards späterer Landsmann Theodor Heuss einmal als »ein merkwürdiges Denkmal für sein deutsches Sein« bezeichnete. Reinhard selbst war inzwischen von seinen französischen Auftraggebern hochgeehrt worden mit dem Großkreuz der Ehrenlegion, ausgezeichnet mit dem Grafentitel und der Würde eines »Pair von Frankreich«.

Ausgerechnet der Republikaner Reinhard, welcher der Idee von Freiheit und Gleichheit so vieles geopfert hatte, trug nun den höchsten französischen Adelstitel!

Privat hatte er sich auf sein 1817 erworbenes Gut Falkenlust und in seine Pariser Stadtwohnung in der Rue Saint-Lazaire zurückgezogen, wo er mit seiner zweiten, vierzig Jahre jüngeren Frau Virginie von Wimpffen aus einer angesehenen lothringischen Familie bis zu seinem Tod am 25. Dezember 1837 lebte. Er liegt in Paris auf dem Friedhof von Montmartre begraben.

Kurz vor seinem Tod schrieb der einst so hoffnungsfroh für die großen Ideen der Französischen Revolution angetretene Idealist einem Freund enttäuscht über den Gang der Geschichte: »Bei uns und wie bei Euch haben die Leute nur die Eisenbahn im Kopf und außerdem gibt es das Problem der sinkenden Renten. Das ist, zumindest vordergründig, das Ende der Zivilisation dieses Jahrhunderts.«

Bei allem äußeren Erfolg hat er sich immer schwergetan mit seiner Doppelexistenz als deutscher Intellektueller und französischer Staatsbürger und Diplomat. In einem Brief an Goethe gestand er einmal: »Die Nation, unter der ich lebte [Frankreich], verdeckte mir die übrige Welt, und je tiefer ich fühlte, dass ich ihr nicht angehörte, umso mehr verzweifelte ich, anderswo eignen Grund und Boden zu finden. Ich erschien mir in jedem Sinn als ein Mensch ohne Vaterland.« Vielleicht hätte er im heutigen Europa seinen Grund und Boden gefunden, als Weltbürger, dessen Vaterland weder Deutschland noch Frankreich wäre, sondern die Menschheit.

Eine württembergische Karriere in Frankreich

Königreich von Napoleons Gnaden

Friedrich erhält die Krone

Wie oft in der gemeinsamen Geschichte mussten die linksrheinischen Gebiete für die württembergischen Stammlande »herhalten«. Zunächst zur puren Machterweiterung Württembergs, dann immer wieder als Rückzugsort, Zufluchtsstätte, wie im Falle Herzog Ulrichs, als Übungsterrain für angehende Herzöge, wie beim künftigen Herzog Christoph, oder als »Abfindung« für Nachgeborene aus dem Hause Württemberg. Und zum Schluss dienten sie als reines Tauschobjekt. Auch die Neutralität, die Württemberg insbesondere auf dem Hintergrund seiner linksrheinischen Gebiete zwischen den Großmächten stets zu wahren versuchte, sollte sich nie wirklich halten lassen. Auch nicht, als Napoleon daranging, Europa zu beherrschen und neu aufzuteilen.

Ein Franzose greift durch – Europas Neuordnung durch Napoleon

Gegenüberliegende Seite: Von diesem Herrn zeigte sich Herzog Friedrich II., der kommende König, tief beeindruckt. Napoleon schätzte aber auch umgekehrt den württembergischen Regenten.

Immerhin erwies sich der 1803 zum Kurfürsten erhobene Friedrich als derjenige Herrscher, den Napoleon neben dem Preußenkönig Friedrich II. am meisten schätzte: »Ich bin mit seinem Geist sehr zufrieden gewesen. Er hat viel davon«, so äußerte er sich gegenüber seinem Außenminister Talleyrand nach seinem Besuch bei Friedrich im Ludwigsburger Schloss im Oktober 1805. Dieser hingegen musste zugeben, dass der Kaiser der Franzosen nicht nur ein Emporkömmling, sondern eine geniale Persönlichkeit war, dessen außerordentliches militärisches Talent und sicheres politisches Urteil er bewunderte. Dabei hatte ihn Napoleon in jenen Jahren der Koalitionskriege unter enormen Druck gesetzt.

Im Zuge der französischen Expansionspolitik in Europa waren England, Russland und Österreich zu Kriegsgegnern geworden, und es gab keinen Zweifel daran, dass alle Beteiligten wie selbstverständlich Südwestdeutschland als ihr Aufmarschgebiet betrachteten. Die Bekundung württembergischer Neutralität, verbunden mit der Bitte des würt-

Königreich von Napoleons Gnaden

tembergischen Kurfürsten um Beistand und Hilfe, hatte den wenig hilfreichen Rat von Friedrichs russischem Neffen, Zar Alexander I., zur Folge, Württemberg wie auch das ebenso betroffene Baden solle mit seinen Truppen doch auf preußischem Gebiet Zuflucht suchen. Friedrich war jedoch nicht bereit, sein Land schutz- und führerlos preiszugeben.

Königreich von Napoleons Gnaden

Napoleon drängte Württemberg, Baden und Bayern, sich ihm politisch und militärisch anzuschließen. Für den reichstreuen Kurfürsten Friedrich hätte dies den Treuebruch gegenüber seinem Kaiser bedeutet, auch wenn dieser ihm keinerlei Unterstützung in der aussichtslosen Lage zwischen den Fronten geboten hatte und er längst begriffen hatte, dass sich das

Königreich von Napoleons Gnaden

Heilige Römische Reich Deutscher Nation bereits in Auflösung befand. Bayern hatte da weniger Skrupel und im August 1805 ein Bündnis mit Frankreich abgeschlossen.

Napoleon drohte, den Sohn Kurprinz Wilhelm an die Stelle Friedrichs zu setzen und diesen »davonzujagen«. Er verlieh Wilhelm schon einmal den Rang eines Generalmajors, das große Band der Ehrenlegion und stellte ihm ein Regiment in Aussicht, wenn er sich auf die Seite Frankreichs schlage. Doch Wilhelm widerstand der Versuchung und bewahrte sich damit selbst davor, seinen ungeliebten Vater vom Thron zu stoßen und als Thronusurpator in gänzliche Abhängigkeit seines Landes von Napoleon zu geraten. Später sollte Wilhelm zu einem der schärfsten Gegner Napoleons werden.

Besonders delikat war, dass sich Wilhelm zu diesem Zeitpunkt aus privaten Gründen in Paris aufhielt, in Württemberg als Deserteur galt und das Verhältnis zu seinem Vater zerrüttet war. Dazu aber später.

Friedrich blieb in der Zwickmühle zwischen Reichstreue und Bündnis mit Napoleon, dem er im Grunde auf Gedeih und Verderb ausgeliefert war. Napoleon allerdings hatte Friedrich für den Fall, dass er sich ihm anschließe, Gebietserweiterungen in Aussicht gestellt. Auch Baden hatte sich inzwischen Napoleon angeschlossen. Noch immer widerstrebte es Friedrich, zum Erfüllungsgehilfen Napoleons und in der Folge der Zerstörung des Deutschen Reiches zu werden.

Da musste er schmerzlich erkennen, dass es der deutsche Kaiser selbst mit der Treue nicht so ernst nahm. Im September 1805 marschierten kaiserlich-österreichische Truppen in Württemberg ein, drangen bis nach Freudenstadt, Nagold, Balingen und Sulz vor, wo sie sich jeweils an guten Quartieren, Nahrungsmitteln, Wein und anderem »Luxus« wie schönen Frauen und Mädchen gütlich taten. Sie forderten Naturallieferungen, die sie nicht bezahlten, und behandelten Württemberg wie ein erobertes Land. »So wird durch Deutschlands Oberhaupt der Krieg mit Gewalt auf Württemberg gewälzt«, klagte Friedrich.

Kurz darauf überschritten die Franzosen den Rhein und drangen nach Württemberg vor. Am 29. September

Gegenüberliegende Seite: Napoleons Empfang in Ludwigsburg: Der Kaiser der Franzosen stand im Oktober 1805 uneingeladen vor den Toren der Stadt.

1805 hatte sich Friedrich entschlossen: Er erklärte sich zum Abschluss eines Allianz- und Subsidienvertrags mit Frankreich bereit und stellte ein Truppenkontingent von 500 Mann Kavallerie, 4800 Mann Infanterie und 250 Mann Artillerie bereit, allerdings unter der Bedingung, dass diese auf württembergischem Gebiet nicht zu einem Angriff auf die kaiserlichen Truppen verwendet werden sollten, sondern zu anderen militärischen Zwecken wie zur Sicherung der Nachschubwege oder Besetzung der Garnisonen. Er verlangte selbstbewusst für seine Truppen die üblichen Subsidien, das heißt finanzielle Gegenleistungen, die Bezahlung von Lieferungen an die französische Armee in bar und Verschonung der beiden Residenzstädte Stuttgart und Ludwigsburg vor Truppendurchzügen oder gar Einquartierungen.

Napoleon imponierte die stolze Haltung des eigentlich wehrlosen kleinen Landes, dessen Fürst sich trotz der Übermacht nicht kleinlaut unterkriegen ließ, sondern im Gegenteil noch selbstbewusst Forderungen stellte. Ob er ein willkommener Gast bei den Hochzeitsfeierlichkeiten von Friedrichs zweitgeborenem Sohn Paul mit Charlotte von Sachsen-Hildburghausen war, sei dahingestellt. Eingeladen war er jedenfalls nicht, doch er stand am 2. Oktober 1805 vor den Toren Ludwigsburgs, und man machte aus der Not eine Tugend und beeindruckte den Kaiser der Franzosen mit dem Glanz des württembergischen Versailles, einem prachtvollen Hoffest und der Oper »Don Juan«. Die ursprünglich zu den Hochzeitsfeierlichkeiten geplante Aufführung des Schiller'schen Freiheitsdramas »Wilhelm Tell« wurde vorsichtshalber gestrichen.

Napoleon war beeindruckt. So wie ein Jahr später seine Gattin, Kaiserin Josephine, bei ihrem Besuch in Stuttgart. Man hofierte sie mit Opern-und Theateraufführungen, einem auf dem Schlossplatz veranstalteten Feuerwerk, einer Militärparade ihr zu Ehren, Kirchenglockenläuten und einem Besuch von Schloss Monrepos. »Dieses Weib ist mächtig und einflussreich«, begründete Friedrich diesen Aufwand seinem Staatsminister von Normann.

Königreich von Napoleons Gnaden

Im Juli 1806 trat Württemberg dem napoleontreuen Rheinbund bei, gezwungenermaßen. Friedrich fürchtete um die Souveränität seines Landes vor allem in außenpolitischen Angelegenheiten, doch die Übermacht Napoleons war zu groß. Im August hatte auch Kaiser Franz II. die Kaiserkrone niedergelegt. Das Heilige Römische Reich Deutscher Nation existierte nicht mehr.

Für die Bevölkerung Württembergs bedeutete das Bündnis mit Napoleon hohe Kriegslasten und große Verluste an Menschenleben. Auch in Kriegen gegen deutsche Landsleute wie im Feldzug gegen Preußen, später gegen Russland.

Handel mit Mensch und Land – neue Territorien für die linksrheinischen Gebiete

Friedrich pochte auf die Zusage Napoleons, Württemberg mit Gebietserweiterungen zu »belohnen«. Nun kommen die linksrheinischen Gebiete Württembergs, allen voran Mömpelgard, ins Spiel.

Im Verlauf der Französischen Revolution waren Stadt und Grafschaft Mömpelgard sowie alle Nebenlande de facto an Frankreich übergegangen, doch erst 1796 trat der damalige Herzog Friedrich Eugen im Pariser Sonderfrieden Mömpelgard offiziell an Frankreich ab, allerdings gegen die Zusage Frankreichs auf territoriale Entschädigungen, die im Frieden von Lunéville bestätigt wurden.

Nun galt es endlich die Zusage einzulösen. Der Reichsdeputationshauptschluss von 1803 machte die Verluste links des Rheins endgültig und legte eine ausgesprochen reiche Entschädigung fest: Kurfürst Friedrich erhielt durch Säkularisierung zahlreicher geistlicher Herrschaften die Propstei Ellwangen, die Abteien Zwiefalten und Schöntal sowie durch Mediatisierung die neun Reichsstädte Aalen, Esslingen, Giengen, Heilbronn, Reutlingen, Rottweil, Schwäbisch Gmünd und Schwäbisch Hall. Ulm wurde erst 1810 württembergisch. Und die so wichtigen Fürstentümer Hohenlohe, das

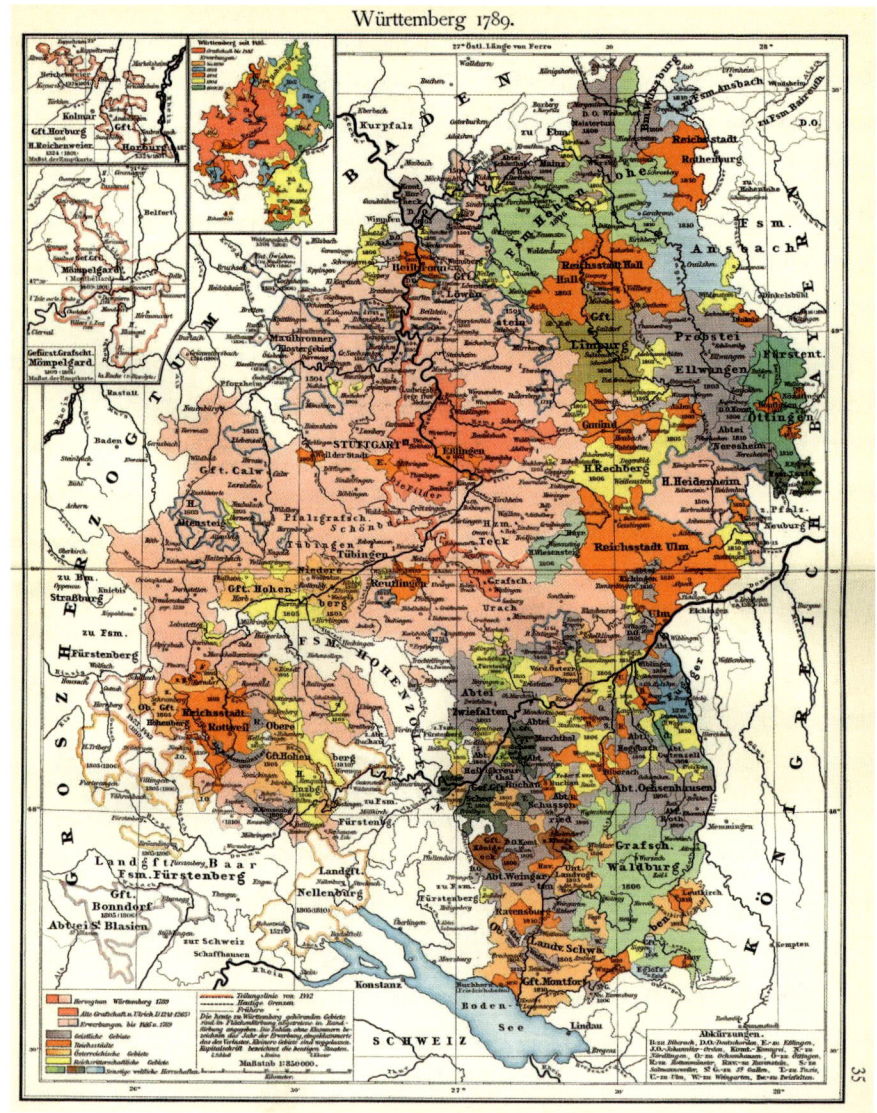

Hoch- und Deutschmeisterterritorium Mergentheim und
Oberschwaben. Im Vertrag von Compiègne 1810 wurden die
Grenzen endgültig festgelegt. Württemberg hatte mehr als
die Hälfte seines ursprünglichen Gebietes hinzugewonnen
und seine Einwohnerzahl mehr als verdoppelt. Hatte es im

Königreich von Napoleons Gnaden

Jahr 1806 noch 650 000 Einwohner, so waren es 1813 bereits 1 380 000!

Auf dem Wiener Kongress 1814/15, als die Grenzen Europas wieder neu geordnet und korrigiert wurden, hatte Württemberg darauf verzichtet, seine linksrheinischen Gebiete und das einst treue Mömpelgard zurückzufordern. Unter dem Nachfolger König Friedrichs, seinem Sohn Wilhelm I., verschwanden die Barben aus dem württembergischen Wappen.

Eine Ansprache, ein Schreiben, einen Abschied, ein Bedauern oder gar einen Dank des württembergischen Regenten an die Bevölkerung von Stadt und Grafschaft Mömpelgard samt Nebenlande, die immerhin vierhundert Jahre lang das Schicksal Württembergs geteilt und dabei immer eine treue Rolle gespielt hatten, an die Bewohner der Städte und Orte im Elsass, die noch länger in württembergischer Hand waren, gab es weder 1796 noch irgendwann später. Mit dem Verzicht auf die linksrheinischen Gebiete war der Grundstein für ein Königreich Württemberg gelegt.

Bereits im Dezember 1805 von seiner Frau Charlotte Mathilde mit »mon très cher roi« und von seinem Staatsminister Normann mit »Euer Königliche Majestät« angeredet, ließ Friedrich die Annahme der Königswürde am Neujahrstag 1806 offiziell verkünden. Eine Krönungszeremonie gab es nicht, allenfalls einen festlichen Gottesdienst in der Stuttgarter Schlosskirche, 100 Kanonenschüsse und Feierlichkeiten bei Hofe und in der Stadt.

Die anstehende Neuorganisation des gesamten Staatswesens soll hier nicht thematisiert werden. Zu denken geben allerdings muss die enorme Aufgabe, die neu hinzugekommenen Gebiete zu integrieren, das katholische Oberschwaben und die säkularisierten Klöster und Abteien, das wohlhabende, selbstbewusste Hohenlohe, die stolzen Reichsstädte. Menschen anderer Mentalität, anderer Kultur, Religion und Geschichte sollten sich nun als Württemberger fühlen und verhalten, ja sogar an deren und Napoleons Seite in Kriege ziehen, die sie gar nichts angingen. Und wohlgemerkt, sie alle sind nicht freiwillig zu Württemberg gekommen! Da war es weiß Gott leichter, eine französisch sprechende Exklave Mömpelgard zu regieren.

Gegenüberliegende Seite: Die Karte zeigt den Zustand Württembergs im Jahr 1789 (rosa und blassrot) in den Grenzen des späteren Königreichs Württemberg, also die durch Napoleon hinzugekommenen und verlorenen Territorien. Links oben Mömpelgard.

Königreich von Napoleons Gnaden

Hohenlohe und die Ursprünge
der französischen Fremdenlegion

Als Hohenlohe bereits Teil Württembergs war, tat sich einer seiner Fürsten in der französischen Armee als französischer Marschall hervor. Fürst Ludwig Aloys zu Hohenlohe-Bartenstein befehligte seit 1816 für Frankreich das Regiment Hohenlohe und wurde für seine Verdienste mit dem im französischen Adel höchsten Titel »Pair« ausgezeichnet.

Er hatte nach Ausbruch der Französischen Revolution zahlreiche flüchtige adelige Emigranten in sein Schloss aufgenommen. Das Hofleben in der kleinen hohenlohischen Residenz blühte damals mit Festivitäten, Bällen, Theater- und Musikaufführungen in nie gekannter Weise auf. Gleichzeitig baute der Fürst um die Royalisten ein Regiment zur Bekämpfung der Französischen Revolution auf.

Als er 1806 die Regierungsgewalt und sein Territorium an das Königreich Württemberg verlor, hatte er bereits einen Posten als Oberst in der französischen Emigrantenarmee gefunden. In seinem Regiment dienten auch zahlreiche Söldner aus dem inzwischen zu Württemberg gehörenden Hohenlohe, insbesondere Bürger-, Bauern- und Handwerkersöhne aus Pfedelbach. Seine steile Karriere in der französischen Armee nach dem Wiener Kongress wurde mit der Bezeichnung »Hohenloher Regiment« für seine Truppen gekrönt.

Nach seinem Tod 1829, sein Regiment Hohenlohe war zu der Zeit bei Marseille stationiert, konnten die Offiziere und Soldaten seines Regiments entweder französische Staatsbürger werden oder nach Hause in ihre hohenlohische Heimat zurückkehren. Die war allerdings inzwischen vielen von ihnen als Neuwürttemberg fremd geworden. Nicht wenige nahmen deshalb das Angebot wahr, in die 1831 gegründete Fremdenlegion einzutreten.

Die legendäre französische Fremdenlegion, gegründet aus personellen Restbeständen des Regiments Hohenlohe, sieht bis heute die »Legion Hohenlohe« als ihren historischen Vorgänger.

Soldat des Regiments Hohenlohe: Aus den Resten des Regiments bildete sich später die französische Fremdenlegion.

Lith. de Villain

Régiment d'Hohenlohe.
de 1816 à 1824.

Ein rebellischer Kronprinz –
Wilhelm von Württemberg flieht nach Paris

Ein Ereignis, das oben bereits angedeutet wurde und das um ein Haar den württembergischen Kronprinzen Wilhelm zum Landesverräter von Napoleons Gnaden gemacht hätte, trug sich im Jahr 1803 zu.

Die ersten Jahre des 19. Jahrhunderts waren eine Zeit tiefgreifender und schneller Entwicklungen, in der sich auf allen Lebensgebieten die Umgestaltung Europas ankündigte. Für Kronprinz Wilhelm stellten jene Jahre vor allem eine persönlich äußerst kritische Phase seines Lebens dar. Dabei sollte Paris, die Stadt der Liebe, für ihn zur Stadt der Konflikte werden.

Die schon seit Jahren äußerst angespannte Beziehung zu seinem Vater spitzte sich zum offenen Zerwürfnis zu, an dem halb Europa Anteil nahm. Ausgerechnet mit den Töchtern von Friedrichs ärgstem innenpolitischem Feind, dem Landschaftskonsulenten Konradin Abel, hatten die beiden Brüder Wilhelm und Paul zarte Bande geknüpft, die im Jahr 1800 aufgedeckt wurden. Doch während sich der jüngere Paul dem Befehl des Vaters nach sofortiger Auflösung der Beziehung beugte, verstärkte sich die Zuneigung Wilhelms zu Therese von Abel zu leidenschaftlicher Liebe.

Anstatt von ihr zu lassen, verließ er Anfang 1803 sein Land, ohne ein ausreichendes Finanzpolster, aber mit seiner Geliebten. Diese war inzwischen schwanger, und er war entschlossen sie zu heiraten. Er floh mit ihr über Basel, Schaffhausen und Saarburg, wo sie Zwillinge auf die Welt brachte, nach Paris. Ob ihm bewusst war, dass er mit seiner Flucht an der Schwelle zum Hochverrat stand, als Offizier durch die unerlaubte Entfernung von seiner militärischen Einheit zumindest als Deserteur galt, sei dahingestellt. In Paris hoffte er, Therese mit Napoleons Hilfe heiraten zu können. Die Zwillinge starben bald nach ihrer Geburt.

Wilhelm hatte sich mit Therese und einer kleinen treuen Entourage in einem luxuriösen Appartement in der Rue Saint Honoré einquartiert. Finanziert wurde er pikanterweise von

den württembergischen Landständen, die sich damit die Dankbarkeit
des Thronerben sichern wollten. Tatsächlich sympathisierte er ohnehin
mit ihnen.

Dass auch Napoleon auf der Seite
des jungen Wilhelm stand und ihm
schon bei der ersten Audienz in Paris
versicherte, er würde ihm die Heirat
mit der bürgerlichen Therese ermöglichen, machte die Sache für Kurfürst
Friedrich, noch war er nicht König,
zu einem gefährlichen Politikum. Napoleon hätte durchaus und mit Hilfe
der Landstände auch Kronprinz Wilhelm als Regenten von Württemberg
einsetzen können. Er setzte all seine
diplomatischen Verbindungen nach
Paris ein, um die Hochzeit seines
Sohnes zu verhindern.

Scherenschnitt
der Therese von
Abel: Der spätere
König Wilhelm I.
von Württemberg
war mit seiner
Geliebten vor
dem Vater nach
Paris geflohen.

Wilhelm war nicht umzustimmen. Er lebe seit vier Jahren »mit der Mademoiselle Abel in der innigsten Verbindung«. Sie habe ihm alles aufgeopfert, was ein Mädchen
opfern könne. Er liebe sie zärtlich und werde sicherlich ein
glückliches Leben mit ihr führen. Die Reichsverfassung verbot die Thronfolge bei nichtstandesgemäßen Ehen, dessen
war sich Wilhelm bewusst, und er entsagte offen allen An-
sprüchen darauf. Dass Napoleon durch die Unterstützung, ja
Ermöglichung einer solchen nicht ebenbürtigen Eheschließung und damit die Verletzung dieser eisernen Thronfolge-
gesetze den ganzen europäischen Hochadel gegen sich auf-
bringen würde, machten dem Ersten Konsul und baldigen
Kaiser der Franzosen zahlreiche Gesandte und sein eigener
Minister Talleyrand schnell klar, und so rückte er alsbald
von Wilhelm ab.

Dessen Hoffnung auf ein glückliches Leben an der Seite
Thereses zerschlug sich während der gemeinsamen Pariser
Zeit auch unerwartet rasch. Es soll immer häufiger zu Zer-

würfnissen gekommen sein. Freunde und Bekannte aus jener Zeit schildern Therese als kalt, hart und berechnend. Ende 1804 verließ er sie. Therese sollte nie heiraten und lebte bis zu ihrem Tod zurückgezogen in Stuttgart. Wilhelm soll sie zeitlebens diskret finanziell unterstützt haben.

Die Rückkehr Wilhelms nach Württemberg zog sich noch lange hin, die Aussöhnung mit seinem Vater erwies sich als schwierig. Für den Kronprinzen und künftigen König von Württemberg bedeuteten die zwei Jahre in Paris, die in die aufregende Zeit der Kaiserkrönung Napoleons fielen, wichtige Erfahrungen mit den französischen Verhältnissen, den Akteuren der Macht und der Politik, und natürlich mit der historischen Hauptperson Napoleon.

Königreich von Napoleons Gnaden

Viele Jahre später, längst selbst König von Württemberg, sollte Wilhelm seine Beziehungen zu Frankreich und seine Kenntnisse der französischen Verhältnisse einsetzen und als brillanter Diplomat und Vermittler in der brisanten Krisensituation nach dem Krimkrieg in die europäische Politik eingreifen: Um die durch den Krimkrieg tief verfeindeten Mächte Frankreich und Russland wieder zusammenzubringen, lud er im September 1857 den französischen Kaiser Napoleon III. und den russischen Zaren Alexander II. zu einem Treffen nach Stuttgart ein. Die verwandtschaftlichen Beziehungen zu Russland waren seit langem eng und gut. Wilhelms Schwiegertochter Olga, Tochter des Zaren Nikolaus I., lebte damals schon mit Kronprinz Karl in Stuttgart. Wilhelms Schwester Katharina war bis zu deren Tod 1835 mit Napoleon Bonapartes Bruder Jérôme verheiratet, und deren Kinder Mathilde und »Prinz Napoleon«, Wilhelms Nichte und Neffe, lebten in Paris, wo sie zum engsten Zirkel um ihren Vetter Kaiser Napoleon III. gehörten. Ihren Onkel, König Wilhelm, hatten sie ein Jahr zuvor nach Paris eingeladen, wo er als erster deutscher Fürst vom Kaiser in den Tuilerien empfangen wurde.

Was also auf den ersten Blick wie ein Familientreffen aussah, war in Wirklichkeit ein hochpolitisches Ereignis, und das wusste man in ganz Europa, was Stuttgart in den Mittelpunkt der Aufmerksamkeit der Diplomaten aller Herren Länder wie natürlich auch der Medien rückte. Ganz Stuttgart stand damals kopf, alle Hotels und Gasthöfe waren ausgebucht, Journalisten, Gesandte und bekannte Persönlichkeiten wie der französische Schriftsteller Alexandre Dumas gaben sich ein Stelldichein, Theater- und Opernaufführungen waren ausverkauft. Höhepunkt des »Verwandtenbesuchs« war zweifellos der gemeinsame Besuch des Cannstatter Volksfestes. Ausflüge zu den Sehenswürdigkeiten Stuttgarts und in die schöne Umgebung zum Gestüt Weil bei Esslingen oder zur Domäne Scharnhausen trugen zur offensichtlich angenehmen und entspannten Atmosphäre des Treffens bei, dessen Ergebnis eine Annäherung und Verständigung der sich einst so skeptisch gegenüberstehenden russischen und französischen Souveräne war.

Gegenüberliegende Seite: Kein Familientreffen, sondern hohe Politik: Kaiser Napoleon III., König Wilhelm I. von Württemberg und Zar Alexander II. (von links) 1857 auf dem Cannstatter Volksfest.

König Lustig und die Äbtissin – Napoleons Bruder heiratet die württembergische Königstochter

Auch Friedrichs Tochter Katharina wurde, wie oben angedeutet, bei ihrer Verheiratung politischem Kalkül geopfert und sollte die Bande zwischen Württemberg und Frankreich enger knüpfen. Die 1783 in Sankt Petersburg geborene Enkelin Friedrich Eugens hatte als Kind längere Zeit bei ihren Großeltern in Étupes gelebt und wurde 1807 von ihrem Vater im Rahmen von Verhandlungen mit Napoleon mit dessen jüngstem Bruder Jérôme verheiratet. Der regierte seit kurzem das eigens für ihn neu geschaffene Königreich Westphalen, weshalb Katharina durch die Heirat den Titel einer Königin trug. Napoleon strebte danach, zwischen seiner Familie und den vornehmsten Fürstengeschlechtern Europas Eheverbindungen zu schließen, um den Makel des Emporkömmlings zu tilgen, mit dem er aus Sicht der damaligen Aristokratie belegt war.

Die »gestiftete« Ehe muss von beiden Partnern damals wie eine Katastrophe empfunden worden sein. Katharina war 1805 zur Äbtissin des adeligen Frauenstifts von Oberstenfeld ernannt worden und mit diesem Lebensentwurf äußerst zufrieden. Doch sie fügte sich »dem Willen des Königs, meines Vaters«, der »naturgemäß den meinen bestimmt«.

Der 1784 geborene Jérôme, der ihr Ehemann werden sollte, war sogar bereits glücklich verheiratet mit der Amerikanerin Elizabeth Patterson, der Tochter eines Kaufmanns aus Baltimore, mit der er einen Sohn hatte. Napoleon annullierte kurzerhand diese Ehe, die Frau musste samt Kind wieder zurück in die USA. Jérôme wurde mit einer Königstochter und einem neu geschaffenen Königreich Westphalen ausgestattet.

Das Königreich bestand aus dem ehemaligen Herzogtum Braunschweig, dem Kurfürstentum Hessen und vormals hannoverschen und preußischen Gebieten. Es hatte mit 2,6 Millionen Menschen fast doppelt so viele Einwohner wie das damalige ebenfalls neu errichtete Königreich Württemberg.

Nach den Hochzeitsfeierlichkeiten der beiden unfreiwilligen Ehepartner 1807 in Paris wurde ihnen als Residenz die

ehemalige kurhessische Hauptstadt Kassel zugewiesen, von wo aus Jérôme von 1807 bis 1813 ein Land regierte, das als Modell- und Reformstaat mit einer modernen Verfassung und Verwaltung im Sinne Napoleons Vorbildcharakter in Europa haben sollte. Es galt das französische Rechtssystem, der Code civil, als Amtssprachen galten Deutsch und Französisch, es herrschte Gewaltenteilung und Religionsfreiheit, die Leibeigenschaft wurde abgeschafft. Dennoch sollte dem Musterland kein Erfolg beschieden sein.

Durch die hohen Kontributionen, die Frankreich finanziell, aber auch in Form von Soldaten forderte, blutete das Königreich wirtschaftlich aus. Im verhängnisvollen Jahr 1812 erlitt es ein ähnliches Schicksal wie Württemberg: Zu Napoleons Russlandfeldzug musste das Königreich Westphalen 28 000 Soldaten in den russischen Winter schicken, nicht einmal tausend kamen zurück.

Von Jérôme sagte man, er habe sein Land mit großem Fleiß regiert, die Königin war beim Volk beliebt. Leicht spöttisch

Jérôme und Katharina heiraten 1807 in den Tuilerien. Auf dem Thron sitzt Napoleon und überreicht ihnen die Urkunde.

vermerkte Karl Friedrich Reinhard im April 1810: »Der König hat es hier natürlich leicht, an Geist, Talent und vielleicht auch an Kenntnissen der Erste zu sein, so wie er es an Liebenswürdigkeit und Macht ist. Aber mit derselben Leichtigkeit werden dann eben auch die Regierungsgeschäfte angefasst.« Jérôme

Königreich von Napoleons Gnaden

sei von Haus aus gut, doch ihm fehle »der sittliche Ernst«. Dagegen pflegte Jérôme zu antworten: »Ich bin besser als mein Ruf.« Minister Jollivet schrieb zu Beginn von Jérômes Regierung 1807 an Napoleon: »Der König empfängt nicht viel Respektbeweise. Selten grüßt man ihn auf den Straßen, die er oft durchschreitet. Er hat in der öffentlichen Meinung verloren. Die Mütter schöner Töchter fürchten sich, dieselben auf die Hofbälle und Feste gehen zu lassen. Die Königin ist beliebt. Man fürchtet sehr für ihr häusliches Glück.«

Katharina hielt sich gerne in Paris und Fontainebleau auf, vielleicht weil ihr das Leben am Kasseler Hof schwerfiel. Zwar erstrahlte das Hofleben nach französischem Vorbild in fröhlichen Festen und Bällen, doch die zahlreichen Mätressen, mit denen sich der König schamlos in aller Öffentlichkeit umgab, bedrückten und demütigten die Königin zutiefst. Man munkelte, dass praktisch alle ihre Hofdamen ihrem Ehemann als Mätressen dienten. Darüber hinaus litt sie unsagbar daran, dass ihr Mutterfreuden bisher versagt blieben. Doch niemals soll sie ein böses Wort über ihren untreuen Ehemann verloren haben. Der blendete mit seinem luxuriösen Lebensstil die Hofgesellschaft. Und bald hatten die Bürger Kassels für ihn den Spitznamen »König Lustig« gefunden, weil er immer »Morgen wieder lustik« gerufen habe, womit seine Deutschkenntnisse wohl schon erschöpft schienen. Sein »lustik, lustik demain encore lustik« charakterisierte eben auch seinen Regierungsstil. Im hessischen Dialekt wurde sein Name Jérôme verballhornt zu »Schrohm«, womit künftig Schürzenjäger, Schalke oder Hallodris bezeichnet wurden.

Nach der für Frankreich verlorenen Völkerschlacht von Leipzig 1813 wurde das kurzlebige Königreich Westphalen wieder aufgelöst und die alten Regierungsstrukturen wieder hergestellt.

Der württembergische König, der seine Tochter in diese Verbindung gedrängt hatte, war nun höchst verärgert, dass Katharina sein Ansinnen ablehnte, ihre Ehe aufzulösen, und stattdessen bei ihrem Jérôme blieb. Ihre Briefe und Äußerungen zeigen, dass Jérôme trotz seiner zahlreichen amourösen Abenteuer ihre große Liebe war. Friedrich I. verlieh ihnen

Gegenüberliegende Seite: Der König und die Königin von Westphalen im Jahr 1810. Sie blieben auch ein Paar, als Jérôme sein Königreich wieder verlor.

Königreich von Napoleons Gnaden

den Titel »Fürst und Fürstin von Montfort«. Die »Schlösser« in Göppingen und Ellwangen, die Friedrich den Gestrandeten als Bleibe auserkoren hatte, erwiesen sich allerdings als inakzeptabel. Die beiden wurden dort streng bewacht, und die Schlösser wurden von Jérôme und Katharina wie Gefängnisse empfunden.

Für das gewesene Königspaar begann eine jahrelange Odyssee in österreichischem, italienischem und schweizerischem Exil, die schließlich in Triest endete, wo die beiden endlich zur Ruhe und zu sich selbst finden sollten. Drei Kinder wurden ihnen geboren, deren Nachkommen die Einzigen sind, die in Europa noch den Namen Bonaparte tragen.

Die 1820 in Triest geborene Tochter Mathilde Laetitia Wilhelmine Bonaparte sollte noch einmal ein spätes Licht aus der Dynastie des Hauses Württemberg in Paris aufleuchten lassen. Als »Notre Dame de Beaux Arts«, »Unsere Liebe Frau von den Schönen Künsten«, wurde sie von ihren Zeitgenossen spöttisch-liebevoll bezeichnet. Ihre Jugend verbrachte sie in Rom und Florenz, wo sie den in Geschäften mit Bergwerken und Gießereien reich gewordenen russischen Prinzen Anatolij Demidov heiratete. Zunächst schien ihr ein ähnliches Schicksal wie ihrer Mutter beschieden zu sein, denn ihr Ehemann betrog sie in aller Öffentlichkeit mit immer neuen Seitensprüngen und Affären. Doch Mathilde Bonaparte erwies sich nicht als stille Dulderin, sondern nahm sich selbst einen Liebhaber, mit dem sie samt der reichen Schmucksammlung ihres Ehemannes nach Paris floh. Dort spielte Napoleons Nichte am Hofe ihres Vetters Napoleon III. bis zu dessen Verheiratung die Rolle einer Grande Dame und führte bald einen eigenen Salon, in dem sie die Elite der damaligen Kunst- und Literaturszene empfing. Ausgestattet mit einer stattlichen Rente, die ihr erster Ehemann Prinz Demidov gezwungen war auszuzahlen, wurde sie zu einer gefragten Kunstmäzenin. Paul Bourges, die Brüder Goncourt, Flaubert, Prosper Mérimée und Turgenev verkehrten in ihrem Salon, zu dem auch namhafte Bildhauer, Architekten und Maler strömten. Sie förderte die Kunst- und Denkmalpflege und verstarb hochbetagt und hochgeehrt 1904 in Paris.

Ihre Mutter, die ehemalige König Katharina, starb lange vor ihrem Ehemann 1835 in Lausanne. Jérôme machte unter der Herrschaft seines Neffen, Napoleon III., noch einmal Karriere, bevor er 1860 starb. Jérômes Nachfahre Charles Napoleon ist heute das Oberhaupt des Hauses Bonaparte.

Die Warnung des württembergischen Königs – Napoleons fataler Russlandfeldzug

1812 entschloss sich Napoleon zu einer Invasion des russischen Zarenreiches. König Friedrich war entsetzt. Er kannte Russland aus eigener Erfahrung sehr gut, war er doch als Offizier in Diensten der russischen Zarin Katharina der Großen gestanden, seine Schwester Maria Feodorovna war die Mutter des derzeit regierenden Zaren Alexander. Er hielt es auch bei einer erfolgreichen Kriegsmacht wie dem französischen Heer für wahnsinnig, die Weite des russischen Landes und die Strenge des russischen Winters besiegen zu wollen. Friedrich warnte Napoleon vergeblich. Woraufhin der Kaiser der Franzosen ihm drohte: »Wenn mir die Bundesfürsten auch nur den

Der Russlandfeldzug Napoleons: Die württembergische Division überschreitet am 14. August 1812 den Dnjepr. Zeichnung von Christian Wilhelm von Faber du Faur.

geringsten Zweifel über ihre Vorkehrungen für eine gemeinsame Verteidigung lassen, werden sie sich zugrunde richten, denn ich ziehe Feinde unzuverlässigen Freunden vor.«

Nur mit Widerwillen und schweren Herzens stellte Friedrich dem uneinsichtigen Franzosenkaiser das vertraglich vorgeschriebene Kontingent an Soldaten. Er übertrug den Oberbefehl seinem Sohn Kronprinz Wilhelm, um die Unterstellung seiner württembergischen Truppen unter einen französischen General zu vermeiden. Wilhelm jedoch erkrankte auf dem entbehrungsreichen Marsch der Truppen gen Russland wie viele Soldaten an Ruhr und musste zurückbleiben, schließlich nach Hause zurückkehren.

Schon zu Beginn des unfreiwilligen Feldzuges traten bei Soldaten wie Offizieren Unzufriedenheit und wachsender Unmut gegen Napoleon und Zweifel am Sinn des Unternehmens auf, wozu nicht unerheblich die Benachteiligung der Württemberger bei der Zuweisung von Quartieren und der Lebensmittelversorgung beitrug. Napoleon rügte in dieser Situation den mangelnden Kampfgeist der Württemberger schwer und machte in kränkender Weise Kronprinz Wilhelm persönlich dafür verantwortlich. Doch auch er musste beunruhigt sein, bemerkte er doch, wie sehr seine Soldaten unter den Strapazen der langen Märsche und der mangelnden Lebensmittelversorgung litten. Hinzu kam, dass die Russen sich fast kampflos immer weiter ins Landesinnere zurückzogen. Die gut unterrichtete Königin Charlotte Mathilde schrieb an ihren Mann, der diese Strategie der Russen vorausgesehen hatte: »Ich fürchte, dass die Russen den Plan haben, die Alliierten in unwirtliche oder verlassene Gegenden vorstoßen zu lassen, wo diese viel zu leiden haben, ehe es zu einer Schlacht kommt.«

Noch bevor die württembergische Division in Kämpfe verwickelt wurde, hatte sie bereits große Verluste erlitten. Dennoch tat sie sich sowohl in der Schlacht von Smolensk und der legendären Schlacht von Borodino durch große Tapferkeit hervor. Unter hohen Verlusten, vielen Toten und Verwundeten. Die hohen Auszeichnungen, die Napoleon den Württembergern vor allen anderen Truppen verlieh, und die

Versprechen für großzügige Jahresrenten mögen die Württemberger mit zwiespältigen Gefühlen, auf jeden Fall mit großer Skepsis angenommen haben.

Zu den ersten Truppen, die im September 1812 ins größtenteils verlassene Moskau einzogen, gehörten die württembergischen Jäger zu Pferd. Die Enttäuschung, in Moskau kaum Lebensmittel und Quartiere vorzufinden, muss bei den erschöpften Menschen, die sich bis dahin immer noch als Eroberer gesehen hatten, maßlos gewesen sein. Die Russen hatten verbrannte Erde hinterlassen, gründlich.

Napoleon erkannte, wenngleich zu spät, dass ihm nichts als der Rückzug blieb, und der wurde zum Desaster. Ein früher Wintereinbruch mit eisiger Kälte und viel Schnee machte den ausgehungerten und nur mangelhaft bekleideten Soldaten das Leben zur Hölle. Die Russen nutzten dies und rieben, was von der »Grande Armée« noch geblieben war, erbarmungslos auf. Und sie versuchten den Truppenresten den Übergang über die Beresina zu verwehren. Nur wenige erreichten das

Die Völkerschlacht war auch der Befreiungsschlag Württembergs aus französischer Vorherrschaft.

rettende andere Ufer und konnten sich schließlich über die Memel auf preußischen Boden retten.

Der Feldzug endete mit einer Katastrophe: Von den 15 800 württembergischen Soldaten, die nach Russland geschickt worden waren, kehrten weniger als dreihundert wieder zurück, verwundet, körperlich und seelisch verkrüppelt. Kaum eine Familie in Württemberg, in der nicht ein Vater, Ehemann, Sohn oder Bruder beklagt wurde.

König Friedrich war der einzige Rheinbundfürst, der Napoleon keinerlei Anteilnahme an der Vernichtung seiner Armee übermittelte. Die Wut auf die Franzosen wuchs im ganzen Land.

So war es nur folgerichtig, dass während der Befreiungskriege gegen Napoleon ab 1813 die Württemberger zwar notgedrungen an der Seite Napoleons in den Krieg marschierten, doch sich noch vor Ende der viertägigen Völkerschlacht von Leipzig auf die Seite der Koalition gegen Frankreich schlugen. Frei vom Joch des Franzosenkaisers kehrten sie in ihre Heimat zurück.

Die Allianz zwischen Württemberg und dem napoleonischen Frankreich war damit beendet. Die Königskrone von Napoleons Gnaden wollte Friedrich allerdings nicht mehr hergeben. Auf dem Wiener Kongress sollte er diese erfolgreich verteidigen.

Königreich von Napoleons Gnaden

Im Netz der großen Politik

*Vom Deutsch-Französischen Krieg
bis zum Zweiten Weltkrieg*

Unter Napoleons Herrschaft über Europa hatte Württemberg de facto keine selbstbestimmte Außenpolitik mehr betreiben können. Dem Kurfürsten und späteren König Friedrich verblieben allenfalls Korrekturen nach dem Motto »das Schlimmste verhindern«. Spätestens mit den Befreiungskriegen ab 1813 war diese Abhängigkeit zu Ende.

In den Jahren der Auseinandersetzung um die politische Einigung Deutschlands – ähnlich der napoleonischen Ära eine der großen Umbruchphasen der deutschen Geschichte – ging es um die Bildung eines kleindeutschen Reiches unter der Führung Preußens oder die Schaffung eines großdeutschen Reiches mit Österreich-Ungarn, wie es Württemberg präferierte. Dabei sollte die Frage der Souveränität der einzelnen Mitgliedsstaaten eine ganz andere Dimension annehmen.

Ende des außenpolitischen Verhältnisses zwischen Württemberg und Frankreich

Im Frühjahr 1870 zeichnete sich ein kriegerischer Konflikt des Norddeutschen Bundes mit Frankreich ab. Im Zuge dessen schlossen sich auch die süddeutschen Staaten dem wiedererstandenen Deutschen Bund unter der Führung der neuen Großmacht mehr oder weniger freiwillig an. Im Juli 1870 hatte Frankreich den Krieg erklärt. Für die süddeutschen Staaten trat nun der Bündnisfall ein.

Eine Woge nationaler Begeisterung erfasste auch die Württemberger. Der Landtag votierte fast einstimmig für die erforderlichen Kriegskredite. Der Mobilmachungsbefehl erging. König Karl hingegen gestand in seiner Abschiedsaudienz dem französischen Gesandten Graf Saint-Vallier, mit dem er immer einen über die Diplomatie weit hinausreichenden vertraulichen Umgang gepflegt hatte, wie sehr es ihn schmerze, dass sein Württemberg nun in einem Krieg gegen das ihm befreundete Frankreich stünde. Auch zwischen dem französischen Kaiser und dem württembergischen Kö-

Im Netz der großen Politik

nigspaar hatte immer ein ausgesprochen freundschaftliches Verhältnis bestanden.

Die württembergische Division war dem preußischen Kronprinzen Friedrich Wilhelm unterstellt und kämpfte in der Schlacht von Wörth am Rhein im Unterelsass, auch als »Schlacht von Fröschweiler« bekannt, war beim großen Sieg von Sedan und an der Belagerung von Paris beteiligt. Der Neffe König Karls, der spätere König Wilhelm II., nahm als kämpfender Offizier an den Schlachten von Sedan und Villiers teil und verlor im Gefecht bei Champigny seinen Freund Erich Graf Taube.

Der Krieg endete mit der Niederlage Frankreichs, die unter anderem die Abtretung von Elsass-Lothringen an das Deutsche Reich im Mai 1871 zur Folge hatte. Und er endete mit einer furchtbaren Demütigung Frankreichs: der Kaiserproklamation des preußischen Königs im Spiegelsaal des französischen Königsschlosses Versailles. Im Moment der Gründung des Deutschen Kaiserreiches ging das Französische Kaiserreich unter. Der württembergische König hatte auf Anwesenheit bei der Zeremonie verzichtet und nur den Thronfolger Prinz Wilhelm entsendet.

König Karl von Württemberg war auch der letzte Monarch, der seine Zustimmung zum Beitritt ins Deutsche Reich gab. Erst am 1. Januar 1871 unterzeichnete er die Urkunde. Ihm war sehr wohl bewusst, wie stark die Souveränität seines Landes von nun an eingeschränkt war. Schmerzlich hatte er es schon spüren müssen, als er seine Truppen in einen preußischen Krieg gegen das ihm befreundete Frankreich hatte ziehen lassen müssen. Nun hatte Württemberg die gesamte Außen- und Verteidigungspolitik an das Deutsche Reich nach Berlin abgegeben.

Das offizielle (außen-)politische Verhältnis zwischen Württemberg und Frankreich endet hier. Korrekterweise muss deshalb von diesem Zeitpunkt an auch in Bezug auf die württembergische Außenpolitik stets von deutsch-französischen Beziehungen gesprochen werden. Im Folgenden sollen aus diesem Grund nur noch einige wenige, herausgehobene Episoden des württembergisch-französischen Verhältnisses schlaglichtartig beleuchtet werden.

Im Netz der großen Politik

Auch beim Ausbruch des Ersten Weltkrieges gab es keine Rücksichtnahmen auf etwaige frühere Bindungen oder Besitzverhältnisse Württembergs mit Frankreich, sei es im inzwischen längst zu »Montbéliard« gewordenen Mömpelgard oder im umkämpften Elsass.

Württemberg hatte keinen Einfluss auf den Eintritt des Deutschen Reiches in den Krieg. Von der Massenhysterie und Kriegsbegeisterung der eigenen Bevölkerung war die Regierung überrascht. Am ersten Mobilmachungstag im August 1914 verabschiedete König Wilhelm II. bedrückt seine Soldaten im Hof der Stuttgarter Rotebühlkaserne. Er richtete aufmunternde Worte an die ins Feld ziehenden Soldaten, betete mit ihnen und konnte seine Tränen nicht verbergen, die er beim Lebewohl um die abmarschierenden Männer vergoss.

»Germania, mir graut vor Dir« – der Stuttgarter Schriftsteller Georg Herwegh

Nicht alle Württemberger fielen 1870 beim Sieg über Frankreich und der Gründung des Deutschen Reiches in den allgemeinen großen Jubel ein. Der 1817 in Stuttgart als Sohn eines Gastwirts geborene Georg Herwegh etwa, neben Heinrich Heine und Ferdinand von Freiligrath einer der populärsten deutschsprachigen Dichter im 19. Jahrhundert, erhob als Publizist wie als Lyriker laut seine Stimme gegen den seiner Meinung nach »unsittlichen Franzosenhass«: *Ich liebe Deutschland, glaubt es mir, / Doch ganz entsetzlich ist, / Mir solch ein Patriot beim Bier, / Wenn er Franzosen frisst.*

Immer wieder mahnte er einen »gerechten Frieden« und die Versöhnung beider Völker an. Die Annexion von Elsass und Lothringen lehnte er ab und warnte vor »Kriegsidiotentum«. Für seine »undeutsche Gesinnung und das Kokettieren mit dem Fremdentum« erntete Herwegh Hohn und Spott in weiten Kreisen des Deutschen Reiches.

Herwegh kannte Frankreich gut. Und er liebte es. Nach seiner Verweisung als Stipendiat vom Tübinger Stift wegen unbotmäßigen Verhaltens und seiner Flucht vor dem württembergischen Militärdienst in die Schweiz lebte er 1841 und 1842 in Paris, wo er schnell Anschluss an die prominenten Intellektuellen jener Zeit fand: George Sand, Victor Hugo, Pierre-Jean de Béranger und Alphonse Lamartine, dessen romantisches Werk er ins Deutsche übersetzte. Auch den Lyriker André Chenier machte er durch seine Übersetzung einem breiten deutschen Publikum bekannt. Heinrich Heine bezeichnete ihn liebevoll-spöttisch als »eiserne Lerche«. In Paris machte Herwegh Bekanntschaft mit dem Ökonomen und Soziologen Pierre-Joseph Proudhon, dem französischen utopischen Sozialismus eines Saint-Simon und eines Charles Fourier und bekannte sich bald selbst als Sozialist. Sicherlich gehörte Herwegh zu den wenigen Dichtern und Publizisten, die mit den Arbeitern direkten und persönlichen Kontakt pflegten. Er hatte die Verhältnisse, in denen sie leben mussten, bei den zahlreichen deutschen Arbeitern kennengelernt, die sich in Paris als »Gastarbeiter« unter mühseligen Bedingungen eine Existenz verdienten.

Herwegh selbst indessen lebte in recht komfortablen Verhältnissen. Als gefragter Publizist veröffentlichte er in angesehenen deutschen wie französischen Zeitschriften und Journalen, darunter auch in dem von Karl Marx redigierten »Rheinischen Merkur«. Durch die großzügigen Zuwendungen, die seine Ehefrau Emma von ihrem Vater, einem wohlhabenden Berliner Bankier, erhielt, konnte sich das wohlsituierte Ehepaar eine schöne, komfortable Wohnung in der Rue Vaneau leisten, die zu einem beliebten Treffpunkt deutscher und französischer Intellektueller wurde. Ab 1843 waren sie ganz nach Paris ans linke Ufer der Seine unweit vom Palais Bourbon übersiedelt.

Paris als Hauptstadt der Revolution, inzwischen auch der von 1830 und bald auch der Februarrevolution 1848, galt vielen deutschen Intellektuellen als ein wahres Mekka. Doch bald mischte sich Enttäuschung in die Begeisterung. So auch bei Herwegh, der die Ideale der Französischen Revolution verraten sah von der allseits anzutreffenden »kapitalistischen Geschäftigkeit«. Anstatt Freiheit, Gleichheit, Brüderlichkeit herrsche ein »Boutiquenregiment«: »Das ist das alte Land nicht mehr, das Vaterland der Marseillaise«, so klagte er.

Angesichts des großbürgerlich-intellektuellen Ambientes in der Rue Vaneau mutet die kurze, aktiv-revolutionäre Episode in Herweghs Leben im Frühjahr 1848 fast surrealistisch

Im Netz der großen Politik

an. Herwegh, der Dichter und Übersetzer, der fahnenflüchtige Württemberger, wurde von einer Versammlung von in Paris lebenden Deutschen zum Anführer der »demokratischen Legion« gewählt, welche die Ideen einer freien Republik nach Deutschland tragen sollte – bewaffnet und zunächst zur Unterstützung der badischen Aufständischen mit ihrem Anführer Friedrich Hecker. Auch wenn Hecker diese Art von Unterstützung gar nicht wollte und seine ablehnende Haltung gegenüber der charmanten Kundschafterin aus Paris, Emma Herwegh, bei einem heimlichen Treffen im Schwarzwald auch kundgetan hatte. Die Begeisterung der Pariser Deutschen war so groß, dass sie immerhin bis Straßburg zogen, dort aber verwundert feststellten, dass der Straßburger Präfekt dem Haufen Idealisten die Ausrüstung mit Waffen verweigerte und sie bat, so schnell wie möglich aus dem Elsass zu verschwinden.

Herwegh sah 1848 in Paris die Ideale der Französischen Revolution verraten.

Deutsch-
Französischer
Krieg: Angriff des
1. württembergi-
schen Infanterie-
Regiments bei
Coeuilly am
30. November
1870.

Bevor der Trupp von etwa 600 Mann (dabei Emma Herwegh in Männerkleidern) wie geplant zunächst den Südwesten Deutschlands mit ihren Revolutionsplänen und einer Republik à la française beglücken konnte, wurde er von einer kleinen Kompagnie von 130 württembergischen Infanteristen schon im südbadischen Schwarzwald bei Dossenbach aufgerieben. Es kam zum Gefecht, in dem die militärisch unerfahrenen Aufständischen dreißig Tote und sechzig Verwundete zu beklagen hatten, die württembergische Einheit hingegen nur zwei Verwundete.

Herwegh und seiner Frau gelang als Bauernpaar verkleidet die Flucht in die Schweiz, wo sie sich für einige Jahre in Zürich niederließen. Die Deutsche Legion aus Paris hatte sich ebenso schnell aufgelöst wie ihr Traum von einer bürgerlichen Republik in Deutschland.

Nach einer Amnestie für die 1848er-Revolutionäre in Württemberg ließen sich die Herweghs in Baden-Baden nieder, wo der nunmehr wieder zum Dichter gewordene Revo-

Im Netz der großen Politik

lutionär am 7. April 1875 im Alter von nur 58 Jahren starb. Wohlgefühlt hat er sich in Deutschland auch in späteren Jahren nicht mehr, doch ungebrochen trat Georg Herwegh in seinen Gedichten wie in seinen zahlreichen und vielgelesenen Artikeln für Zeitschriften in Deutschland, Frankreich und der Schweiz weiter für seine freiheitlichen Ideale ein.

Die Nachgeborenen, die um die kommenden furchtbaren Geschehnisse zweier weiterer Kriege wissen, lässt sein »Epilog zum Krieg 1870/71« schaudern: *Du bist im ruhmbekränzten Morden / Das erste Land der Welt geworden / Germania, mir graut vor Dir!*

Trotz seiner unentwegt äußerst kritischen Töne blieb er bis zu seinem Lebensende hochgeachtet und geehrt. Seine Ehefrau ließ den Autor der berühmten »Gedichte eines Lebendigen« nach seinem Tod in seine Wahlheimat im Kanton Basel-Land überführen und in dem Städtchen Liestal begraben, wo ihm seit 1946 ein kleines Dichtermuseum gewidmet ist.

Mit dem Leben bezahlt – Matthias Erzberger und der Friedensvertrag von Versailles

Auch wenn man seit der Reichsgründung 1871 und der damit einhergehenden Aufgabe von Souveränitätsrechten früherer Einzelstaaten nicht mehr von einem spezifischen Württemberg-Frankreich-Verhältnis sprechen kann, so spielten doch immer wieder einzelne Orte oder Personen aus Württemberg eine besondere Rolle bei den französisch-deutschen Begegnungen.

Während der Verhandlungen um einen Waffenstillstand und einen Friedensschluss gegen Ende des Ersten Weltkrieges kam einem Politiker aus Württemberg eine entscheidende Rolle zu: Matthias Erzberger, württembergischer Reichstagsabgeordneter der Zentrumspartei, war 1918 zum Leiter der Waffenstillstandskommission berufen worden und hatte auf Wunsch Hindenburgs als Erster der deutschen Delegation am

11. November 1918 den Waffenstillstand von Compiègne unterzeichnet, der die Kämpfe des Ersten Weltkriegs beendete.

Matthias Erzberger wurde 1875 in dem kleinen Dörfchen Buttenhausen auf der Schwäbischen Alb in bescheidene Verhältnisse hineingeboren. Sein Vater war Schneider und verdiente sich als Postbote noch ein kleines Zubrot. Buttenhausens Bevölkerung bestand je zur Hälfte aus Juden und Protestanten, die Erzbergers gehörten zu den ganz wenigen Katholiken im Dorf. Matthias Erzberger machte zunächst eine Ausbildung als Volksschullehrer auf dem katholischen Lehrerseminar in Saulgau und begann nach einer kurzen Berufstätigkeit als Lehrer ein Studium der Nationalökonomie und des Staatsrechts. Seine Existenz sicherte er sich dabei als Redakteur beim katholischen »Deutschen Volksblatt« in Stuttgart.

Bald engagierte er sich in katholischen Arbeitervereinen, bei der Zentrumspartei und wirkte an der Gründung christlicher Gewerkschaften mit. 1903 wurde er für den oberschwäbischen Wahlkreis Württemberg als damals jüngster Abgeordneter in den Berliner Reichstag gewählt. Dort begnügte er sich keineswegs mit der Rolle eines Hinterbänklers. Augenblicklich machte er Furore als scharfer Kritiker der deutschen Kolonialpolitik in Afrika und prangerte die unmenschlichen Arbeitsbedingungen für die kolonisierte Bevölkerung an.

Während des Ersten Weltkriegs kamen ihm wichtige diplomatische Aufgaben zu, unter anderem baute er auch einen Auslandsgeheimdienst auf. Für seine Regierung und den Deutschen Reichstag blieb er weiterhin unbequem. Als einziger Abgeordneter neben Karl Liebknecht kritisierte er vehement die passive Haltung Deutschlands gegenüber dem alliierten Osmanischen Reich während dessen Verfolgung nichtmuslimischer Bevölkerungsgruppen, insbesondere das Schweigen Deutschlands während des Völkermordes 1915 an den Armeniern.

Auch im eigenen Land blieb er unbequem. Vielleicht war er durch seine Kindheit in Buttenhausen und das dort selbstverständliche Zusammenleben mit jüdischen Familien sensibel für den Umgang mit Juden im Deutschen Reich. Auf jeden

Im Netz der großen Politik

Capt. VANSELOW   Gén. WINTERFELDT   Herr ERZBERGER   Sir R. WEMYSS
Count. A. OBERNDORFF   Capt. MARRIOTT   Sir G. HOPE   MARÉCHAL FOCH   Gén. WEYGAND

Fall setzte er sich für eine parlamentarische Anfrage mitten im Krieg 1916 ein, die den Anteil von Juden als Soldaten an der Front zum Thema hatte. Nach einer vom Kriegsminister veranlassten »Judenzählung« ergab sich dann, dass prozentual ebenso viele jüdische wie christliche Soldaten dienten und auch ihr Leben lassen mussten. Erzbergers eigener Sohn starb achtzehnjährig als Soldat an der damals auch im Heer grassierenden Spanischen Grippe.

Matthias Erzberger war mit einer Kaufmannstochter aus Rottenburg am Neckar verheiratet und hatte mit ihr noch zwei Töchter. Die Tochter Maria war es, der er nach einem ersten Attentat auf ihn im Januar 1920 in Berlin seine zur Gewissheit werdende Ahnung anvertraute: »Die Kugel, die mich treffen soll, ist schon gegossen.« Gegen Erzberger, 1919 in die Weimarer Nationalversammlung gewählt und inzwischen Reichsfinanzminister, war eine gnadenlose Hetzkampagne

Im Wald von Compiègne traf die deutsche Delegation um Matthias Erzberger im November 1918 in einem Eisenbahnwaggon mit den französischen Siegern zusammen.

von rechts im Gange. Da er nach der Unterzeichnung des Waffenstillstandsabkommens von Compiègne auch die Annahme des die deutsche Wirtschaft niederdrückenden Versailler Vertrags befürwortet hatte, war er mehr und mehr zur gehassten Zielscheibe rechter Kreise geworden. Der später als »Konkursverwalter des Kaiserreichs« bezeichnete Erzberger wurde als »Erfüllungspolitiker« verunglimpft.

Mit seiner Todesahnung sollte Erzberger recht behalten. Während eines Erholungsurlaubs in Bad Griesbach im Schwarzwald passten ihn auf einer kleinen Wanderung mit seinem Parteifreund Karl Diez zwei ehemalige Marineoffiziere, Angehörige eines Freikorps und der rechten »Organisation Consul« ab und gaben sechs Schüsse auf ihn ab. Erzberger stürzte verletzt eine Böschung hinab, die Attentäter töteten ihn aus nächster Nähe mit zwei weiteren gezielten Schüssen in den Kopf. Sein Freund Diez wurde schwer verletzt. Die Attentäter konnten ins Ausland fliehen und kehrten 1933, von den Nationalsozialisten amnestiert, aus Spanien nach Deutschland zurück.

Die Besiegelung der Niederlage Frankreichs im Deutsch-Französischen Krieg 1870/71 und die gleichzeitige triumphale Kaiserkrönung des Preußenkönigs im Schloss von Versailles hatten sich unauslöschlich ins Gedächtnis der französischen Bevölkerung eingebrannt. Der Hass auf »die Deutschen« hatte sich mit den Jahren aufgestaut und wartete nur auf den Augenblick der Rache: ein »zweites Versailles« 1919, diesmal als kollektive Demütigung der Deutschen mit schier unerträglichen Reparationsleistungen.

König Karl von Württemberg mag die Fatalität der Vorgänge in Versailles geahnt haben, als er der Demütigung Frankreichs durch die Kaiserproklamation im Spiegelsaal des Schlosses fernblieb. Dass es viele Jahre später mit Matthias Erzberger ausgerechnet ein Württemberger sein sollte, dessen Name mit der Ausführung des Versailler Vertrags und damit der wirtschaftlichen wie gesellschaftlichen Katastrophe Deutschlands in eins gesetzt wurde, ist für die Geschichte des französisch-württembergischen Verhältnisses sicherlich eine besonders tragische Pointe.

Im Netz der großen Politik

Französischer Marionettenstaat in Sigmaringen – die Vichy-Regierung im Exil

Während der Zeit des Nationalsozialismus und im Zweiten Weltkrieg waren die einst besonderen Beziehungen zwischen Württemberg und Frankreich weiter in Vergessenheit geraten.

Da mag es dem puren Zufall geschuldet sein, dass ausgerechnet das schwäbische, einst zur katholischen Linie des Hauses Hohenzollern gehörige Sigmaringen für einen kleinen Augenblick die Aufmerksamkeit der Weltöffentlichkeit auf sich zog: als Sitz der französischen Regierung!

Siebeneinhalb Monate lang, vom 8. September 1944 bis zum 21. April 1945, war Sigmaringen mit seinem Hohenzollern-Schloss heimliche, doch offizielle Hauptstadt Frankreichs. Paris an der Donau!

Nachdem die französische Armee den Vorstoß der deutschen Wehrmacht im Frühsommer 1940 nicht hatte aufhalten

In Schloss Sigmaringen »residierte« die französische Marionettenregierung.

können, war es zu einem Waffenstillstand gekommen, der am 22. Juni 1940 im Wald von Compiègne bei Paris zwischen Hitler und dem französischen Regierungsbeauftragten Philippe Pétain unterzeichnet wurde. Es geschah im selben Eisenbahnwaggon, in dem 1918 der Erste Weltkrieg beendet wurde. Damals unterzeichnete auf der deutschen Seite der Verlierer der aus Württemberg stammende Matthias Erzberger. Welch ein Triumph nun für den ehemaligen Gefreiten Adolf Hitler über den »Helden von Verdun« Marschall Pétain.

Das Abkommen beinhaltete eine Aufteilung Frankreichs in den von den Deutschen besetzten Westen und Norden Frankreichs samt Elsass und Lothringen und in den Süden mit der neu eingesetzten, im Badeort Vichy in den Ardennen residierenden sogenannten Vichy-Regierung, die mit den Deutschen kollaborierte und an deren Spitze Staatschef Philippe Pétain und Ministerpräsident Pierre Laval standen. Diese französische Marionettenregierung wurde nach der Landung der Alliierten in Südfrankreich 1944 über die Zwischenstation Belfort in das vom damaligen deutschen Botschafter bei der Vichy-Regierung, dem in Schwetzingen geborenen Otto Abetz, avisierte Sigmaringen evakuiert. Am 8. September 1940 trafen Pétain und Laval mit ihrer Marionettenregierung auf Schloss Sigmaringen ein, Fürst Friedrich Wilhelm von Hohenzollern wurde samt seiner Familie »auf Führerbefehl« kurzerhand von seinem Stammsitz nach Schloss Wilflingen ausquartiert.

Von nun an residierten Regierungsmitglieder, Diplomaten, Milizen, Beamte, Journalisten, Sekretärinnen und Geliebte in Schloss und Stadt, in Gasthöfen und Villen. Das Kabinett der Vichy-Regierung tagte, es wurden Sitzungen abgehalten und Dekrete erlassen. In das fünftausend Einwohner zählende Städtchen waren auf einmal zweitausend Franzosen gezogen, dazu kamen Botschafter der befreundeten Staaten wie Japan und Italien. Eine Tageszeitung »La France« und der Radiosender »Ici la France« wandten sich an die in Sigmaringen stationierten Franzosen selbst, aber auch an die zwei Millionen französische Kriegsgefangene und Fremdarbeiter im Deutschen Reich und an die Mitglieder der »Legion

Im Netz der großen Politik

Philippe Pétain:
Französischer
Held des Ersten,
Verräter im Zwei-
ten Weltkrieg.

Charlemagne« innerhalb der Waffen-SS. Schätzungsweise
250 000 Franzosen trugen deutsche Uniformen, mit ihnen
sollte der Traum von einem Partisanenkrieg hinter den alliierten Fronten verwirklicht werden.

Inwieweit Regierungsarbeit unter den gegebenen Umständen effektiv sein konnte, sei dahingestellt. Pétain war nicht
freiwillig nach Sigmaringen gekommen, mit Laval herrschte
alles andere als Einvernehmen, man musste die beiden Herren in gehörigem Abstand im Schloss unterbringen, damit
es nicht ständig zu Streitereien kam. Binnen kurzem war die
Scheinregierung in einander feindlich gesinnte Grüppchen
zerfallen. Dazu gehörten auch prominente französische Fa-

schisten wie Jacques Doriot, der auf einer Fahrt von der Insel Mainau nach Sigmaringen in seinem Auto von einem alliierten Tiefflieger getroffen und getötet wurde.

Die Sigmaringer Bevölkerung nahm das ungewöhnliche Geschehen um sie herum mit Staunen wahr. Sie wunderten sich über die vielen Männer »in Baskenmützen« und Frauen, »gekleidet wie eine Malerpalette«. Missfallen erregten die Sonderrationen, mit denen die Franzosen verpflegt wurden. Vor allem der alte Marschall Pétain fiel auf, denn er verbrauchte für sich allein fünf Lebensmittelkarten! Die Franzosen schienen keineswegs in Untergangsstimmung oder gar Kriegsnöten zu leben, sondern genossen weiterhin ihr gewohntes Savoir-vivre. Im Schloss wurde »diniert, diskutiert, intrigiert«.

Der durch seinen Kriegsroman »Reise ans Ende der Nacht« bekannt gewordene Schriftsteller Louis-Ferdinand Céline, der damals für die Angehörigen des Vichy-Regimes in Sigmaringen als Arzt arbeitete, berichtete von Klavierabenden, Vorträgen und Rezitationen bei den Abendgesellschaften der Franzosen, von Flirts und Affären. Das ganze Kuriosum war für ihn wie »ein Theaterstück, von der Stadt aufgeführt, als wäre man in einer Operette«.

Die Operette war jäh zu Ende, als am 22. April 1945 de Gaulles Truppen in Sigmaringen einmarschierten. Das Regime hatte sich schnell aufgelöst, wer konnte, hatte sich rechtzeitig abgesetzt. Laval wurde von der deutschen Luftwaffe nach Spanien ausgeflogen, von dort später jedoch ausgeliefert und in Paris im Oktober 1945 wegen Hochverrats erschossen. Pétain gelang mit Hilfe der Gestapo die Flucht in die Schweiz, auch er wurde später in Frankreich zum Tode verurteilt. De Gaulle, der als junger Militär dem Regimentsstab Pétains angehörte, begnadigte ihn jedoch wegen seines hohen Alters und ob seiner Verdienste im Ersten Weltkrieg und verbannte ihn auf die Atlantikinsel d'Yeu, wo er 1951 im Alter von 95 Jahren starb.

Im Netz der großen Politik

Neuanfänge

Die Rolle Württembergs bei der Versöhnung
zwischen Frankreich und Deutschland

Aus dem großen Trümmerhaufen Europa nach dem Ende des Zweiten Weltkriegs ragten einzelne zukunftsweisende Gestalten hervor. Zu ihnen gehörte sicherlich Winston Churchill. Der ehemalige britische Premierminister und nunmehrige britische Oppositionsführer sagte in seiner legendären Zürcher »Rede an die akademische Jugend« am 19. September 1946: »Wir müssen den Schrecken der Vergangenheit den Rücken kehren und uns der Zukunft zuwenden.« Und ausgerechnet der Brite sprach von seiner Überzeugung, dass ein zukünftiger Friede nur über die Verständigung zwischen Deutschland und Frankreich zu erreichen sei. »Wir müssen eine Art Vereinigter Staaten von Europa errichten« und »der erste Schritt bei der Neubildung der europäischen Familie muss ein Zusammengehen zwischen Frankreich und Deutschland sein […]. Es gibt kein Wiedererstehen Europas ohne ein geistig großes Frankreich und ein geistig großes Deutschland.«

Ein Jahr nach Kriegsende, als alle Wunden der furchtbaren Ereignisse noch offen waren, die Städte in Schutt und Asche lagen, die Menschen hungerten, froren und um ihre Toten weinten, malte Churchill den jungen Menschen eine Vision von einem vereinigten Europa, für die der Gedanke an Versöhnung und nicht der Vergeltung die Grundvoraussetzung war. Und es ist mehr als erstaunlich, dass nun gerade diejenigen Überlebenden, die in ihrem persönlichen Schicksal unter Krieg, Terror und Gewalt am meisten gelitten hatten, diesen Gedanken der Versöhnung in die Tat umsetzen sollten.

De Gaulles Rede appelliert an die deutsche Jugend

Diese Versöhnung ging nicht von der großen Politik aus. Es waren Vertreter der Zivilgesellschaft, welche in mühsamen kleinen Schritten damit begannen, die ungewohnte Friedensarbeit umzusetzen und das zu schaffen, was heute so selbstverständlich erscheint: europäische Städtepartnerschaften,

Neuanfänge

das Deutsch-Französische Institut, das Deutsch-Französische Jugendwerk und viele andere deutsch-französische wie europaweite Organisationen.

»Es ist nicht denkbar, dass man aus der Besetzung Deutschlands eine reservierte Angelegenheit für Verwaltungsleute und Militärs macht, aus der sich das souveräne Volk desinteressiert abwendet. Das wäre eine seltsame und gefährliche Abdankung des Bürgergeistes«, so der französische Historiker und Publizist Joseph Rovan, der zusammen mit Alfred Grosser auf französischer Seite und Theodor Heuss, Carlo Schmid und Fritz Schenk auf deutscher Seite zu den Gründern des Deutsch-Französischen Instituts zählt.

Die Überzeugung, dass Wissen voneinander ein wesentlicher Schlüssel für ein erfolgreiches Miteinander ist, führte diese Männer dazu, eine Institution ins Leben zu rufen, die für diesen Wissensaustausch dauerhaft, solide und wissenschaftlich seriös sorgen würde. Das Deutsch-Französische Institut wurde bereits im Jahr 1948 in Ludwigsburg gegründet, lange bevor die offizielle Aussöhnung beider Länder 1963 staatlich besiegelt wurde! Versöhnung und Verständnis könne nur durch persönliches Erleben, gemeinsame Veranstaltungen, Vorträge, die Kenntnis der Sprache des anderen dauerhaft geschehen, nicht durch politische Abmachungen. Davon waren die Initiatoren überzeugt. Und sie wussten, wovon sie redeten. Waren sie doch allesamt profunde Kenner der Kultur der jeweils anderen.

Carlo Schmid war 1896 im südfranzösischen Perpignan geboren, seine Mutter war Französin, sein Vater stammte aus Württemberg und lehrte damals als Dozent an der Universität von Toulouse. Später wurde er zum Schulleiter in Weil der Stadt bestimmt, und so wuchs Carlo Schmid im Württembergischen auf und studierte Rechtswissenschaften in Tübingen. Er machte sich einen Namen als Übersetzer von Malraux und Baudelaire – seine Übersetzung von Baudelaires »Fleurs du Mal« galt als bahnbrechend – und trug die Ideale von Freiheit, Gleichheit, Brüderlichkeit in Deutschland als Freimaurer weiter. Carlo Schmid musste sein geliebtes Frankreich auf deutscher Seite an der Front als Kriegsgegner auf dem Schlachtfeld erleben.

**Das Deutsch-
Französische
Institut in
Ludwigsburg.**

Sein französischer Mitbegründer des Deutsch-Französischen Instituts Joseph Rovan, 1918 in München als Joseph Rosenthal geboren und 1933 mit seiner Familie nach Frankreich emigriert, war 1944 als Mitglied der Resistance von der Gestapo verhaftet und ins Konzentrationslager Dachau verschleppt worden und hätte allen Grund gehabt, »die Deutschen« zu hassen. Stattdessen plädierte er für Versöhnung und Zusammenarbeit. Ebenso Alfred Grosser, der aus einer deutsch-jüdischen Familie aus Frankfurt stammte, die zur Emigration nach Frankreich gezwungen worden war.

Man könnte vermuten, dass diese kulturbeflissenen Initiatoren der deutsch-französischen Verständigung ebenso wie Alfred Grosser oder der aus Brackenheim stammende Theodor Heuss gerade infolge ihres Wissens um die historischen Beziehungen Württembergs und Montbéliards ausgerechnet Ludwigsburg als Sitz des neuen Deutsch-Französischen Instituts ausgewählt haben. Offensichtlich sind die Gründe für die Wahl des Standorts Ludwigsburg viel banaler. Dass man einen Ort suchte, der möglichst nahe an Frankreich lag und der nicht zur französischen Besatzungszone gehörte, also unabhängig war, ist verständlich. Und dass in Ludwigsburg mit der Villa des im Dritten Reich enteigneten und ermordeten jüdischen Fabrikanten Hans Frischauer in der Asperger Straße ein entsprechend großes Haus zur Verfügung stand, war ganz einfach praktisch.

Heute ist das Deutsch-Französische Institut mit seinen Arbeitsbereichen Wirtschafts-, Sozial- und Europapolitik, mit seiner exzellenten Fachbibliothek und seinen wissenschaftlichen Mitarbeitern *der* Forschungs- und Dokumentationsort schlechthin für wissenschaftliches Arbeiten über Frankreich und Deutschland, mit Ausstellungen, Vortrags- und Diskussionsveranstaltungen, für deutsch-französische Forschungskooperationen und für die Vernetzung mit den maßgeblichen Trägern der deutsch-französischen Zusammenarbeit. So wurde es in den Jahren 2003 bis 2010 auch zu einem wichtigen Mittler bei der schwierigen Entstehung eines gemeinsamen deutsch-französischen Geschichtsbuches.

Und wenn es um die Zukunft der europäischen Wirtschafts- und Währungsunion geht, so bietet das Deutsch-Französische Institut einen neutralen Boden für Beratungen und Gespräche von Fachleuten, die nicht in erster Linie politische Interessen zu vertreten haben, sondern einer gemeinsamen Sache dienen.

In Fragen der deutsch-französischen Zusammenarbeit auf dem Gebiet der Wirtschaft spielt auch der »Club d'affaires franco-allemand du Bade-Wurtemberg e. V.« seit vielen Jahren eine wichtige Rolle, ein französisch-deutsches Engagement zur Förderung wirtschaftlicher, wissenschaftlicher und kultureller französisch-deutscher Beziehungen. Die Arbeit des »französisch-deutschen Wirtschaftsclubs« in Stuttgart ist schon aufgrund der Nähe zum Nachbarland Frankreich und der zahlreichen geschäftlichen Verbindungen im Elsass besonders intensiv. Man trifft sich zu offenem Gedankenaustausch, zu Diskussionen und Fachvorträgen, sorgt aber auch im Sinne des französischen Savoir-vivre für gesellschaftliche Ereignisse und Veranstaltungen, bei denen einerseits die Anliegen des »Club d'affaires franco-allemand du Bade-Wurtemberg e. V.« einer breiten interessierten Öffentlichkeit zugänglich werden, andererseits auch die Lebensweise und die Mentalität des jeweils anderen erlebbar, ja, zuweilen liebenswert erscheinen.

Es gab viele Menschen, die entgegen des Geschreis von Erbfeindschaft von der Notwendigkeit einer Freundschaft oder zumindest Partnerschaft zwischen Frankreich und Deutschland für eine Zukunft beider Länder und eine gedeihliche Entwicklung Europas im 20. Jahrhundert überzeugt waren, auf beiden Seiten. »Der Michel muss die Marianne heiraten« – das hat der württembergische Erfinder, Unternehmer und Philanthrop Robert Bosch gewiss nicht wortwörtlich gemeint, als er schon lange vor dem Zweiten Weltkrieg viel Energie und finanzielle Mittel in die Aussöhnung zwischen Deutschland und Frankreich investierte. Er erhoffte sich von einer Freundschaft zwischen beiden Ländern dauerhaften Frieden und die Schaffung eines europäischen Wirtschaftsraumes ohne Zollschranken.

So gehört die Förderung der deutsch-französischen Beziehungen zu den wichtigsten und ältesten Schwerpunkten der in Stuttgart ansässigen Robert-Bosch-Stiftung. Völkerverständigung ist einer der wichtigsten Stiftungszwecke der weltweit tätigen Stiftung. Sie fördert unter anderem Programme, die die Freundschaft zwischen beiden Ländern pflegen, richtet sich an Schüler und Studierende, Wissenschaftler, Nachwuchsführungskräfte, Journalisten. Dazu gehören zum Beispiel Stipendien für Hochschulabsolventen, die mit dem »Deutsch-Mobil« Werbung für den Deutschunterricht an Schulen oder deutschen Kulturinstituten in Frankreich machen und bei den jungen Menschen in Frankreich Lust auf die deutsche Sprache wecken sollen. Oder die Verleihung des Adalbert-von-Chamisso-Preises im Gedenken an den deutschen Dichter und Naturforscher französischer Herkunft. Bis heute hat die Robert Bosch Stiftung über fünfzig Jahre nach ihrer Gründung mehr als 46 Millionen Euro Fördergelder in die deutsch-französische Verständigung gesteckt.

Erst am 22. Januar 1963 wurde von Staatspräsident Charles de Gaulle und Bundeskanzler Konrad Adenauer der »Vertrag zur deutsch-französischen Zusammenarbeit« abgeschlossen.

Am 5. Juli 1963 wurde das Werk der Aussöhnung mit der Gründung des Deutsch-Französischen Jugendwerks in die Zukunft geführt, »um die Bande zwischen der Jugend der beiden Länder enger zu gestalten und ihr Verständnis füreinander zu vertiefen«. Seither konnten 8,2 Millionen Jugendliche aus beiden Ländern an Austauschprogrammen und Begegnungen teilnehmen.

Vorausgegangen war de Gaulles berühmte »Rede an die deutsche Jugend« vom 9. September 1962. Im Hof des Ludwigsburger Schlosses appellierte er an die Jugend beider Länder: »Während es die Aufgabe unserer beiden Staaten bleibt, die wirtschaftliche, politische und kulturelle Zusammenarbeit zu fördern, sollte es Ihnen und der französischen Jugend obliegen, alle Kreise bei Ihnen und bei uns dazu zu bewegen, einander immer näher zu kommen, sich besser kennen zu lernen und engere Bande zu schließen.«

Charles de Gaulle am 9. September 1962 im Hof des Ludwigsburger Schlosses.

Enge Bande hatte zum damaligen Zeitpunkt gerade auch das Haus Württemberg mit dem Hause Orléans geschlossen: Carl Herzog von Württemberg, geboren 1936, heute Chef des Hauses Württemberg, und Diane Françoise d'Orléans, Tochter des Grafen von Paris, Henri d'Orléans aus dem Hause Bourbon, und der Gräfin von Paris Isabelle d'Orléans, schlossen im Juli 1960 in Altshausen den Bund fürs Leben. Die Hochzeit des württembergischen Erbfolgers und einer Prinzessin von Frankreich mag wohl in Kreisen des europäischen Hochadels, in denen man seit Jahrhunderten verwandtschaftliche Beziehungen auch über politische Auseinandersetzungen und Kriege hinaus ganz selbstverständlich gehalten hatte, weniger ungewöhnlich empfunden worden sein als in den Kreisen einer breiten Öffentlichkeit sowohl in Frankreich als auch in Deutschland. Die Liebesheirat mochte in jenen Jahren der Wiederannäherung einstiger Feinde durchaus auch als ein Zeichen der Versöhnung ausstrahlen.

Alte Freundschaft neu belebt – die Städtepartnerschaft Ludwigsburg–Montbéliard

So wie mit Joseph Rovan ein ehemaliger KZ-Häftling zum Motor der gegenseitigen Verständigung bei der Gründung des Deutsch-Französischen Instituts in Ludwigsburg geworden war, so sollte wiederum ein Franzose, der allen Grund zu Hass- und Rachegefühlen gehabt hätte, Antriebsfeder bei der Entstehung der ersten Partnerschaft zwischen einer deutschen und einer französischen Stadt sein. Der damalige Bürgermeister von Montbéliard, Lucien Tharradin, war von Januar 1944 bis April 1945 als französischer Widerstandskämpfer Gefangener im Konzentrationslager Buchenwald.

Und gerade er war es, der die ersten Schritte zu einer Versöhnung machte. Wegbereiter eines Neuanfangs waren Städte und Kommunen, sie waren die Ersten, die in den Nachkriegsjahren die bilateralen Beziehungen aufgenommen hatten, und sie hatten auf Anregung des Schweizer Schriftstellers Eugen

Neuanfänge

Wyler die neutrale Schweiz für ihre ersten deutsch-französischen Verständigungsgespräche gewählt. Die Schweiz sah in den Gemeinden »die eigentlichen Grundlagen des Freiheitsstaates«, und so erging eine Einladung an den Genfer See zu einem ersten Treffen im Juni 1948 an kommunale Spitzenpolitiker beider Länder.

Neun westdeutsche Oberbürgermeister, die Oberbürgermeisterin von Groß-Berlin sowie vier französische maires – allesamt aus kleineren Gemeinden – samt einem Pariser Stadtrat nahmen die Einladung an. Es folgte im Juni 1949 ein weiteres Treffen am Vierwaldstätter See, das im September zur Gründung eines »Bürgermeister-Komitees« führte.

Die erste Zusammenkunft auf deutschem Boden kam Ende Mai 1950 in Stuttgart zustande. Es handelte sich um eine private Initiative der jeweiligen Bürgermeister, die von der Notwendigkeit einer deutsch-französischen Verständigung überzeugt waren. Eine private Zuneigung jenseits aller politischen Überlegungen zwischen den Oberbürgermeistern von Montbéliard und Ludwigsburg, Lucien Tharradin und Elmar Doch – die beiden gebildeten Herren waren sich menschlich einfach sympathisch –, sollte dann auch zur ersten deutsch-französischen Städtepartnerschaft führen, gegründet im Herbst 1950.

Die Erkenntnis, dass man einmal vierhundert Jahre lang eng zusammengehört hatte, ja, *ein* Land war, mag zweifellos den Schritt zur Wiederanknüpfung an jene Zeiten der freundschaftlichen, ja familiären Zusammengehörigkeit erleichtert haben. »Je ne puis m'empêcher de caresser le magnifique espoir de voir nos deux petites provinces, par leurs affinités naturelles, montrer le beau chemin de l'entente réciproque à nos deux grandes nations«, so beschwor Tharradin seine »wunderbare Hoffnung, dass unsere beiden kleinen Gemeinden durch ihre natürlichen gemeinsamen Berührungspunkte den schönen Weg der gegenseitigen Verständigung zwischen unseren beiden großen Nationen zeigen werde«.

Am 6. Mai 1962 (!) erst, zwölf Jahre später, wurde diese erste deutsch-französische Städtepartnerschaft mit der Unterzeichnung einer Urkunde offiziell besiegelt. Die Schatten

der Vergangenheit scheinen doch lang gewesen zu sein, und nicht alle Menschen konnten sie so früh und überzeugt überspringen wie die Verantwortlichen von Ludwigsburg und Montbéliard.

Lehrer und Schüler, Musiker und Fußballspieler, Feuerwehrleute und Polizeibeamte aus Montbéliard wie Ludwigsburg hatten jedoch zu diesem Zeitpunkt längst das große Projekt der Versöhnung und Verständigung umgesetzt, lange bevor sich staatliche Akteure an dieses schwierige Thema offiziell heranwagten. Im Jahr 1988 erhielten die beiden Städte für ihren mutigen Schritt und ihre vorbildhaften städtepartnerschaftlichen Beziehungen den Adenauer-de Gaulle-Preis verliehen.

Freundschaft, Frieden, Demokratie sind nicht Werte, die ein für alle Mal und unumstößlich erhalten bleiben. Sie müssen immer wieder neu erarbeitet werden. Vor allem dann, wenn sie scheinbar so selbstverständlich erscheinen, dass sie einfach »einschlafen«.

So normal waren die Beziehungen zwischen den beiden Partnerstädten Montbéliard und Ludwigsburg in den achtziger und beginnenden neunziger Jahren geworden, dass Normalität drohte, in Gleichgültigkeit zu versinken. Und so muss man es als ein überaus großes Verdienst werten, dass einzelne wachsame Menschen auf beiden Seiten es für dringend geboten hielten, das Verhältnis wieder wachzuküssen.

Wieder war es kein Politiker, sondern der damalige Archivar der Stadt Montbéliard, der das Potenzial der besonderen Geschichte Montbéliards und Württembergs erkannte, für eine Positionierung seiner Stadt, für Werbung und Marketing, aber auch für das Selbstbewusstsein seiner Bewohner in einem ansonsten zentralistisch auf die Hauptstadt Paris ausgerichteten Land wie Frankreich. Und so begann der inzwischen zum Leiter der Abteilung Denkmalpflege aufgestiegene Jean Claude Voisin zusammen mit einem Architektenteam seine Mömpelgarder zur Renovierung historisch bedeutsamer Gebäude zu bewegen, zur Aufhellung des Stadtbildes wurde mit Farbvorschlägen zur Fassadengestaltung geholfen und zur Aufhellung des historischen Gedächtnisses Gedenktafeln angebracht.

In die Feierlichkeiten und ein wissenschaftliches Symposium 1993 anlässlich des zweihundert Jahre zurückreichenden Anschlusses Mömpelgards an Frankreich mag sich auch Nachdenklichkeit darüber hinzugemischt haben, was es für Mömpelgard bedeutet haben mag, 1793 von einer einstigen blühenden Residenz in ein Provinzstädtchen herabzusinken. Sinnbildlich dafür war die Zerstörung wichtiger Gebäude wie der protestantischen Kirche Saint Martin oder die Zuschüttung der Kanäle des einstigen »Klein-Venedig«.

Ein pyramidenförmiger Gedenkstein zur württembergischen Geschichte der Stadt wurde 1997 anlässlich von »600 Jahren Württemberg in Mömpelgard« aufgestellt, bei dessen

Einweihung Carl Herzog von Württemberg ein großes Fest spendierte; im Stadtwappen tauchten wieder die württembergischen Hirschstangen samt den Mömpelgarder Barben auf. Das Bewusstsein für eine gemeinsame Geschichte lebte wieder auf, auch in der Partnerstadt Ludwigsburg und auf deutscher Seite in den Städten entlang der 1992 markierten »Heinrich-Schickhardt-Kulturstraße des Europarats e. V.«.

Was Jean Claude Voisin in jenen Jahren zur Aufarbeitung und Wiederbelebung der gemeinsamen Geschichte getan hat, leistete gleichsam als »württembergisches Pendant« der Stuttgarter Historiker Harald Schukraft. Für seine besonderen Verdienste um die Geschichte der Stadt Mömpelgard wurde er dort 1997 mit der »médaille d'or« ausgezeichnet, der Goldmedaille der Stadt.

Bei allem Engagement auf beiden Seiten bleibt dennoch die Frage, ob diese Aktivitäten tragend genug sind, das Bewusstsein einer Jahrhunderte alten gemeinsamen Geschichte in die Zukunft zu führen, zumal das diese Ideen stützende Bürgertum, in Mömpelgard speziell die Nachkommen des einstigen protestantischen Patriziats, mehr und mehr an Einfluss verliert. Es gibt einfach nicht mehr viele dieser Bürger. Es bleibt zu hoffen, dass sich die gemeinsame Erinnerung und die Überzeugung vom Wert gegenseitiger Freundschaft als stark genug erweisen, um von neuen und jungen Bevölkerungsschichten weitergeführt zu werden.

Ehrenamtlich getragene Institutionen wie zum Beispiel der »Club des Alsaciens de Stuttgart et Environs«, der »Verein der Elsässer in Stuttgart und der Region e. V.« für Kunst, Kultur und Brauchtumspflege gehören zu jenen Initiativen, die beständig über viele Jahre hinweg die Sonntagsreden vieler Politiker von gegenseitiger Verständigung und Freundschaft in die Tat umsetzen und glaubhaft zu einem Stück Alltagskultur werden lassen. Der Versuch, elsässische Kultur und Lebensart gerade in Württemberg mit seinen vielfältigen historischen Wurzeln im Elsass aufrechtzuerhalten, gehört zweifellos zu einer lohnenswerten Spurensuche gemeinsamer Geschichte.

In der Frage, wie das Erbe dieser Städtepartnerschaft 65 Jahre nach ihrer Gründung an die nächste Generation wei-

Neuanfänge

tergegeben werden kann, spielt wiederum das Deutsch-Französische Institut in Ludwigsburg eine Rolle, indem es sich mit einer virtuellen Ausstellung die damals schier unglaubliche Geschichte einer Versöhnung von erklärten Erbfeinden ins Gedächtnis ruft.

Die Freundschaft beider Länder ist kein ewiger, unverlierbarer Besitz. Sie muss stets gepflegt, vielleicht manchmal wieder neu erkämpft werden. Das zeigt zum Beispiel ein Beschluss der obersten französischen Schulbehörde im Frühjahr 2015, den Deutschunterricht an französischen Schulen massiv einzuschränken, mit der abenteuerlichen Begründung, am Deutschunterricht nähmen vorwiegend Kinder von besser verdienenden Franzosen teil und er stelle somit eine Benachteiligung ärmerer Bevölkerungsschichten dar. Möglicherweise ist die Freundschaft zwischen den Menschen beider Länder inzwischen schon zu selbstverständlich geworden. Die jahrzehntelange gedeihliche Zusammenarbeit seit dem Ende des Zweiten Weltkrieges mag den Gedanken nahelegen, diese Gegenwart stelle auch ganz selbstverständlich eine friedvolle Zukunft sicher.

Wie die Geschichte der Beziehungen zwischen Frankreich und Deutschland zeigt, gab es auch in früheren Jahrhunderten enges, gutes und freundschaftliches Miteinander, ganz besonders zwischen Württemberg und Frankreich, und es gab auch früher Zeiten, in denen gegenseitige Feindschaft, ja gar Krieg unvorstellbar waren. Die Gegenüberstellung von einer »dunklen« Vergangenheit mit Konflikten und kriegerischen Auseinandersetzungen und einer »hellen« Gegenwart der jüngeren Geschichte, die sich seit dem Ende des Zweiten Weltkrieges festgesetzt hat, ist zu einfach, ja, sie ist nicht haltbar. Die deutsch-französischen Beziehungen, und darin das ganz besonders vielfältige und intensive Verhältnis zwischen Württemberg und Frankreich, leben in einem ständigen Spannungsverhältnis zwischen Misstrauen und Ablehnung einerseits und Faszination, Bewunderung und gegenseitiger Anziehung andererseits.

Literatur

Bonnin, Raymond (Hrsg.): Le Wurtemberg. Tübingen/Baden-Baden 1950.

Burkhard, Suzanne (Hrsg.): Mémoires de la Baronne d'Oberkirch sur la cour de Louis XVI et la société française avant 1789. Paris 1970.

Deutsch-Französisches Institut (Hrsg.): Frankreich Jahrbuch 2012. Wiesbaden 2013.

Dieterich, Susanne: Württembergische Landesgeschichte für neugierige Leute. Teil 1 und Teil 2. Leinfelden-Echterdingen 2002.

Knubben, Thomas: Hölderlin. Eine Winterreise. Tübingen 2012.

Kretschmar, Robert; Lorenz, Sönke (Hrsg.): Leonardo da Vinci und Heinrich Schickhardt. Zum Transfer technischen Wissens im vormodernen Europa. Stuttgart 2010.

Landesmuseum Württemberg (Hrsg.): Das Königreich Württemberg 1806–1918. Monarchie und Moderne. Stuttgart 2006.

Lorenz, Sönke; Mertens, Dieter; Press, Volker: Das Haus Württemberg. Ein biographisches Lexikon. Stuttgart 1997.

Lorenz, Sönke; Rückert, Peter: Württemberg und Mömpelgard. 600 Jahre Begegnung. Leinfelden-Echterdingen 1999.

Moersch, Karl: Sueben, Württemberger und Franzosen. Historische Spurensuche im Westen. Stuttgart 1991.

Palmer, Christoph E.; Schnabel, Thomas (Hrsg.): Matthias Erzberger 1875–1921. Patriot und Visionär. Stuttgart 2006.

Raff, Gerhard: Hie gut Wirtemberg allewege I. Das Haus Württemberg von Graf Ulrich dem Stifter bis Herzog Ludwig. Stuttgart 2000.

Raff, Gerhard: Hie gut Wirtemberg allewege II. Das Haus Württemberg von Herzog Friedrich I. bis Herzog Eberhard III. mit den Linien Stuttgart, Mömpelgard, Weltingen, Neuenburg, Neustadt am Kocher und Oels in Schlesien. Degerloch 1993.

Sauer, Paul: Der schwäbische Zar. Friedrich –Württembergs erster König. Stuttgart 1984.

Sauer, Paul: Musen, Machtspiel und Mätressen. Eberhard Ludwig – württembergischer Herzog und Gründer Ludwigsburgs. Tübingen 2008.

Sauer, Paul: Württemberg im Kaiserreich. Bürgerliches Freiheitsstreben und monarchischer Obrigkeitsstaat. Tübingen 2011.

Schukraft, Harald: Kleine Geschichte des Hauses Württemberg. Tübingen 2007.

Schukraft, Harald: Ein kurzer Griff nach den Sternen. Württemberg und die Normandie. In: Schönes Schwaben, 5/2005, S. 16–19. Tübingen 2005.

Schukraft, Harald: Württemberg in Frankreich. Spurensuche im »Mömpelgarder Land«. In: Schönes Schwaben, 12/2008, S. 14–17. Tübingen 2008.

Siedentopf, Henning: Johann Jakob Froberger. Leben und Werk. Stuttgart 1977.

Uhland, Robert (Hrsg.): 900 Jahre Haus Württemberg. Darin: Grube, Walter: 400 Jahre Haus Württemberg in Mömpelgard. Stuttgart 1984.

Vonau, Jean Laurent: Le Gauleiter Wagner. Le Bourreau de l'Alsace. Straßburg 2014.

Werner, Heiner: Boeuf de Hohenlohe – der hohenlohische Ochsentransport mit Frankreich im 18. und 19. Jahrhundert. Vellberg 2011.

Württembergisches Landesmuseum Stuttgart (Hrsg.): Baden und Württemberg im Zeitalter Napoleons. Stuttgart 1987.

Personen- und Ortsregister

Register

Bildnachweis

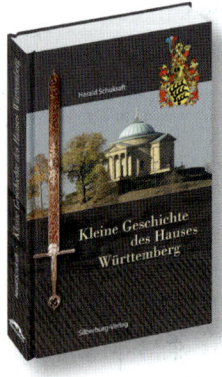